사무엘소 지음

한국형 매스미디어
위기 및 해결 방안

한국형 위기관리 커뮤니케이션

샘소북스

**한국형
위기관리
커뮤니케이션**

발행일	발행일: 2023년 12월15일 (POD: 2022.12.8.)
지은이	사무엘 소
발행처	샘소북스
ISBN	979-11-980758-6-4
출판등록	제2022-000108호 (2022년 10월 26일)
주 소	서울시 중구 동호로 10길 8-5, 지층(신당동)
이메일	smso21@naver.com
홈페이지	http://samsobooks.creatorlink.net/

ⓒ 샘소북스 2022
본 책 내용의 전부 또는 일부를 재사용하려면
반드시 저작권자의 서면 동의를 받으셔야 합니다.

한국형 매스미디어
위기 및 해결 방안

한국형
위기관리
커뮤니케이션

한국형 위기관리 커뮤니케이션

목차

머리말 / 18

I 한국형 미디어 위기관리의 필요성

1 미디어 위기관리 전문가가 되기까지 · 24

(1) 〈달빛사냥꾼〉과 취재기자 · 24

(2) 화약고 같던 '솔로몬'의 홍보책임자 · 26

(3) 전설의 홍보맨, 소문과 진실 · 28

(4) '한국형' & '실전형' 미디어 위기관리 · 30

2 한국형 미디어 홍보의 특성 '갑을 관계' · 32

(1) 언론사와 비언론사의 '갑을' 관계 · 32

(2) 해법은 '징벌적 손해배상', 현실은 '고양이 목에 방울 달기' · 35

(3) 선진적 언론 보도, 대등한 홍보 환경…'기대난망' · 37

(4) 경쟁만 있고 도태는 없는 한국 언론사들 · 39

(5) 한국적 언론홍보 '꿩 잡는 게 매' · 41

II 한국형 미디어 위기의 대비

1 한국 언론의 이해 · 46

(1) 언론인의 특성 · 46

① '기자정신'과 '마감시간' · 46

② '프라이드'와 '콤플렉스' · 49

　※ 사례 1: 불손한 태도로 화를 자초한 언론인 출신 홍보맨

　※ 사례 2: 협찬 약속한 회사를 악성기사로 응징한 언론사 간부

③ 공명심 · 53

④ 하후상박과 직업적 회의 · 55

⑤ 상업성과 공공성의 갈등 · 57

　※ 사례 1: 새벽에 언론사 회장에게 계속 전화한 대기업 홍보임원

　※ 사례 2: '광고주 앞에만 서면 왜 나는 작아지는가'

(2) 언론인 관계관리 · 60

① 진심으로 사랑하라! 안 되면 연기라도 하라 · 62

② 기자와 데스크, 동시 관리의 중요성 · 64

③ 차별 없이! 닦고 조이고 기름치자! · 65

※ 사례: 매체 차별하다 혼쭐 난 시중은행 홍보팀장

④ 접대하려면 접대답게 하라 · 70

※ 사례: 접대하고도 악성기사 두들겨 맞은 어느 금융회사

(3) 유형별 기자 관리 방법 · 73

정론과 곡론, 직필과 곡필

① 정론직필(正論直筆) · 76

※ 사례 1: '독사'에서 '순한 양'으로

※ 사례 2: 촌지 내미는 회사야? 믿을 수 없어!

② 정론곡필(正論曲筆) · 82

③ 곡론직필(曲論直筆) · 83

④ 곡론곡필(曲論曲筆) · 85

※ 사례: 인정사정 볼 것 없다

(4) 언론인과의 민원 협상 · 88

(5) 트러블메이커 언론인 관리 · 91

2 미디어 위기 대비한 조직 정비 · 94

(1) 언론홍보 일선에 선 두 인물 · 95

① 홍보책임자와 CEO · 95

② 언론홍보 책임자는 전문가를 임명해야 · 96

③ 기자 출신은 모두 언론홍보 전문가? · 99

(2) 최고경영자는 어떤 홍보책임자를 만나야 하나 · 102

① 대인관계 원만하고, 무엇보다 겸손해야 · 102

② '신언서판'을 갖춰야...가장 중요한 건 '판' · 104

(3) 홍보책임자는 어떤 CEO를 만나야 하나 · 105

① 홍보 마인드 갖춘 CEO · 106

② 홍보도 '나의 일'이라고 생각하는 CEO · 107

(4) 이상적인 투톱 PR · 109

① 언론사 행사장을 함께 방문하라 · 111

② 경조사도 가급적 함께 챙기라 · 111

③ 미디어 위기, 함께 대응하라 · 112

(5) 미디어 위기관리형 조직 구성 · 113

① CEO와 홍보책임자의 핫라인 · 114

② 전사적 '위기관리 TFT' · 114

③ 직언 유도 시스템 '레드팀' · 115

3 미디어 트레이닝 · 117

(1) 미디어 트레이닝의 필요성을 보여주는 사례 · 119

① 정동영 의장의 노인 폄하 발언 · 119

② 윤진숙 장관의 어민 상처 발언 · 120

③ 허준영 코레일 사장의 안전 경시 발언 · 122

(2) 기자와의 인터뷰 · 125

① 기자는 당신의 적이다? · 125

② 취재 목적을 미리 파악하라 · 128

③ 준비 없이 인터뷰하지 마라 · 130

④ 연습하되 가급적 레슨을 받자 · 132

(3) 미디어 트레이닝 스킬 · 133

① 기자의 7개 질문 유형 · 133

  1) 갈등 유발

  2) 동시다발성

  3) 말꼬리 잇기

  4) 질문 중 침묵

  5) 미래 가정

  6) 약속 유도

  7) 기정사실화

② 인터뷰이의 답변 스킬 · 136

  1) 핵심메시지를 고수하라

  2) 핵심메시지 전달은 'KICK'으로!

  3) 민감한 질문은 'BBC'로 방어!

III 한국형 미디어 위기관리 실천지침

1 미디어 위기관리의 기본 원칙 · 142

(1) 신속하게 대응하라 · 144

① 발생 즉시 보고하라 · 146

② 대형 위기는 1차 보도자료부터 즉시 배포하라 · 146

※ 늑장대응 사례: 한국P&G의 수입판매 세제 '다우니' 사건

③ 위기관리 TFT를 즉시 가동하라 · 148

④ '24시간' '48시간'을 기억하라 · 149

(2) 과감하게 사과하고 충분하게 보상하라 · 150

① 사과에 특히 관대한 한국인과 한국사회 · 150

② 사과부터 확실하게! 해명은 나중에 · 152

③ CAP 원칙을 상기하라 · 153

(3) 정직하라 · 154

※ 예외 아닌 예외: '오도된 진실'

(4) 정보의 흐름을 장악하라 · 159

(5) 위기, 끝났다고 끝난 게 아니다 · 161

① 위기극복 협력자에게 반드시 사례하라 · 160

② 위기 원인을 진단하고 환부를 수술하라 · 161

2 개별 미디어 위기의 실천지침 · 162

(1) '징후'가 파악되면 즉시 대비하라 · 163

(2) 긴급 시 '선조치 후보고' 하라 · 164

(3) 악성보도의 사실관계부터 정확히 확인 · 166

(4) 악성보도의 원인을 정확하게 파악 · 166

(5) 취재기자에게 먼저 전화하라 · 167

(6) 데스크는 이렇게 상대하라 · 169

① 가급적 언론사를 직접 방문해 부탁하라 · 170

② 데스크의 가려운 곳을 긁어주라 · 172

(7) 악성보도 정정 요구 방법 · 174

① 기사 삭제 · 174

② 기사 물타기 작전 · 176

　1) 기사의 크기, 위치 조절

　2) 대제목, 부제목에서 회사명 삭제

　3) 기사에서 실명을 삭제하거나 익명으로 대체

　4) 삭제도, 익명 처리도 불가능 시

3 전체 미디어 위기의 실천지침 · 179

(1) 침착하라 · 180

(2) 체크리스트를 점검하며 대응하라 · 181

(3) 대응 순서 · 182

① 최고경영진 보고 후 신속하게 1차 보도자료 작성 배포 · 183

② 신속하게 긴급 대책회의 소집 · 183

③ 대응 방향과 수위 결정한 후 보도자료 다시 배포 · 184

④ 신속한 기자회견 개최 · 184

※ 기자회견 시 대변인이 기자 질문에 대처하는 요령

⑤ 대변인단, 주요 언론사 순회하며 직접 해명 · 186

⑥ 보도별 내용 파악해 적극 방어 · 186

※ 위기상황에서 언론 협조의 중요성

⑦ 초기에는 방어, 후기에는 제거 · 188

※ 미디어 커버리지 예시

⑧ 기타 조치 · 189

4 온라인·소셜미디어 위기관리 · 189

(1) 위기관리의 기본 전제 · 189

① 최고경영자의 마인드 · 191

② 우호적 인적자산의 중요성 · 193

③ 소셜미디어의 특징 · 196

(2) 온라인·소셜미디어 위기관리의 실천지침 · 196

① 평상시 준비해야 할 사항 · 196

  1) 상시 모니터링 및 보고 시스템

  2) 온라인 · 오프라인 통합 운영

  3) 소셜퍼블릭 관계자산 구축

② 위기 시 준수해야 할 관리지침 · 199

  1) 보고 및 지시의 내부소통이 원활해야

  2) 소셜퍼블릭과 수시로, 명확하게 의사소통하라

    ※ 사례 1: 타블로의 학력 위조 의혹

    ※ 사례 2: 한혜진과 기성용의 열애설

  3) 소셜퍼블릭을 아군측 소셜미디어로 유도하라

  4) 회사 임직원은 가급적 개입하지 마라

  5) 감정적 대응을 자제하라

  6) 정중하고 친절하게 대화하라

  7) 거짓 해명을 하지 마라

  8) 근거 없는 주장에 일일이 대응하지 마라

  9) 법적 대응을 준비하되 함부로 앞세우지 마라

5 유사언론 위기 대응 · 205

(1) 유사언론이란? · 205

(2) 유사언론 현황 · 208

① 타블로이드 신문 · 208

② 인터넷신문 · 209

(3) 유사언론의 생태계 · 211

① 유력 포털과의 검색 제휴 여부 · 211

② 블로그나 SNS를 통한 2차 전파 · 211

③ 가장 선호하는 정보는 '최고경영자 신상' · 212

(4) 유사언론 위기관리 · 212

① 협박 · 212

② 협상 · 213

③ 연쇄적 협박 · 213

④ 종결 · 214

(5) 유사 언론인에 대한 편견과 진실 · 214

① 유사언론 종사자는 학력이 낮다? · 214

② 유사언론 종사자는 피도 눈물도 없는 냉혈한? · 214

③ '기자정신'이라고는 찾아볼 수 없다? · 215

(6) 유사언론 위기, 분석과 대응 · 215

① 초기 대응이 가장 중요하다 · 215

② 최대한 시간 끌면서 피해를 최소화해야 · 216

③ 유사언론에도 인맥을 구축해 두라 · 217

6　루머와 위기관리 · 218

(1) 루머의 발생 환경 · 218

(2) 루머의 온상 '찌라시' · 220

(3) 익명성의 가면 뒤에서 경쟁자 음해 · 221

(4) 솔로몬저축은행이 겪은 루머 시례 · 222

　① "분식회계를 위장하려 끊임없이 M&A" · 223

　② "유동성 위기로 한 달 뒤에 영업정지" · 225

　③ "지방 저축은행 인수, 정권의 특혜" · 229

(5) 루머 대처법 · 231

　① 무시하라 · 231

　② 대책반을 가동하라 · 232

　　1) 해명자료 배포

　　2) 기사 통한 간접 해명

　　3) 찌라시 역이용

　　4) 정정문 게재

Ⅳ 한국형 미디어 위기의 양상과 해결

1 한국형 미디어 위기의 다양한 양상 · 236

(1) 기업 길들이기: '최고경영자 때리기' · 236
사례 1: 경쟁매체 단독인터뷰에 대한 보복
사례 2: 패였던 감정의 골, 보복의 꼬투리를 잡다
(2) 언론은 약자 편: '갑의 횡포' 시리즈 · 242
① 갑질 응징의 서막 · 242
② '갑의 횡포' 시리즈의 진화: 재벌 오너일가 폭격 · 246
③ '갑의 횡포' 시리즈의 절정: 미투(Me Too) 열풍 · 248
(3) "아님 말구"식 한국 언론: 방송 오보 한방에 무너진 성장기업 · 252
(4) 미디어 위기의 단골메뉴 '표절': 같은 위기, 다른 결과 · 256

2 직접 수행한 위기관리 사례 집중 탐구 · 259

(1) 솔로몬저축은행 사례들의 공개 배경 · 259
① 솔로몬 홍보와 미디어 위기관리 · 259
② 미디어 대응논리와 위기관리의 시사점 · 260
(2) 솔로몬저축은행의 미디어 위기 사례 · 261

① 피인수 저축은행 노동조합의 언론플레이 · 261

② PF대출 통장 위조혐의 사건 · 266

③ 증권사 인수를 위한 PEF LP 모집 시의 이면계약 · 269

④ 해킹 피해와 고객 DB 유출 사건 · 272

⑤ PF대출 부실화 문제 보도 · 276

⑥ MBC 9시 뉴스 보도 '솔로몬의 대출이자 이중취득' 사건 · 280

⑦ 부실 금융업계의 과다 접대비 논란 · 283

⑧ 살생부에 오른 저축은행 명단 보도 · 287

맺음말 · 295

머리말

한국에는 한국적 미디어 환경과 문화가 있다.

미디어 위기는 정보화시대를 살아가는 현대인에게 태풍이나 해일과 같다. 정부·기업 등의 조직은 물론이고, 정치인·연예인 등 이미지를 생명처럼 여기는 공인들에게도 마찬가지이다. 대비를 하더라도 어느 정도 피해는 불가피하다. 하지만 대비하지 않으면 상상하지 못했던 파멸을 맞이할 수도 있다. 정부·기업 등 미디어 전담부서를 설치한 대형 조직치고 미디어 위기에 대비하지 않는 곳은 없다. 그래도 막상 대형 위기가 엄습하면, 언제 대비했냐는 듯이 우왕좌왕하며 헤매기 일쑤이다. 전담부서조차 없는 중견기업 이하의 조직은 두말할 나위도 없다.

미디어 테크놀러지, 즉 미디어를 움직이는 장비와 기술은 세계 어느 나라를 가든 다를 게 없다. 신문사 윤전기나 방송사 카메라가 나라마다 달라야 할 까닭이 없다. 인터넷을 이용해 21세기 뉴미디어로 부상한 소셜미디어도 마찬가지이다. 하지만 미디어 환경, 즉 언론인과 국민이 형성하는 미디어 문화는 나라마다 다르다. 나라마다 민족성과 역사, 제도에 따라 독특한 습성과 관행을 지니고 있다. 한국에는 한국적 미디어 환경과 문화가 있다.

한국의 미디어 위기는 한국 실정에 맞게 대응하고 관리해야 한다. 매스미

머리말

디어를 예로 들자면, 한국의 매스미디어 환경은 오랜 미디어 역사를 지닌 구미 선진국들과 상당한 차이가 있다. 가장 핵심적인 차이는, 한국에서 언론사는 거의 무소불위의 특권세력이라는 점이다. 물론 언론사는 서구에서도 권력 3부(입법부 사법부 행정부)에 이어 제4부로 불릴 만큼, 본질적으로 파워집단이다. 하지만 한국에서는 그 이상의 프리미엄이 있다.

언론사에서 기자로 근무해 봤거나 기자를 오래 상대해 본 직업인이 아니면, 언론사나 언론인의 생리를 이해하기가 매우 힘들다. 사실 매일 기자를 상대하는 홍보맨조차 기자들의 행태에 당황해 할 때가 많다. 경험이 부족한 홍보맨은 두말할 필요도 없다. 일반 상식과 한참 거리가 있는 기자들의 행태에 쉽게 적응하지 못하고 헤매기 일쑤이다. 한국의 언론사와 언론인에 대한 깊은 이해 없이, 이들이 취재 보도하는 미디어 위기에 대응하고 심지어 이를 관리한다는 것은 넌센스이다. 이 책의 제목에 '한국형'이라는 단서가 붙게 된 이유이다.

나는 기자와 홍보맨, 정반대 입장의 두 직업을 모두 경험해 봤다. 기자는 자기 이름의 명예를 걸고 기사를 쓰거나 마이크를 잡는 사람들이다. 늘 자기 존재가 세상에 드러난다. 그에 비해 홍보맨은 마치 국정원 요원처럼 '음지에서 일하고 양지를 지향하는' 존재에 가깝다. 특히 미디어 위기관리에서는 뛰어난 활약을 펼쳐도, 그 성과가 밖으로 잘 드러나지 않는다. 회사에서는 최고경영자 같은 소수 경영자만이, 언론계에서도 직접 상대해본 언론인만이 홍보맨의 진가를 인정할 뿐이다.

언론홍보가 쉽다고 말하기는 어렵지만, 나는 어렵다고 생각해 본 적이 없다. 언론인들과 악성보도 건으로 숱한 공방전을 치렀다. 광고, 협찬 등 각종 민원으로 늘 언론인들과 '밀당'을 벌였다. 하지만 육체적으로 피곤하고 힘들어도 해결책이 보이지 않아 헤맨 적은 별로 없었다. 가장 큰 원동력은 언론인들과의 우호적 관계였다. 언론인들은 내게 늘 호의적이었다. 도움이 필요할 때 늘 도움을 줬다. 왜 그랬을까. 그 비결을 이 책에 담으려고 노력했다.

기존에 출판된 미디어 위기관리 관련 서적들에 아쉬운 점이 있었다. 미디어 위기가 발생한 뒤의 처방은 많지만, 미디어 위기를 예방하거나 대비하는 지침이 부족하다는 느낌이 들었다. 또 좀 더 한국적 현실에 맞는 대응책을 제시할 수는 없을까 하는 생각이 들었다. 미국에서 잘 통하는 위기관리 지침서가 한국에서도 무조건 잘 통할까. 또 거꾸로 영어로 번역 소개할 경우에 미국 실정에서도 잘 통할 한국의 미디어 위기관리 지침서라면, 이는 '한국적'이지는 못하다는 반증이 아닐까.

나는 이 책에서 오랜 실무 경험을 토대로 언론사와 언론인의 특성은 무엇이며, 특히 한국의 언론사와 언론인은 어떤 특색이 있는지를 제시했다. 또

머리말

일반적으로 미디어 위기관리 지침서들이 예시하는 해외 사례들을 가급적 배제했다. 해외 미디어 위기 사례들은 대부분 걷어내고, 거의 한국 사례들만 나열했다. 별도로 제시한 사례 외에도 본문에도 설명을 도울 만한 사례들을 수시로 섞어서 설명했다. 특히 내가 근무했던 금융그룹의 미디어 위기관리 사례들을 상당수 공개했다. 현역 홍보맨이나 CEO라면, 실전상황에서 긴요한 참고자료가 될 거라고 믿는다.

미디어 위기는 크고 작은, 매우 다양한 형태로 발생한다. 이 책에서는 미디어 위기관리 지침도 개별 매체의 위기일 때와 전 매체의 위기일 때로 구분해서 제시했다. 실제 언론홍보 실무자들이 겪는 미디어 위기는, 전 매체가 벌떼처럼 달려들어 십자포화를 날려대는 대형 사건사고에만 해당되는 것이 아니다. 오히려 개별 매체의 악성보도에 대응하는 것이 훨씬 더 일상적인 미디어 위기이다.

그런데 그 같은 개별 매체 악성보도의 원인이나 그에 대한 효율적인 대응까지 충분히 설명한 책은 별로 본 기억이 없다. 그런 상황에서 상대해야 하는 취재기자들의 유형과 특성에 대한 설명 역시 마찬가지이다. 개별 악성보도조차 잘 해결하지 못하는 조직이나 홍보맨이 대형 위기에 강할 턱이 있겠는가. 언론사 한 곳, 보도 한 건도 잘 상대하지 못해 헤매는 조직과 홍보맨이라면 무슨 수로 대형 위기를 잘 관리할 것인가. 나는 이 책에서

머리말

개별 위기이든 대형 위기이든 단순한 대응 방법을 나열하기보다는 미디어의 생리와 미디어 위기의 해결 원리부터 이해시키려 노력했다.

이 책이 미디어 위기로 고생할지도 모를 개인과 조직에 유효한 참고자료가 될 수 있기를, 그리하여 소중한 자기 평판을 온전히 지키는 데 일조할 수 있기를 기대한다.

I

한국형 미디어 위기관리의 필요성

한국형 미디어 위기관리의 필요성

1 미디어 위기관리 전문가가 되기까지

(1) 〈달빛사냥꾼〉과 취재기자

대학교에 재학 중이던 1980년대, 우연히 관람했다가 충격을 받은 한국영화가 한 편 있다. 신승수 감독이 연출하고 안성기 이보희가 주연한 영화〈달빛사냥꾼〉이다. 줄거리는 사회부기자인 주인공(안성기)이 자신의 부인(이보희)을 겁탈한 가정파괴범들을 직접 추적해서 검거하는 내용이다.

이 영화가 충격적이었던 이유는 클라이맥스의 반전이었다. 인면수심의 가정파괴범들이 감방을 찾아온 주인공에게 오히려 침을 뱉었다. '너는 우리보다 더 나쁜 놈'이라는 야유와 함께. 그 이유를 찾아 범죄를 사주한 인간을 찾은 뒤에야 주인공은 비로소 기자였던 자신이 쓴 부정확한 기사 때문에 다른 한 가정이 먼저 파괴되어 있었다는 사실을 깨닫게 된다.

매스미디어의 위력과 저널리즘의 책임에 대해 생각하게 만든 영화였다. 기사 한 건으로 한 인간이 몰락하고, 한 회사가 도산하고, 한 가정이 파괴될 수 있는 현실. 그 같은 비극이 야기한 복수라는 또 다른 비극. 비록 영화였지만 현실과 다르지 않다는 생각이 들면서, 매스미디어란 참 무서운 존재라는 경각심이 뇌리를 떠나지 않았다.

운명의 장난일까. 기자라는 직업만큼은 선택하고 싶지 않았던 내가, 스스로 원해서 수백 대 일의 치열한 경쟁까지 뚫고 기자 생활을 하게 됐다. 처음 발령받은 부서가 사회부여서 예전에 봤던 영화 생각이 났다. 기사 한줄 쓸 때마다 정확한 사실 취재를 바탕으로 공정하게 써야 한다는 강박감에 짓눌리며 일했다.

기자 생활한 지 1년 만에 등이 종종 쑤시는 증상이 생겼다. 한의원에 가 보니 담(痰)이 들었다고 했다. 양방에선 진찰 결과 특이사항이 없다고 해서 한방에서 받은 진단이었다. 여러 원인이 있는데, 가장 큰 원인은 스트레스라고 했다. 기사 쓸 때마다 끙끙대던 생각이 났다. 직업을 잘못 선택한 게 아닌가 하는 회의가 들기도 했지만, 목표한 바가 있어 다시 열심히 일했다. 세월이 약이라고, 기자 생활에 적응하면서 증상도 조금씩 완화돼 갔다.

(2) 화약고 같던 '솔로몬'의 홍보책임자

취재기자 생활을 마감한 뒤에는 PR, 특히 언론홍보 전문가로 변신했다. 홍보대행사와 벤처기업 임원 등을 거쳐 2005년에 솔로몬저축은행 초대 홍보실장으로 부임했다. 솔로몬은 당시 한창 성장하던 금융회사였고, 내가 입사한 뒤에는 지방 저축은행들과 종합증권사 등을 계속 인수하며 금융그룹으로 성장했다.

나는 이 솔로몬이라는 회사에서 직접 홍보실을 만들었고 그룹 계열사 홍보 업무까지 총괄했으며, 2012년까지 영업이 정지될 때까지 만 7년 이상 근무했다. 근무하는 동안 언론홍보를 비롯해 광고, 사보 등을 제작하고 사내 커뮤니케이션, 사회공헌 활동 등을 총괄했다. 가장 큰 업무는 언론홍보였는데, 그 중에서도 가장 주요한 업무가 '미디어 위기관리'였다.

모든 업종이 그렇지만, 특히 금융업은 고객의 신뢰를 절대적으로 중시한다. 기업 이미지가 조금만 부정적으로 변해도 고객이 바로 발걸음을 돌리게 되는 업종이다. 나는 회사에 출근하던 첫날부터 언론사들을 상대로 위기관리에 나서야 했다. 솔로몬에 인수된 뒤 영업을 막 재개하던 부산솔로몬저축은행(옛 한마음저축은행) 때문에, 부산 지역 언론에서 연일 부정적 기사가 터지고 있었다. 100% 고용 승계를 주장하는 노조원들이 조직적으로 언론플레이를 하고 있었다. 덕분에 첫 출근하던 날 출장을 떠나서 임무를 수행하고 3일 만에 귀가했다.

홍보실장으로 재직하는 동안 최초 2~3년은 비교적 순탄했지만, 그 다음 4~5년은 악몽의 연속이었다. 2008년 글로벌 금융위기의 여파가 국내 제2금융권, 특히 저축은행 업계를 강타했다. 경영 실적이 갈수록 악화일로였는데, 그 과정에서 더욱 힘들었던 것은 매스컴의 관심이었다. 경영 실적이 나빠질 때마다 회사는 약점을 안게 되는데, 그런 약점은 매스컴의 보도 타깃이 되곤 했다. 솔로몬은 업계 1위 회사였기 때문에 더욱 그러했다.

특히 2011년 초 '부산저축은행 사태'가 터지면서 솔로몬마저 생사의 기로에 섰던 마지막 1년 반 동안은 거의 연일 매스컴과 전쟁을 치러야 했다. 매스컴이 창이라면 홍보실은 방패이다. 나는 거의 한국의 전 신문방송과 하루가 멀다 하고 치열한 공방전을 벌여야 했다. 언론은 별의별 뉴스거리를 다 찾아내어 보도했고, 안 그래도 사경을 헤매던 회사와 업계를 계속 압박했다. 어쩔 수 없었다. 나 자신도 기자 출신이라 잘 알고 있지만, 피할 수 있는 상황이 아니었다.

결국 회사는 망했고 나도 졸지에 실직의 나락으로 떨어졌다. 금융회사가 망하면 회사의 최고경영진은 법적 책임뿐 아니라 도의적 책임까지 지게 된다. 사회의 지탄을 받는 대상이 된다. 그 과정에서 확인되지 않은, 사실보다 과장되거나 조작된 정보도 매스컴을 통해 무차별적으로 전파된다. 어차피 항변할 주체인 회사는 무장해제 상태에 빠져 있는지라, 언론도 진위 여부에 대한 부담 없이 속보 경쟁에만 몰두한다.

(3) 전설의 홍보맨, 소문과 진실

오랜 시간에 걸친 내 분투에도 불구하고 매스컴과의 전쟁은 비극으로 막을 내렸다. 하지만 달리 생각해 보면, 홍보전문가인 내 입장에선 얻은 점도 없지 않았다. 바로 '미디어 위기관리'라는 경험자산이었다. 장기간에 걸쳐 엄청나게 다양한 미디어 위기관리 경험을 쌓게 됐다. 돈 내고 배우고 싶어도 누가 일부러 가르쳐 줄 수 없는 실전 경험들이었다.

더구나 나는 홍보실장 재직 시에 매우 성공적인 미디어 위기 관리자였다. 한 메이저 경제일간지 기자는 식사 도중에 고백하기를, 내가 출입기자들 사이에서 '레전드(Legend) 홍보맨'으로 불리고 있다고 했다. 홍보맨으로서 나는 대부분 언론인들과 친밀한 관계를 구축하고 있었다. 모 언론사 간부는 나를 '연구 대상'이라고 부를 만큼, 언론인들과의 친화력에는 일가견이 있었다.

하지만 출입기자들이 나를 홍보맨으로서 더 높이 평가한 이유는 나의 위기관리 능력 때문이었다. 솔로몬의 기사는 부정적인 기사가 잘 안 나기로 유명했다. 언론인 관계가 늘 좋았기 때문에, 적어도 홍보실에 개인적으로 앙심을 품고 악성 기사를 쓴 기자는 본 적이 없다. 하지만 솔로몬에 관한 부정적인 팩트가 생겨서 기자가 기사를 쓰더라도, 다음날 그 기사가 초고 그대로 신문에 실리는 경우가 드물었다. 기사 형태나 내용이 어떤 식으로든 바뀌어 있곤 했다.

분명히 솔로몬을 실명으로 작성한 기사였는데 익명으로 처리돼 있든가, 여러 회사 실명이 거론됐는데 솔로몬 이름만 빠지거나 뒤로 밀려나 있다든가, 제목에 있던 실명이 사라져 버린다든가, 아니면 아예 기사 자체가 사라져 버리든가... 늘 그런 식이었다. 기사 내용이나 제목이 저절로 바뀔 리는 없다. 그러면 누가 그런 변화를 일으켰다는 말인가.

이런 업무 수행을 '작업'이라고 표현하기도 하는데, 하루 이틀도 아니고 꾸준하게 이런 작업을 수행하는 게 결코 쉬운 일은 아니다. 특히 전 매스컴이 회사나 업계를 향해 십자포화처럼 뉴스를 퍼부어대는 상황에서는 더욱 더 어렵다. 홍보실장으로 근무하던 막바지 1년 반 동안, 거의 매일 지속되던 위기상황에서도 그런 나의 작업은 계속됐다.

인간의 시각에 한번 '환상'이 덧씌워지면, 그 환상은 때로 현실을 무시하고 제 스스로 강화되기도 한다. '확증편향' 같은 심리현상과 유사하다. 내가 작업하지 않은 성과마저 출입기자들 사이에선 내 작업의 산물이라는 착각을 불러일으키기도 했다. 한번은 한 메이저 종합일간지에 '프로젝트 파이낸싱(PF) 대출' 부실률이 높은 저축은행 리스트가 경제면 톱으로 게재된 적이 있다. 그런데 리스트 맨 상단에 위치하고 있어야 할 업계 1위 솔로몬저축은행의 이름만 쏙 빠져 있었다. 출입기자들에게는 이 보도마저 내 작업의 성과라고 알려져 있었다. 하지만 그 신문은 가판도 나오지 않던 매체였다. 솔로몬 이름을 빠트린 것이 취재기자의 실수인지 배려인지 알 수 없지만, 아무튼 작업의 결과는 아니었다.

(4) '한국형' & '실전형' 미디어 위기관리

미디어 위기관리처럼만 완벽했다면 솔로몬저축은행은 생존했을 거라 생각한다. 회사가 금융감독원의 이른바 '살생부' 명단에 오른 뒤 9개월이 지나도록, 일반 국민은 솔로몬이 생사기로에 서 있다는 사실조차 몰랐다. 그 기간에 언론으로부터 숱한 보도 시도가 있었지만, 홍보실에서 모두 틀어막아서 보도된 적이 없기 때문이다. 시한부 운명이 막바지에 접어들던 무렵, 거액의 협찬 요구가 무산되자 보복에 나선 일부 방송사 한 곳만 예외였다. 워낙 시청률이 저조한 케이블TV인 데다 결국엔 익명 처리에 성공해서, 일반인은 그런 뉴스가 있었다는 사실 자체도 알기가 힘들었다.

이 책은 홍보 실무자는 물론 조직의 대표나 임원들처럼 언제든 매스컴에 노출될 수 있는 인물들까지 염두에 두고 썼다. 정치인, 연예인, 스포츠맨 등과 같이 늘 미디어에 노출되는 공인(公人)들 역시 마찬가지다. 기존 미디어 위기관리 서적들은 대부분 아카데믹한 서술과 구성을 택하고 있어서, 막상 미디어와 직접 부딪혀야 하는 이들을 위한 구체적인 실천지침서로는 아쉬움이 있었다.

내가 지향하는 미디어 위기관리 방식은 '한국형'이고 '실전형'이다. 매스미디어의 본질은 세계 어느 나라든 유사하지만, 막상 그 매스미디어를 상대해야 하는 실제 현실은 나라마다 처한 정치적 사회적 환경에 따라 상당한 차이를 보인다. 그런 격차가 없다면 '로마에서는 로마인처럼 행동하라'는 오랜 격언도 나오지 않았을 터이다.

한국의 매스미디어, 또 그런 회사를 이끌어가는 언론인들의 생리를 모르면서 원만한 관계 관리를 한다는 것은 애당초 불가능하다. 그래서 미디어에 대한 이해와 관계 관리는 '한국형'이어야 한다. 실제 언론홍보 현장에서는 교과서적인 분석, 틀에 박힌 지침이 잘 먹히지 않는 경우가 많다. 실전 현장에서는 당장 성과로 연결될 수 있는 실천적 가이드가 필요하다.

내가 펜대를 쥐게 된 것, 아니 키보드를 두드리게 된 것은 바로 이런 목적에서다.

2 한국형 미디어 홍보의 특성 '갑을 관계'

한국형 미디어 위기가 존재해야 한국형 미디어 위기에 대한 관리도 존재한다. 그렇다면 한국형 미디어 위기란 무엇인가? 먼저 그 개념부터 정확하게 짚고 넘어갈 필요가 있다.

우선 '한국형 미디어'라는 것이 별도로 존재하는가? 신문 방송 잡지 라디오 등 매스미디어 종류 자체에 한국형이 따로 있을 수는 없다. 블로그, 페이스북, 트위터 등 각종 SNS 매체인 소셜미디어도 마찬가지다. 모름지기 미디어 자체는 국경에 따른 차이가 없다. 따라서 '한국형 미디어'라는 표현은 별 의미가 없다.

하지만 '한국형 미디어'에 '위기'라는 단어가 붙으면 이야기가 달라진다. '한국형 미디어 위기'란 '한국형 미디어'의 위기가 아니라 '한국형' 미디어 위기이다. 미디어 위기 앞에 '한국형'이란 수식어가 붙는다고 보면 된다. '한국형(또는 한국적)'이라는 수식어는 '한국 특유의 환경과 문화에서 비롯된'이라는 의미를 함축한다.

(1) 언론사와 비언론사의 '갑을' 관계

먼저 한국적인 미디어 환경과 문화에 대해 살펴보겠다. 30여 년을 언론과 홍보 일선에서 활동했던 사람으로서, 한국에서 언론사와 비언론사의 관계는 '갑을(甲乙)' 관계라고 단언한다. 한국의 기자나 홍보맨 그 누구도 이런 관점에 이견을 제시하지 않는다. 최근에는 광고주인 대기업들이 갑이라고 푸념하는 언론인들도 있지만, 인터넷신문이 크게 늘면서 단지 예전보다 광고 수주가 어려워진 현실을 반영할 따름이다.

갑을관계란 주지하다시피 대등한 관계가 아니다. 계약서를 작성할 때 대개 임대인, 발주자와 같이 상대적으로 우월한 위치에 있는 쪽이 갑이다. 임차인, 입찰자가 을이며 이들은 대개 갑에 의해 선택되는 입장이다. 법적으로야 계약 당사자의 지위가 상호 대등하지만, 현실적으로는 그렇지 못하다는 것을 누구나 알고 있다.

본래는 계약관계에서 시작된 용어이지만, 한국사회에서는 권력을 가진 자와 그를 상대해야 하는 자의 관계도 갑을관계로 비유된다. 정부가 갑이라면 산하 기관, 감독 대상 기업 등은 모두 을이다. 검찰의 수사 지휘를 받아야 하는 경찰도 을에 비유된다. 경찰이 틈만 나면 수사권 독립을 주장해온 이유도, 속내를 들여다보면 지긋지긋한 갑을관계에서 벗어나려는 시도이기도 했다. 2022년 '검수완박' 사태와 그에 따른 법 개정으로 경찰이 수사권을 대폭 가져왔지만, 여전히 갑을의 위상이 근본적으로 바뀌었다고 보긴 어려운 현실이다.

언론사와 비언론사가 왜 갑을관계인가. '비언론사'라 함은 언론사가 아닌 회사나 조직을 통칭하는 표현이다. 그렇다면 언론사가 언론사 아닌 모든 조직에 대해 막강한 절대권력이라도 소유하고 있다는 뜻일까. 그에 대한 해답은 '예스(YES)'에 가깝다. '절대권력(absolute power)'이란 견제 받지 않는 무소불위의 권력을 뜻한다. 그런 면에서 한국의 매스미디어는 절대권력의 본질에 가깝다. 적어도 늘 매스미디어와 씨름해야 하는 홍보맨의 시각으로 보면 그렇다.

혹자는 이의를 제기할 수도 있다. 매스컴의 일방적 횡포를 견제할 언론중재위원회 같은 기구도 있지 않느냐고. 또 대한민국은 법치주의 국가이다. 매스컴이 함부로 오보를 날려서 피해를 입게 되면, 법적 소송 같은 자기구제 수단을 활용하면 되지 않느냐고.

하지만 이는 어디까지나 이론적으로만 옳거나 가능할 뿐이다. 한국에서는 비언론사가 언론사를 상대로 싸우거나 시비를 다투더라도 실익을 보기 힘든 구조적 문제가 있다. 가장 큰 이유는 한국의 사법제도가 언론사의 실수에 대해 매우 관대한 편이기 때문이다. 언론사가 비언론사를 상대로 악성보도를 냈을 경우, 악성보도의 내용이 사실이라면 비언론사가 언론사를 상대로 취할 수 있는 자기구제 수단은 전혀 없다. 또 이런 경우는 어쨌든 비언론사가 자기구제를 운운할 자격도 없다.

문제는 부실한 취재로 인한 부정확한 사실 보도, 또는 거의 고의적인 악성 오보로 비언론사의 명예와 이익에 심각한 타격을 입혔을 경우이다. 이럴 경우에 언론사가 실수라고 우기면, 법원이 언론사의 고의성을 판단하기란 대단히 힘들다. 상당한 의심이 가더라도 처벌이 과중하면 언론의 역할을 위축시킬 수 있다는 부작용부터 우려하는 경우가 태반이다.

법적 자기구제 수단이 부실한 상황에서, 일반 기업이 언론보도로 피해를 입었다고 해서 감히 언론사를 상대로 선전포고를 하기란 대단히 힘들다. 오늘만 날이 아니다. 조직 활동이란 늘 각종 이해관계로 얽혀 있어서, 언제 어떻게 언론사에 꼬투리가 잡혀 더 큰 보복을 당하게 될지 모른다. 언론사와 싸워서 일시적인 승리나 약간의 보상을 취할 수 있을지는 몰라도, 그 언론사가 아예 사라지지 않는 한 소송 당사자는 늘 보복성 보도의 표적이 될 수밖에 없다.

(2) 해법은 '징벌적 손해배상', 현실은 '고양이 목에 방울 달기'

언론사에 대해 비언론사의 자기구제 또는 대항 수단이 원래 없는 것은 아니다. 바로 미국이 채택하고 있는 '징벌적 손해배상(punitive damages)' 제도와 같은 강력한 자기구제 수단이 있다. 징벌적 손해배상이란, 사람이든 조직이든 특정 주체가 다른 주체에게 고의적으로 위해를 가했을 경우, 가해 주체에게 매우 가혹한 손해배상을 판결해 유사한 사건의 재발을 억제하는 제도이다. 언론보도 사건일 경우, 가해 주체인 피소 언론사는 물론이고 잠재적 가해 주체인 타 언론사들에게까지 경고 효과를 발휘하는 제도이다. 매스컴, 즉 언론사처럼 막강한 권력 주체를 상대하기에는 매우 유효한 응징 수단이다.

문제는 누가 고양이 목에 방울을 다느냐는 것이다. 고양이의 위협에서 벗어나기 위해 쥐들이 모여 고양이 목에 방울을 달아야 한다는 해법을 찾아낸다. 하지만 아무리 좋은 해결책도 이를 실행할 주체가 없으면 한낱 공리공담에 지나지 않는다. 한국적 상황에서는 징벌적 손해배상이 바로 그 고양이 목의 방울 같은 제도이다. 입법을 추진할 수 있는 정부나 국회, 그 누구도 언론사의 입에 재갈을 물리려 하지 않는다.

한국에서도 시도 자체가 없었던 것은 아니다. 참여정부 시절인 2004년, 열린우리당이 입법 추진하던 '언론피해구제법'의 원안에는 징벌적 손해배상이 포함돼 있었다. 하지만 해당 제도가 주로 배심원 제도를 운영하는 영미법 체계 국가에서 발전돼 왔고 한국처럼 대륙법 체계 국가에선 채택된 사례가 없다는 등, 여러 부정적 이유를 들어 결국 새 법안 중에서 해당 제도만 쏙 빠지고 말았다.

2020년 하반기 이후 징벌적 손해배상 제도의 입법화 시도가 재개됐는데, 한국 언론들이 그 어느 때보다 결속된 모습으로 저항하면서 결국 이번 시도도 유야무야 되고 말았다. 정치인들이 해당 제도를 입법 추진하려 했던 배경에는 '정치적인' 속내도 컸기 때문에 대중적 지지를 이끌어내기가 쉽지 않았다. 권력층에 대한 언론의 견제야말로 언론이 지닌 가장 중요한 역할 중 하나이기 때문이다. 예나 지금이나 정치권력에 대한 언론의 견제 역할이 위축되기를 바라는 국민은 거의 없다.

징벌적 손해배상 이슈가 제기될 때마다, 겉으로 표현은 못하고 속으로만 끙끙 앓는 주체는 늘 언론사로부터 광고와 협찬 요구에 시달리는 일반 기업들이다. 매스컴의 막강한 위세에 맞설 유일한 기회이지만 후환이 두려워 전면에 나서지 못한다. 이렇듯 피어보지도 못하고 시들어버린 '징벌적 손해배상'이라는 꽃봉오리는 2004년에도 2020년에도 망울만 살짝 맺히다가 바로 시들어버렸다.

(3) 선진적 언론 보도, 대등한 홍보 환경…'기대난망'

만일 징벌적 손해배상 제도가 언론보도 사건에도 도입됐다면, 한국의 언론홍보 분야에는 일대 지각변동이 일어났을 터이다. 대기업이나 중견기업 등이 자체 홍보팀을 두기보다 미국처럼 주로 홍보대행사를 활용하는 아웃소싱 PR 시스템이 확산됐을 가능성이 크다. 지금은 언론홍보를 기업 내부 조직에서 수행하지만, 이는 기업 입장에서 상당히 고비용 구조이기 때문이다.

기업 홍보팀에서 수행하는 언론홍보의 주요 업무가 기자 접대와 광고·협찬 요구 등 언론사의 민원 조율이다. 이렇게 접대하거나 민원을 해결해 주고 그 대가로 자사 관련 기사에 대한 각종 청탁을 하게 되는, 일종의 '악어와 악어새' 같은 공생관계가 형성된다.

물론 기업이 수행하는 접대나 민원 해결의 수준은 기업마다 상당한 차이를 보인다. 지금도 기자를 만나면 촌지 봉투부터 연상하는 기업인들이 적지 않다. 촌지 제공 관행은 적어도 서울을 위시한 중앙언론에서는 많이 사라진 편이나, 지역언론에서는 아직도 상당히 잔존하는 것으로 알려져 있다. 물론 불법이다.

하지만 촌지 제공이 아니더라도 그에 상응하거나 버금가는 각종 접대가 불가피한 것이 한국형 언론홍보의 현실이다. 2015년 김영란법이 시행되기 이전까지, 기자에게 현금 50만 원이 든 촌지 봉투를 건네는 것은 불법적 금품 제공이지만, 100만 원어치 밥과 술을 사거나 비슷한 비용의 골프 접대를 하는 것은 거의 관행으로 치부되었다. 엄격하게 언론의 직업윤리라는 잣대를 들이댄다면, 금품 제공이나 접대 관행 사이에 무슨 차이가 있겠는가.

상황이 이렇다 보니, 1990년대 들어서 한국에도 도입된 홍보대행 산업은 당초 기대와 달리 그다지 성장하지 못했다. 물론 홍보대행사 숫자도 늘어나고 시장 규모도 성장하기는 했으나, 이는 주로 기업보다는 정부나 지자체 등의 홍보 수요를 기반으로 했다. 경제 발전과 함께 매스미디어가 늘어나고 인터넷 발달로 소셜미디어라는 뉴미디어가 등장하면서, 정부나 지자체의 홍보 아웃소싱 수요만 가파르게 증대했다.

만일 제도적 보완이 성사됐더라면, 한국의 언론사는 지금처럼 갑의 위치에서 수월하게 기업들을 상대하기가 쉽지 않았을 터이다. 기업이든 어디든 섣불리 보복성 기사를 작성했다가는 '되로 주고 말로 받는(升授斗受)' 역효과를 보기 십상이었을 터이다. 그랬다면 일반 기업도 지금보다 훨씬 더 대등한 입장에서 언론사를 상대할 수 있었다.

(4) 경쟁만 있고 도태는 없는 한국 언론사들

징벌적 손해배상처럼 언론사의 횡포를 견제할 수단이 도입되어 언론홍보 환경이 대등해져야 했다. 언론사는 불편부당의 직업윤리를 견지하며 본연의 보도 목적에 충실하고, 기업은 지금처럼 접대나 협찬이 아닌 정보의 질(質)로써 언론사의 관심을 끄는 선진적인 언론보도와 홍보의 상호관계가 형성되어야 했다. 대등한 관계가 원천적으로 성립되지 않기 때문에 한국에선 언론사가 계속 생기기만 할 뿐, 정보 경쟁에서 뒤처져 경영난으로 도태되는 언론사를 찾아보기가 힘들다.

내가 솔로몬 홍보실장으로 부임한 2005년 당시만 해도 5개에 불과하던 신문을 인쇄하는 경제일간지 수가 지금은 11개가 넘는다. 인터넷경제신문까지 합하면 그 수는 엄청나게 늘어났다. 그렇다면 한국의 경제 규모가, 한국의 광고시장이 비례해서 성장한 것인가. 종합일간지 수는 거의 그대로인 반면에, 왜 기업 관련 기사를 많이 다루는 경제매체 수만 이렇게 급증했을까.

홍보맨이라면 누구나 알고 있다. 친기업적인 경제 전문지들이 유사시에 가장 반기업적인 언론으로 변신할 수 있다는 것을. 언론사 기자들은 시간이 흐를수록 승진 경쟁에서 도태되거나 이런저런 이유로 퇴사하게 마련이다. 이런 인력들이 모여 계속 새로운 언론매체를 만들어 나가는데, 그 생존의 원동력이 바로 기업의 광고와 협찬이다. 지금과 같은 언론홍보 풍토와 환경에선, 기업들의 곳간만 계속 축날 수밖에 없다.

(5) 한국적 언론홍보 '꿩 잡는 게 매'

이런 한국적 갑을관계에서 유능한 홍보맨이 언론홍보를 위해 갖춰야 할 가장 중요한 요소는 무엇인가? 그 건 바로 언론인들과 돈독한 관계 자산을 구축하는 일이다. 역설적이지만 이는 미국이나 한국이 서로 다를 게 없다. 다만 한국의 경우, 관계를 구축하는 데 상당한 비용이 지출되는 차이가 있을 뿐이다.

물론 사람과 사람의 관계이니만큼, 친밀한 관계에 항상 비용이 수반되어야 하는 것은 아니다. 서로 마음이 통하고 코드가 맞으면 차 한 잔, 밥 한 끼만 나누고도 친구처럼 쉽게 친해질 수도 있다. 무엇보다 정보 비즈니스이니만큼, 서로 원하는 정보를 원활히 교류하면서 직업적인 신뢰관계를 구축할 수도 있다.

하지만 한국적 현실에서 기업의 적절한 예산 지원 없이 순수하게 홍보맨 능력으로만 언론인, 또 언론사와 원만한 관계를 지속해 가기란 거의 불가능에 가깝다. 기자나 데스크가 전화해서 신문을 수십 부 구독해 달라, 또는 광고나 협찬을 해 달라는 요구를 하는데, 이런 민원을 모두 사양하면서 원만한 관계가 가능하겠는가. 언론사나 언론인의 민원은 그 외에도 다양할 수 있다. 책을 출판했으니 구입해 달라, 대출해 달라 등등.

문제는 비용과 예산이 어느 정도 뒷받침되더라도 언론홍보 자체가 까다

롭고 힘들다는 사실이다. 내가 친하다고 생각한 기자, 그동안 물심양면으로 도왔던 기자가 어느 날 표변해서 내가 일하는 회사를 맹폭하는 기사를 대문짝만 하게 쓰기도 한다. 이런 일반 상식에 어긋나는 사건이 종종 일어나는 곳이 언론홍보 세계다.

이런 현실에서 미국 유럽 등에서나 통할 법한 선진국형 언론홍보를 아무리 떠들어본들 무슨 소용이 있겠는가. 자고로 '꿩 잡는 게 매'라고 했다. 기업이든 어디든 언론홍보 일선에 서야 하는 홍보맨이나 임직원들은 과정이 어떻든 간에 원하는 목적을 달성해야 하는 현실론자가 될 수밖에 없다.

기업 활동에 있어서 매스미디어 위기처럼 두렵고 겁나는 경험도 많지 않다. 단독 매체의 악성보도를 저격에 비유한다면, 전 매스컴의 악성보도는 십자포화에 비유할 수 있다. 어느 쪽이 됐든 기업이 느끼는 부담감, 또 실제로 야기될 수 있는 결과는 거의 치명적인 수준일 때가 많다.

이 책에서는 사변적이고 학구적인, 교조적이고 원론적인 논의나 열거보다는, 언론홍보 일선에서 야기될 수 있는 갖가지 위기 상황에서 살아남는 현실적 통찰이나 방법에 주력하고자 했다. 이것이 수많은 미디어 위기를 겪고 극복해야 했던 내 자신의 경험자산을 나누는 작은 기여가 될 것이라 믿는다.

II

한국형 미디어 위기의 대비

한국형 미디어 위기의 대비

'심판의 날이 도둑같이 오리니 항상 깨어 있어라'라는 요지의 성경말씀이 있다. 위기는 마른하늘에 날벼락 치듯 예고 없이, 갑자기 발생하는 경우가 많다. 이런 급박한 상황이 닥치면 깨어 있던 자, 즉 준비를 해둔 자와 그렇지 않은 자의 희비가 극명하게 엇갈린다. 유비무환(有備無患)의 진리를 뼈저리게 느끼게 되는 순간이다.

미디어 위기를 대비해 평소 가장 공들여 준비해야 할 점은 무엇일까. 당해 본 회사나 사람은 누구나 잘 알고 있다. 미디어 위기 시에 가장 절실하게 필요한 존재는 언론계의 네트워크, 바로 언론사 인맥이다. 악성보도가 터지기 일보직전인데 해당 언론사에 담당 기자나 데스크는 고사하고 변변히 아는 인물 하나 없을 때, 그 막막한 심정은 겪어보지 않은 사람은 잘 모른다. 대형 사건사고로 전 매스컴이 취재 경쟁을 벌이는 '쓰나미' 같은 상황에서도 언론계 인맥의 필요성은 절실해진다.

이런 미디어 위기의 순간을 대비해 많은 기업들이 홍보 부서를 통해 적잖은 비용을 써가며 언론사와 관계를 맺어둔다. 마치 보험에 가입하듯이. 홍보맨에게 가장 중요한 자세는 인적 네트워크를 구축하겠다는 명확한 목표의식과 이를 달성하기 위한 의지와 노력이다. 그런데 막상 홍보팀을 가동하더라도 기업이 언론사와 항상 매끄러운 관계가 형성되고, 언론인과 늘 우호적인 관계를 맺는 것은 아니다. 언론사나 언론인은 일반 직업인들이 이해하기 힘든 독특한 속성을 지니고 있기 때문이다. 그들의 특성을 잘 이해하고 상대해야 성공적인 관계가 구축되는데, 그게 말처럼 쉽지만은 않다. 가령 회사의 물적 지원이 부족하면 언론인과 가깝게 지내기란 요원한 일일까. 꼭 그렇지는 않다. 언론인은 근본적으로 정보 비즈니스 종사자들이다. 특히 취재기자가 가장 선호하는 부류의 인물 중 하나가 정보가 풍부한 사람이다. 기자들은 만날 때마다 다양한 소식 보따리를 풀어놓는 인물에게 큰 호감을 느낀다.

이 장에서 우리는 한국의 언론사와 언론인에 대한 이해를 넓혀 보고자 한다. 그래야 어떻게 하면 이들과 우호적인 관계를 맺어나갈 수 있는지에 대한 답이 나온다. 그렇게 관계 관리를 위한 비결과 처방이 나오면, 그다음은 이를 그대로 실천에 옮기면 된다.

1 한국 언론의 이해

손자병법에서 이르기를 '지피지기 백전불태(知彼知己 百戰不殆)'라고 했다. '적을 알고 나를 알면, 백 번을 싸워도 위태롭지 않다'라는 뜻이다. 언론의 특성을 얼마나 잘 이해하고 있는지가 일반 홍보는 물론 미디어 위기관리에서도 매우 중요하다. 언론을 아군으로 활용하며 큰 이득을 보느냐, 아니면 적군으로 상대하며 큰 손실을 감수하느냐는 언론에 대한 기본이해로부터 출발한다.

언론의 속성을 파악하려면 그 주축인 언론인에 대한 이해가 필수적이다. 언론은 취재와 마감을 반복하는 언론인들이 이끌어가고 있는데, 이들은 다른 직업인과는 다른 독특한 정서와 문화를 지니고 있다. 이들의 독특한 생리구조를 이해하지 못하면, 물과 기름이 서로 겉돌듯이 언론과 가까워지기란 불가능하다.

(1) 언론인의 특성

① '기자정신'과 '마감시간'

언론계의 보도 분야 종사자를 우리는 대개 '기자'라고 통칭한다. '언론인' '칼럼니스트' 등 여러 표현이 있지만, 기본적으로 이들은 대부분 기자이거나 기자 출신이다. 그렇다면 기자를 이해한다는 것은, 곧 언론을 이해한다는 것을 의미한다.

기자생활을 겪어보지 않은 사람들의 기자들에 대한 반응은 '이해하기 힘든 족속'이라는 시각이 일반적이다. 기자들이 대개 치열한 경쟁을 뚫고 언론사에 입사한 엘리트들이라는 것쯤은 다 알려져 있다. 그런데 이들을 상대하다 보면, 배울 만큼 배운 이들치고는 상식적으로 납득하기 힘든 상황을 자주 겪게 된다.

기자들은 호칭문화부터 유별나다. 형님 때로는 아버지 같은 선배나 상사들을 부를 때도 '~님'자 호칭을 빼고 부르기도 한다. 가령 '(김)부장' '(이)국장' 같은 식이다. 직접 부를 땐 '부장!'이 되고, 간접 호칭할 땐 '(김)부장이'가 된다. 이렇다보니 기자들은 자기들이 출입하는 회사나 기관에 근무하는 고위직 임직원에 대해서도 종종 호칭을 빼고 부른다. 이런 '무례'에 익숙하지 않은 해당 조직의 실무자들은 분노나 모멸감을 느끼기도 하고, 이는 감정싸움이나 술자리 주먹다짐으로 번지기도 한다.

이런 호칭문화가 시작된 배경은, 기자들이 사회적 지위가 높은 이들을 취재할 때 주눅이 들지 않도록 훈련받던 습관에서 비롯됐다. 이른바 '기자정신'을 함양하려다 보니 발생한 관행이다. 업무 성격상 오늘은 거리의 노숙자를 만나 취재했는데, 내일은 대통령을 만나 인터뷰할 수도 있는 직업이 기자이다. 문제는 이런 호칭문화를 내부에서만 공유하지 않고 종종 다른 조직원에게까지 적용하다 보니 발생한다. 예전보다는 많이 줄어들었지만, 여전히 출입처에서 호칭 시비가 사라지지 않고 있다.

기자에 대해 거부감을 갖게 되는 이유는 한두 가지가 아닌데, 그 중 하나가 이들의 취재 방식이 상당히 거칠다는 점이다. 사전예고 없이 남의 사무실에 불쑥 나타나는가 하면, 전화를 걸어 사실 확인이 필요하다며 민감한 질문을 퍼부어대기 일쑤이다. 이런 무례에 가까운 취재 방식 역시 기자들의 전매특허쯤으로 인식되며, 그들에 대해 부정적 이미지를 갖게 만든다.

이처럼 성급하고 돌발적인 취재 행태는 그들이 겪어야 하는 '마감시간(데드라인)'과 깊은 관련이 있다. 일간지의 경우, 매일 마감시간이 정해져 있다. 조간신문의 경우, 대개 오후 5시 이전에 기사를 마감하지만 부서나 상황에 따라서는 그보다 훨씬 전인 2시, 3시에 마감을 해야 할 때도 있다. 언론사에서 '마감은 생명'이라고 일컬어질 만큼, 마감시간은 기자들이 무조건 준수해야 할 절대 규칙이다.

상황이 이렇다보니 기자들이 마감시간 때문에 겪는 긴장과 스트레스는 일반인의 상상 이상이다. 취재가 원활치 못해 주어진 원고 분량을 채우기 힘들 때는 스트레스 지수가 급상승한다. 출입처 홍보담당자들 입장에서는, 질문이나 자료 요청에 대한 피드백이 좀 늦는다고 버럭 화를 내거나 짜증을 부리는 출입기자의 심리나 기분을 이해하기 힘들다.

② '프라이드'와 '콤플렉스'

기자의 직업심리와 정신세계를 이해하는 데 중요한 키워드를 꼽으라면 프라이드(pride)와 콤플렉스(complex)이다. 상반된 두 정신현상이 혼재돼 있다. 프라이드는 '자존심'이라고 할 수 있다. 기자의 자존심은 홍보맨에게 양날의 검과 같다. 기자의 자존심을 잘 지켜주고 잘 살려주는 홍보맨은 그 덕분에 큰 도움을 받게 된다. 반대로 본의든 아니든 기자의 자존심을 훼손하는 홍보맨은 어떤 방식으로든 앙갚음을 당할 수 있다.

기자의 자존심을 이해하기 전에 먼저 기자의 콤플렉스, 즉 '열등감'부터 이해할 필요가 있다. 자존심과 열등감은 동전 앞뒷면처럼 밀접한 관계이다. 대형언론사에 입사하는 기자들은 보통 명문대 출신이 즐비하고, 보통 수백 대 일의 치열한 경쟁을 뚫은 이들이다. 기본적으로 엘리트 의식이 강할 수밖에 없다.

그런데 막상 기자 업무를 시작하고 보면, 업무상 항상 취재원에게 질문만 해야 한다. 잘 모르는 분야를 취재했다고 기사에서 '초짜' 티를 낼 수도 없다. 한 분야를 오래 취재하다 보면 스페셜리스트(specialist) 반열에 오르기도 하지만, 일반적으로 기자는 제너럴리스트(generalist)이다. 잘 모르는 분야를 취재할 때 기자는 늘 자신의 무지에 대해 다소간의 열등감을 갖게 된다. 그런 기자에게 대고 무심코 "기자가 그것도 모르냐"는 식의 반문을 하는 취재원이 있는데, 이는 직업적 콤플렉스를 자극하는 금기어 중 금기어에 속한다.

담당 분야나 출입처가 수시로 바뀌게 마련이어서, 그때마다 기자는 새로 관계를 형성해야 하는 일종의 '영업맨' 같은 입장이다. '갑중의 갑' 대우를 받는다고 알려져 있지만, 현실은 항상 남의 사무실 문을 두드리고 들어가 파티션 너머를 기웃거려야 하는 '을'과 비슷한 신세이다. 취재에 비협조적이거나 불친절한 인물들도 상대해야 하기에 이 역시 긴장과 부담의 요인이다.

한국적 현실에서 기자는 주로 대접을 받는 쪽이다. 하지만 이는 바꿔 말하면 '얻어먹고' 다녀야 한다는 뜻이다. 일부 메이저급 대형언론사를 제외하면, 회사 살림이 일반적으로 풍족하지 못하다. 직급과 연차가 올라가도 그에 걸맞은 경제적 대우를 받지 못하다 보니, 입사 초기에 충만했던 긍지와 자부심도 서서히 줄어드는 게 보통이다.

이처럼 미묘한 열등감이 그들의 엘리트 의식과 맞물려 일반 직업인에 비해 유난히 강한 자존심으로 표출된다. 이런 자존심이라는 특성을 잘 이해하지 못하면 언론사에 재정적 도움을 제공하고도 보복당하는 비상식적인 일도 종종 벌어진다(사례 2 참고). 이처럼 언론인과의 관계 관리에서는 과정이 중요하다.

자존심이라는 생리를 잘 이해하고, 먼저 겸손하고 정중하게 기자를 대한다면 기자들은 의외로 순한 양처럼 편하게 다가온다. '자존심의 상대성'인데, 내가 상대를 존중하면 상대도 그 못지않게, 혹은 그 이상으로 나를 존중해 준다. 그 대표적인 분야가 언론계이다.

※ 사례 1: 불손한 태도로 화를 자초한 언론인 출신 홍보맨

기자들의 자존심을 건드려 화를 자초한 홍보맨들의 사례는 세상에 잘 알려지지 않아서 그렇지 매우 많다. 금융업계의 한 협회 홍보실장 사례도 그 중 하나이다. 언론사에서 부장, 본부장을 역임하고 해당 협회 홍보실장으로 부임한 40대의 A씨는 평소 뻣뻣한 자세로 유명했다. 협회 출입기자들의 야유가 자자했다. 전직 언론인이지만 지금은 홍보를 책임진 인물인데 정신을 못 차리고 자세가 불손하다는 이유에서였다. 기자 출신 홍보맨이 이런 식으로 일할 때 현직 기자들이 하는 가장 흔한 표현이 "아직도 자기가 기자인 줄 안다" "아직도 선배기자인 줄 알고, 우리를 가르치려 든다" 등이다. A씨는 심지어 기자들이 머리를 숙이고 인사할 때도, 본인은 머리를 잘 숙이지 않았다. 팀장이나 데스크 같은 간부급 기자들과 인사할 때도 마찬가지였다. 한번은 한 신문사 경제부장이 나와 식사하는 도중에 그가 일하는 협회를 세게 손봐야겠다고 씩씩거렸다. 이유는 그 홍보실장 때문이었다. 다른 이유는 없고 태도가 너무 건방져서 황당했다는 이야기이다. 문제의 홍보실장은, 사실 개인적으로 상대해 보면 성격도 소탈한 편이고 원만했던 인물이다. 다만 사람을 만나거나 헤어질 때 이해할 수 없을 정도로 고자세여서, 그 한 가지 사실만으로 늘 곤경에 처하고 화를 자초했다.

※ 사례 2: 협찬 약속한 회사를 악성기사로 응징한 언론사 간부

한 경제일간지 금융부장이 식사하면서 들려준 이야기. 자기 상사인 부국장이 어느 날 외근 후에 돌아와서는 국내 굴지의 대기업인 A화재보험을 폭격하라는 특명을 내렸다. 이유인즉 부국장이 A화재보험을 방문해서 협찬을 요구할 때 홍보임원이 건방을 떨었다는 것이다. 홍보임원은 자사까지 방문한 부국장에게 "신문사도 나한테 아쉬운 소리 할 때가 있네요" 정도로, 자신이 생각할 땐 경미한 수준의 농담을 던졌다. 해당 임원은 시종 빙글빙글 웃으면서 이야기했는데, 앞서 들은 농담이 있어서인지 부국장의 눈에는 그 모습이 마치 자신을 조롱하는 듯 보였다. 협찬 약속은 받고 귀사했지만, A화재보험을 나서는 부국장의 가슴은 모멸감으로 불타올랐다. 그래서 귀사하자마자 부하 데스크에게 A화재보험을 '조지라'는 지시를 내렸다. 언론인은 을의 입장에 설 때조차 을이 아니다. 특히 출입기자이건 간부이건 간에, 언론인이 아쉬운 소리를 한다고 갑을 상황까지 본질적으로 바뀌었다고 착각하면 안 된다. 언론인은 아쉬운 소리를 할 때마저 갑이다. 언론인이 정중히 예를 표한다고 관계의 본질까지 혼동하면 곤란해진다.

③ 공명심

언론인의 자존심과 아울러 잘 이해해야 할 직업심리가 언론인의 공명심이다. 공명심은 '특종(scoop)'과 깊은 관련이 있는 키워드이다. '기자정신'의 상징이 특종기사나 특종보도이다. 기자와 좀 친해졌다고 '오프 더 레코드(off the record)'라며 자기 또는 내부의 기밀을 함부로 털어놓았다가 이 사실이 보도되어 황당해 하는 사례는 비일비재하다.

부산시의 한 구청장이 평소 친하게 지내던 일간지 출입기자와 술을 마셨다. 거나하게 취한 구청장은 자기 아들이 병역을 면제받을 수 있도록 자기가 손쓴 사실을 술김에 털어 놓았다. 다음날 아침, 그 기자가 소속된 일간지를 펼쳐든 구청장은 자기 눈을 의심했다. 바로 전날 밤에 털어놓은 이야기가 1면 헤드라인을 장식했기 때문이다. 실제 사례다.

이런 일을 한 번 겪은 사람은 해당 기자는 물론 기자라는 직업인 자체를 못 믿게 된다. 그렇다고 기자들과 소원하게 지내면 평시엔 퍼블리시티

(publicity)가 안 되고, 전시엔 위기관리(crisis management)가 안 된다. 언론인은 너무 가까이 하면 뜨거워서 죽고 너무 멀리 하면 얼어서 죽는 불(火)과 같은 존재이다.

그래서 나온 말이 기자들과는 '불가근불가원(不可近不可遠)' 관계이어야 한다는 말이다. 불가근불가원이라는 표현은 일리가 있지만 사실 오해의 소지도 많다. 얼핏 뜨뜻미지근한 관계를 유지하라는 말처럼 들리기 때문이다. 그러나 이는 쉬운 일이 아니다. 매스컴에 종사하는 언론인들은, 평소 대화를 나눠보면 훌륭한 인품과 박식한 소양을 지닌 엘리트들이 적지 않다. 저절로 호감이 가는 인물이 많다. 수십 대 일, 또는 수백 대 일의 경쟁을 뚫고 언론사에 입사한 재원들이기에 신언서판이 훌륭한 인재들이 적지 않다.

그래서 친하게 지내다 보면, 여느 인간관계가 그렇듯이 정(情)도 들고 막역한 사이가 되기도 한다. 그런데 불가근불가원이라니? 기본적으로 언론인은 마음 놓고 좋아하면 안 되는 대상인가? 그렇지 않다. 마음껏 사귀어도 상관없다. 다만 기자를 너무 믿은 나머지 그에게 내부 기밀을 술술 털어 놓는 입방정만 떨지 않으면 된다.

기자는 기본적으로 '국민의 알 권리'를 위해 존재하는 직업인이다. 하지만 때로는 국민의 알 권리를 위해 뛴다는 사명감보다 특종에 대한 성취

욕, 공명심이 앞서는 정보사냥꾼이기도 하다. 그런 이들에게 고급 정보라는 사냥감을 던져 주면서 사냥하지 말라고 한다면 출발 자체부터 잘못된 일이다. 기자와 아무리 가깝게 지내도 입단속만 잘하면 아무 문제가 없다.

물론 기자는 상황에 따라서 기밀을 제공한 취재원을 목숨을 걸고 보호하기도 한다. 하지만 기자는 기본적으로 특종 뉴스를 생산하기 위해 항상 눈에 불을 켜고 다니는 직업인이라는 사실을 절대 잊어서는 안 된다. 결론은 기자와 가깝게 지내는 건 좋지만 자기 입단속을 철저히 하라는 말이다.

언론사, 언론인과의 관계는 '벌집'과도 비슷하다. 어떻게 다루느냐에 따라 달콤한 꿀을 선물 받기도 하지만, 잘못하면 말 그대로 '벌집을 건드리게' 된다. 주위에서 '언론플레이'의 고수라고 하는 이들치고 평소 언론인과 가깝게 지내지 않은 이는 없다. 다만 고수들은 벌집 다루듯이 언론인과 교제한다. 입을 조심하라.

④ 하후상박과 직업적 회의

언론사의 임금 구조는 대개 '하후상박(下厚上薄)'이다. 언론사 신입기자들은 대개 일반 기업에 비해 후한 월급을 받는 편이다. 신입기자들은 상대적으로 후한 월급명세서를 보며 치열한 경쟁을 뚫고 입사한 보람을 느끼기도 한다.

문제는 그 다음부터이다. 연차가 쌓이면 쌓일수록 기자로서의 능력과 경험은 쑥쑥 성장하는 데 비해, 월급명세서에 찍히는 급여액 숫자는 굼벵이 기어가듯 올라간다. 결혼하고 자녀가 성장하면서 생활비는 자꾸 늘어가는데, 임금은 갈수록 성에 차지 않는다. 일반 기업에 입사한 대학 동기들의 연봉이 쑥쑥 올라가는 모습을 보면서 점점 직업적 회의에 젖어들기 시작한다. 취재와 기사 작성에 몰두하던 일선기자 시절에 비해, 승진해서 편집국에서 내근하다 보면 일재미도 없어지고 잡념만 더 늘어난다.

그렇다고 언론계를 쉬 떠날 엄두도 나질 않는다. 언론사는 입법부 행정부 사법부에 이어 제4부라고 불리는 권력집단이다. 더구나 언론인은 그 어느 권력집단과 상대해도 별로 '꿀리지' 않는 갑중의 갑이다. 업무 자체의 매력과 보람도 크지만, 알게 모르게 권력의 맛에 오래 길들여진 언론인이 그 맛을 내려놓기란 쉬운 일이 아니다. 또 늘 대접을 받는 편이기 때문에 상대적으로 지출도 크지 않아, 빈약한 임금이지만 절약하면 그런대로 버틸 만하다. 맞벌이 배우자의 수입이 부족한 임금을 보충해 주기도 한다.

이렇다보니 언론사에서 간부급 기자나 데스크 자리에 오르면, 몸담고 있는 회사의 눈치를 더 많이 살피게 된다. 회사 재정에 기여도가 큰 기자들일수록 회사로부터 더 대우를 받게 되는데, 이는 승진과 연봉에 영향을 주기에 기사의 질 못지않게 점점 더 광고·협찬 등 대외 교섭에 신경을 쓰게 된다. 데스크의 이런 상황을 얼마나 잘 이해하고 적절하게 협조하느냐가 해당 매체와의 관계 관리에서 매우 중요하다.

⑤ 상업성과 공공성의 갈등

인류 역사에서 언론사와 기자라는 직업이 탄생한 것은 비교적 최근의 일이다. 본격적으로 전 세계적 현상으로 자리잡은 것은 불과 1백 년 안쪽의 일이다. 대한민국의 경우를 예로 들어보자. 권력집단을 견제하는 역할에 한정한다면, 기자는 조선시대의 사간원(司諫院) 관리에 비견될 수 있다. 문자 그대로 '기자(記者)', 즉 기록하는 역할만 놓고 비교한다면 사관(史官)과도 비슷하다.

사간원 관리이든 사관이든 모두 국록을 먹는, 오늘날로 치면 공무원이었다. 하지만 비슷한 역할을 수행하면서도 현대사회 매스미디어 기자들은 그렇지 않다. 대부분 영리를 목적으로 설립된 주식회사의 임직원들이다. 회사가 계속 적자를 내면 폐업도 가능하다는 점에서 일반 회사원과 다를 바가 없다. 이 때문에 언론사는 대개 광고와 협찬을 유치해서 매출과 수익을 올려야 하는 상업적인 사업구조를 갖고 있다. 오늘날 언론사는 광고나 협찬 외에도 많은 부대사업을 펼치거나 관련 계열사를 두고 회사 매출을 늘리기 위해 열을 올린다.

이런 언론사 회사원이기도 한 기자들은 헌법에 보장된 '국민의 알 권리'라는 공공성과 회사의 상업성 사이에서 갈등할 때가 많다. 대표적인 사례가 기업에 대한 보도 태도이다. 보도 대상이 중요한 광고주일 경우, 기자들은 직업적 양심과 국민의 알 권리만 앞세울 수 없을 때가 많다. 이런 언론사의 이중적 속성과 한계에 회의를 느껴 아예 언론계를 떠나는 기자들이 예전부터 적지 않았다.

매체에 따라서는 거의 대놓고 상업성만 추구하는 언론사도 적지 않다. 심지어 갓 입사한 말단 기자들에게까지 광고나 협찬 유치를 부추기는 언론사들도 있다. 이렇게 공공성을 위한 최소한의 긴장이나 갈등마저 포기한 언론사들은, 언론사의 허울만 빌린 조폭집단에 더 가깝다고 봐야 한다.

※ 사례 1: 새벽에 언론사 회장에게 계속 전화한 대기업 홍보임원

한국을 대표하는 대기업인 A사 홍보임원의 기행(奇行)이 홍보업계에서 도마에 오른 적이 있다. 술을 마신 채 자사 관련 기사를 고쳐 달라고 언론사인 B사 회장 집에 계속 전화를 걸어댄 사건이다. B사 회장이 처음 A사 홍보임원의 전화를 받은 시각은 늦은 밤이었다. A사 홍보임원은 B

사 회장을 아는 체했으나, B사 회장은 그의 얼굴이 기억나지 않았다. A사 홍보임원은 술자리에서 전작이 있었는지, 술 취한 목소리로 자사 관련 기사의 수정을 요구했다. B사 회장은 편집국 관할 문제이니 그쪽으로 알아보라고 타일렀으나, A사 홍보임원은 편집국 간부들이 거의 다 퇴근하고 없는 데다 전화도 잘 안 받는다며 B사 회장을 붙들고 늘어졌다. 그는 B사 회장이 수정 약속을 해주지 않자 전화를 끊으려 하지 않았다. 결국 B사 회장이 전화를 일방적으로 끊었는데, 그러자 술 취한 A사 홍보임원은 새벽까지 계속 B사 회장에게 전화를 걸었다. 화가 잔뜩 난 B사 회장은 다음날 아침 편집국장을 불러 A사를 단단히 손보라고 지시했다. 홍보책임자가 간이 부어도 유만부동이지, 자기 언론사를 얼마나 우습게 봤으면 감히 사주에게 그 따위 만행을 저지를 수 있느냐는 것이었다. 그 탓에 A사는 며칠간 B사로부터 계속 보복성 기사를 얻어맞아야 했다. A사는 언론사도 쉽게 무시할 수 없는 대형 광고주여서, 웬만한 일로는 보복성 기사가 나가지 않는다. 그런데 대형 광고주라는 사실만 믿고 A사 홍보임원이 '개념 상실' 수준의 기행을 벌인 셈이다. 얼핏 생각하면 이 사건은 언론사가 광고주에게 굴복하지 않는 현상처럼 읽힐 수도 있다. 하지만 달리 생각하면, 대형 광고주가 평소 얼마나 기고만장하면 홍보담당자가 언론사 오너에게까지 행패를 부릴 수 있었는지를 가늠케 한다.

※ 사례 2: '광고주 앞에만 서면 왜 나는 작아지는가'

앞서 B사도 세칭 '메이저'에 속하는 언론사라고 볼 수는 없지만, 마이너 언론사들은 언론사임에도 아주 유력한 광고주 앞에선 꼼짝 못하는 경우가 많다. 실제로 한 마이너 언론사 대표가 국내 굴지의 재벌 계열사 홍보 임원에게 장문의 사과 편지를 문자메시지로 전송해 화제가 된 적이 있다. 자사가 쓴 악성기사에 대해 기자의 오해에서 비롯된 것이라며 구구절절이 양해를 구하는 내용이었다. 문제는 이 문자메시지가 실수로 그 언론사 대표의 휴대폰에 저장된 모든 연락처로 전송돼 버렸다. 나도 그 문자메시지를 받았다. 대단히 민망한 사건이었다.

(2) 언론인 관계관리

PR(Public Relations)이란 무엇인가. 직역하면 문자 그대로 '공중(公衆; 공적 대중)과의 관계'이다. PR을 잘 한다는 것은 대중과의 관계가 좋다는 뜻이고, 잘 못 한다는 것은 그 관계가 나쁘다는 뜻이다. 그렇다면 대중과의 관계가 좋고 나쁨은 무엇으로 알 수 있는가? 간단하다. 기업·단체·정부·지자체 등 그 어떤 조직이든 매스컴에 투영되는 그 조직의 이미지에 따라 알 수 있다.

달리 말하면 매스미디어가 해당 조직을 어떻게 다루느냐에 따라 그 조직의 이미지, 즉 대중과의 관계가 결정된다는 뜻이다. 따라서 PR의 중요성은 재론의 여지가 없다. 문제는 그 PR을 어떻게 하면 잘 할 수 있느냐이다. 해법은 간단하다. 매스미디어의 핵심인 언론인과의 관계가 좋으면 된다. 언론인들이 홍보를 하는 조직에 우호적이냐 적대적이냐에 따라 기사나 보도의 질이 결정된다.

따라서 매스컴과의 관계는 곧 해당 매스컴에 소속된 언론인들과의 관계이다. 언론인과의 관계를 잘 관리하는 일은 홍보에서 가장 중요한 업무이다. 홍보 부서를 두고 조직적으로 언론홍보를 실행하는 회사는 모두 알고 있는 사실이다. 하지만 중요하다는 사실만 알지, 그 중요한 일을 어떻게 하면 잘 할 수 있는지에 대해서는 별다른 전문적 지식도, 그에 따른 직무 수행도 잘 이루어지지 않는 조직이 적지 않다.

홍보를 잘 하려면 먼저 언론인에 대해 잘 알아야 한다. 그런 연후에 알고 있는 사실을 꾸준히 실천해야 한다. 그저 홍보 부서에 배치됐다고 해서 하루아침에 전문가가 되는 것은 아니다. 능력도 없고 열정도 없는 홍보맨은 차라리 그 부서에 없는 편이 더 나을 때도 있다. 전문 인력이 없으면 차라리 감안이라도 될 텐데, 기대에 어긋나는 홍보맨은 오히려 자기 조직에 마이너스 역할을 할 때도 있다.

① 진심으로 사랑하라! 안 되면 연기라도 하라

언론인과의 관계 관리에서 홍보담당자가 가장 명심해야 할 사실은, 관계란 '상대적'이라는 진리이다. 내가 주는 만큼 그에게서 받게 된다. 사랑을 주면 사랑을 받고, 가식을 주면 가식을 받는다. 출입기자를 상대하기 피곤한 '갑'으로만 인식할 것이 아니라, 늘 마감 스트레스에 시달리는 직업인, 국민의 알 권리를 위해 힘쓰는 우리 사회의 파수꾼이라는 관점에서 바라보자. 그가 안쓰럽게 보이고, 때로는 그가 존경스럽게 보인다.

이렇게 애정 어린 눈길로, 존경 담긴 시선으로 바라볼 때, 우리 입에서 나가는 말 한마디가 달라진다. 상대하는 기자는 바보가 아니다. 진심이 담긴 말과 가식으로 하는 말은 충분히 구분할 줄 안다. 한두 번은 실수로 혼동할 수도 있으나, 관계가 지속되다 보면 저 홍보맨이 나를 어떻게 생각하는지가 결국 드러나게 된다. 언론인을 이용하려는 관점에서만 상대하다 보면, 그도 나를 똑같이 대하게 된다. 이렇게 서로 이용하기만 하려는 관계에서는 진정한 배려나 성원의 마음이 생기기 힘들다.

만일 기자에게 애정이나 존경의 염이 생기지 않는다면, 마인드 콘트롤을 해서라도 그런 마음을 갖도록 노력해야 한다. 마치 드라마나 영화에서 연기자가 자기 역할에 몰입하듯이. 이렇게 자기최면을 걸어서라도 기자에 대해 긍정적이고 우호적인 감정을 이끌어내야 한다. 놀라운 일은 자기최면 또는 감정이입을 통해서라도 친근함을 표시하다 보면, 어느 새 기자에 대해 진짜 호감을 갖게 된다는 사실이다. 내가 계속 친근하게 다가서다 보면 기자도 내게 마음을 열게 되므로, 어느새 진짜 호감이 서로 오가게 된다.

인사 한 번을 하더라도 정말 반갑고 살가운 마음으로 해야 한다. 머리를 숙일 때는 정말 존경을 표하듯 깊이 숙여야 한다. 전화가 오면 언제나 반갑게 맞고, 필요한 정보를 요구하면 신속하게 적극적으로 알려줘야 한다. 알려줄 수 없는 정보를 요구하면, '꿩 대신 닭'이라도 줄 요량으로 알려줄 수 있는 정보라도 찾아내서 제공해야 한다. 이럴 때는 도와주면서도 생색을 내기보다는 오히려 원래 요청한 정보를 못 주는 사실에 대해 미안한 마음을 표시해야 한다.

자사에 좋은 기사를 쓰면 반드시 전화라도 걸어 사례해야 한다. 간혹 고의로, 또는 본의 아니게 기자가 부정적 기사를 쓰더라도 절대 그를 나무라거나 그에게 화를 내서는 안 된다. 그런 기사를 써야만 하는 그의 직업적 고충을 이해한다는 뜻으로 편안하게 어필해야 한다. 때로는 자사를 향한 부정적 기사에 대해서도 잘 쓴 기사라고 칭찬할 줄도 알아야 한다. 자사 관련 기사가 아니더라도, 특종을 하거나 잘 쓴 기사를 읽게 되면 전화든 문자든 연락을 해 엄지손가락을 치켜세워 주는 센스를 발휘해야 한다.

홍보맨이 늘 이런 태도를 유지한다면, 언론인이 그런 홍보맨과 사이가 나빠질 수 있겠는가. 하지만 홍보맨은 타고난 성인군자가 아니다. 언론인에 대한 애정과 존경이 없다면, 항상 그들을 웃는 낯으로 지원하거나 상대하기 힘들다.

물론 훌륭한 언론인이라면 애정과 존경의 마음이 절로 일어날 수도 있다. 문제는 그렇지 않은 골치 아픈 '갑'들이다. 하지만 이런 갑들에게도 부모와 같은, 형제와 같은 마음을 가질 줄 알아야 진정한 홍보맨이요, PR인이다. 그러므로 홍보맨에게 가장 중요한 요소는 스킬(skill)이나 테크닉(technic) 이전에 인성(人性)이요 자세(姿勢)이다.

② 기자와 데스크, 동시 관리의 중요성

대개 출입기자, 또는 담당기자와의 관계 관리가 중요하다는 사실을 모르는 홍보맨은 없다. 때문에 업무의 상당시간을 출입기자를 지원하는 데, 또는 그와 우호적 관계를 형성하는 데 할애한다.

그런데 막상 퍼블리시티(publicity)가 필요해 보도자료를 배포하거나 위기상황이 발생해 부정적 기사가 등장할 때, 기자와는 관계가 좋은데 데스크와의 관계가 소원해서 뜻하는 바를 이루지 못하는 경우도 다반사이다. 기자는 기자이고, 데스크는 데스크이다. 출입기자와 아무리 친하다고 해도, 그가 작성한 기사를 키우고 줄이는 일은 데스크가 한다. 또는 살리고 죽이는 일도 한다.

데스크와의 관계가 중요하다는 사실을 알면서도, 이런 이유 저런 핑계로 관계 관리를 소홀히 하는 경우가 종종 있다. 조직적이고 체계적으로 홍보 업무를 하는 굴지의 대기업보다는, PR 마인드가 부족한 일부 대기업과 상대적으로 규모가 작은 중견기업들의 경우가 대개 그렇다. 데스크까지 신경 쓰자니 홍보 인력과 예산이 부담되는 탓도 있다.

하지만 정작 데스크의 도움이 절실한 상황이 닥치면 평소 관계 관리의 중요성을 깨닫게 된다. 눈앞에 자주 보이는 출입기자만 신경 쓰다가, 문제가 발생하고서야 평소 보이지 않던 막후 실력자의 존재를 깨닫게 된다. 특히 위기상황이 발생할 때, 데스크 관계 관리의 중요성이 새삼 더 절실해진다.

③ 차별 없이! 닦고 조이고 기름치자!

언론홍보 세계에서는 대개 '메이저(major)'와 '마이너(minor)'라는 이름이 많이 회자된다. 전자는 KBS MBC SBS 등과 같은 지상파방송, 조선 중앙 동아 매경 한경처럼 발행부수가 많은 주요 중앙일간지 들을 뜻한다. 방송 시청률이나 신문 발행부수가 메이저 언론사와 마이너 언론사를 구분하는 일종의 바로미터이다.

홍보맨들 가운데 상당수가 메이저와 마이너에 대해 노골적으로 차별적인 태도를 드러낸다. 메이저와 마이너 사이의 차별은 말할 것도 없고, 마이너 중에서도 비중에 따라 매체를 차별한다. 마이너라고 똑같은 마이너가 아니기 때문이다. 마이너 중에서도 메이저급 마이너가 있고, 마이너 중의 마이너도 있다. 언론사 규모에 따라 기자들의 비중도 오락가락한다.

홍보책임자 중에는 메이저 언론사, 최소한 메이저급 마이너 매체의 기자 위주로 식사 접대를 하거나 술자리를 가지려는 인물들이 있다. 비중이 낮은 매체의 기자는 잘 안 만나려 하거나, 그에 대한 상대를 늘 부하 직원에게만 미루려 한다. 한정된 시간 자원을 효율적으로 쓰려다 보면 매체 차별의 유혹에 빠지기 십상이다.

홍보부서가 이렇게 운영되는 회사의 경우, 마이너 매체로부터 종종 보복성 기사로 앙갚음을 당한다. 또 큰 위기상황이 발생하면 몰매를 맞기 일쑤이다. 차별 당하는 언론사 기자들은 바보가 아니다. 그들은 평소에 차별당하며 이를 갈고 있다가, 기회가 생기면 기자로서의 역량을 유감없이 발휘한다.

이런 경우를 가리켜 언론계나 PR계에서 회자되는 유명한 말이 있다. 마이너 매체가 '회사를 키워주진 못해도, 회사를 죽일 수는 있다'는 말이다. 마이너 매체는 구독률이나 시청률이 떨어져 퍼블리시티에는 큰 도움을 주지 못한다. 좋은 보도를 해줘도 읽거나 시청하는 이가 별로 없어 큰 도움이 되지 않는다. 하지만 마이너 매체라 해도 기업의 약점을 쓸 때는 사정이 달라진다. 심각한 약점일 경우, 작은 언론사의 기사 한 줄이 일파만파의 영향력을 갖고 확산되기도 한다. 이럴 때 평소 마이너 매체를 무시하던 홍보부서라면 문제가 몇 배 더 심각해진다.

그 같은 문제를 야기할 수 있는 차별적 사고를 버리지 못하는 홍보책임자라면 다음 사실을 명심해야 한다. 출입기자들을 '열 손가락 깨물어 안 아픈 손가락이 없다'는 마음으로 상대해야 한다. 마이너 매체라고 해서 기자의 수준도 마이너는 아니다. 특히 중앙일간지 기자들 대부분은, 메이저 못지않게 마이너도 치열한 경쟁을 뚫고 입사한다. 매체 차별 없이 기자들을 공평하게 만나고 지원한다면, 해당 기자들은 그 이상의 지지와 배려로 보답한다.

또 기자들은 가능한 한 자주 만나야 한다. 물론 기자가 취재차 홍보맨에게 전화하기도 하고, 홍보맨이 안부 삼아 기자에게 전화를 걸기도 한다. 하지만 전화만으론 부족하다. 직접 만나서 밥 한 끼, 술 한 잔을 함께 하면 전화론 나눌 수 없던 인간적 대화가 오고가기도 한다. 이런 과정이 반복될수록 관계가 돈독해지는 건 두말 할 필요가 없다.

가끔 기자가 전화해 '요즘 연락이 뜸하다'라든가 '(내게) 관심이 별로 없다'라든가 하는 식으로 푸념이라도 한다면, 홍보맨은 긴장하고 바로 식사약속부터 잡아야 한다. 일종의 '옐로카드'이기 때문이다. 옐로카드라도 보여주는 기자는 양반이다. 기자가 홍보맨의 관심을 끌기 위해 가장 쉽게 구사하는 방법은 악성보도를 날려 정신을 번쩍 들게 하는 일이다.

기자는 자기 출입처나 담당하는 분야의 홍보맨들과 돌아가면서 접촉할 수밖에 없다. 홍보담당자들을 만나야 그 회사나 업계가 돌아가는 정보도 듣고 '일용할 양식', 즉 취재거리를 얻을 수 있기 때문이다. 그러니 자기가 가만히 있어도 적절한 시기가 되면 알아서 연락을 주고 식사약속을 잡아주는 홍보맨에게 더 믿음이 간다.

따라서 홍보맨은 늘 부지런히 출입기자와 데스크 등 언론인들과 점심, 저녁 식사를 함께 해야 한다. 특히 점심식사는 거의 매일 언론인과 해야 한다고 보면 된다. 언론매체가 워낙 많고 챙겨야 할 언론인도 많지만, 부지런히 만나면 한 언론인과 연간 최소 2~3회 이상은 식사자리를 함께 할 수 있다. 이렇게 언론인을 부지런히 만나고 다니면, 유사시에 그 덕을 톡톡히 보게 된다.

※ 사례: 매체 차별하다 혼쭐 난 시중은행 홍보팀장

한 일간지가 한국을 대표하는 금융회사 가운데 하나인 A금융지주 해부 시리즈 기사를 연재하기 시작했다. A금융지주는 대형 시중은행을 계열사로 둔, 한국을 대표하는 금융회사 중 한 곳이다. 상중하 연재를 예고하며 시작된 시리즈 기사의 첫 편이 나가자, 해당 금융지주는 발칵 뒤집혔다. 평소 쉬쉬하던 조직 내부의 약점들이 샅샅이 발가벗겨졌기 때문이다. 당시 기사를 작성한 기자에게 전화해, 기사가 기획된 배경을 물어봤다. 해당 기자는 우리 회사 출입기자이기도 했다. 그는 "새로 부임한 은행 홍보팀장을 '손보기' 위해서다"라고 솔직히 대답했다. 광고나 협찬 유치 때문은 아니라고 했다. 새 홍보팀장이 메이저 언론사 출입기자들만 따로 만나며 평소 마이너 매체들을 홀대하고 있었다. 그 전엔 기자가 A금융지주에 대해 손 볼 거리가 많아도 참았는데, 그 이유는 전임 홍보팀장 때문이었다고 했다. 그 홍보팀장은 나도 잘 아는 인물이지만, 후덕하고 겸손한 인물이었다. 어쨌든 A금융지주는 법석을 떨어서 결국 시리즈 기사를 상중하 3편에서 상하 2편으로 줄이는 데 성공했다. 아마도 그 과정에서 광고나 협찬 같은 대가를 추가로 제공했을 가능성이 컸다. A금융지주는 이미 광고주였으나, 그 사실만으로 자존심이 잔뜩 상한 기자와 데스크를 달래기에는 충분하지 못했다. A금융지주 경영진은 악성 시리즈 기사가 왜 기획됐는지조차 모르고 넘어갔을 가능성이 크다. 광고나 협찬을 더 달라는 이유로 이해했을 수도 있다. 문제를 야기한 홍보팀장 자신이 보고 담당자였을 테니 사태의 원인을 이실직고했을지 의문이다.

④ 접대하려면 접대답게 하라

실제로 홍보맨들의 접대 활동을 잘 살펴보면 누구를 위한 접대인지, 또는 무엇을 위한 접대인지 혼란스러운 때가 있다. 예컨대 음주를 좋아하는 홍보맨이 자기가 술을 마시고 싶으니까 접대라는 미명 아래 언론인을 불러내는 경우이다. 처음 한두 번쯤은 그 홍보맨이 자기를 좋아해서, 또는 어쨌든 업무상 불러냈을 거라고 언론인이 혼동할 수도 있다. 하지만 이런 경험이 수차례 반복되다 보면, 언론인도 눈치를 채게 된다. 자신이 그 홍보맨의 욕구 해소를 위한 희생양이었다는 사실을.

또 명심할 사항은, 특히 술자리 접대에서 절대 예의를 잃어서는 안 된다는 점이다. 평소 기자를 깍듯하게 대하다가도, 술이 한 잔 들어가면 예의를 상실한 채 기자를 하대하거나 심지어 성질을 부리는 경우도 있다. 취재기자들이 홍보맨보다 나이가 어린 경우가 많기 때문에 이런 일은 의외로 심심찮게 일어난다.

홍보맨도 인간인지라 술김에 그동안 좀 쌓였던 스트레스를 풀고 싶을 수도 있다. 또는 나름 직업정신을 발동해 기자와 더 편안한 관계가 되려는 의도로 그런 경우도 있다. 하지만 어떤 의도이든 간에 홍보맨이 예의를 상실하는 순간, 기자들은 대개 그런 모습을 다 기억한다. 절대 술김을 빙자하여 기자를 하대하거나 심지어 그에게 성질을 부려선 안 된다.

술 한 잔 마시고 그럴 수도 있는 것 아니냐고 생각한다면 스스로 홍보맨 자격을 의심해 봐야 한다. 홍보맨에게 기자와의 술자리는 어디까지나 업무의 연장선상에 있어야 한다. 회사 비용으로 회사 업무를 위해 마련한 접대 자리이다. 예의를 상실한 행위가 과연 누구를 위한 것인지 되짚어 봐야 한다.

기업들의 골프 접대도 마찬가지이다. 2015년 김영란법 시행 이후 과거처럼 고액의 골프 접대를 남발하는 회사는 많이 줄어들었다. 비용이야 어떻든 간에 함께 골프 치고 식사만 하면 접대가 된다고 생각해선 안 된다. 호스트는 게스트가 즐거운 시간을 보내도록 최선을 다해야 한다. 호스트가 약속시간에 늦어서는 안 되며, 가급적 먼저 와서 게스트를 맞이해야 한다. 필드에 나가면 힘차게 '굿 샷'을 외쳐주어야 하며, 게스트가 친 볼이 러프로 들어가면 함께 가서 찾아줘야 한다. 호스트는 자기 공이 잘 맞든 안 맞든 웃음을 잃어선 안 되며, 적절한 유머를 구사해 분위기를 화기애애하게 유지해야 한다. 필드에서는 물론, 식사하고 헤어지는 마지막 순간까지 계속 게스트를 배려해야 한다.

무엇보다 식사나 음주, 선물이나 골프 등과 같이 고비용을 동반하는 접대라야 접대라는 고정관념부터 제거해야 한다. 그 같은 접대가 효과가 없다는 뜻이 아니다. 비용을 들여 접대했다고 해서 관계 관리를 위한 홍보맨의 임무를 다 하는 것이 아니라는 뜻이다.

홍보맨은 평소에 언론인으로부터 전화 한 통 받을 때도, 취재를 위해 방문한 언론인에게 취재 편의를 제공할 때도, 접대 마인드로 무장한 채 이를 실천해야 한다. 전화 한 통 받는 태도만 갖고서도 홍보맨에 대한 호감도가 훌쩍 올라갈 수도, 또는 와락 내려갈 수도 있다. 일상생활에서 언론인과 접촉할 때마다 그를 접대하는 심정으로 대할 때, 별도의 고비용 접대 없이도 아주 우호적인 관계가 형성되기도 한다.

※ 사례: 접대하고도 악성기사 두들겨 맞은 어느 금융회사

접대 잘못했다가 안 한 것만 못한 결과를 야기한 사례도 있다. 한 금융회사 CEO는 특정 언론이 자사를 계속 공격하자, 해당 언론사 금융부장에게 골프 접대를 시도했다. 그런데 골프 접대를 하고나서 해당 금융회사는 더 두들겨 맞았다. 사정인즉 이러했다. 해당 금융회사의 CEO가 언론인을 접대해 본 경험이 별로 없었다. 그는 접대라는 사실을 망각하고 마치 자기 회사 임직원들과 운동할 때처럼 별 생각 없이 골프를 진행했다. 이른바 '게임 시드머니(seed money)' 없이 게스트들에게서 직접 돈을 걷어 내기 골프를 진행했다. 그런데 하필 게스트인 언론사 데스크와 그의 일행은 내기 골프에서 돈을 잃었다. 그런데 금융회사 CEO는 딴 돈으로 캐디피 등을 지불했다. 식사를 마치고 헤어져 귀가하는 길에 언론사 데스크는 그가 초대한 일행에게서 전화로 야유를 받았다. 그 일행은 데스크와 호형호제하는, 공직에 있는 인사였다. "신문사 데스크가 힘이 별로 없네." 접대 골프에서는 호스트가 게임 시드머니까진 내지 않더라도 게스트가 돈을 잃으면 대개 되돌려 주는데, 호스트가 딴 돈으로 캐디피를 내는 등 게스트의 돈을 소진해 버린 것이 결정적인 이유였다. 거기에 귀가 길에 기껏 초대한 일행에게서 야유까지 듣자 화가 잔뜩 났다. 물론 접대 골프 받은 것도 모자라 추가적인 보복 기사를 날리는 언론사의 작태도 한심하지만, 금융회사 CEO의 접대답지 못한 접대로 차라리 안 하느니만 못한 부작용을 낳았던 사례이다.

(3) 유형별 기자 관리 방법

기자를 잘 상대하고 관리하는 일은 언론홍보 업무의 핵심이다. 기자를 잘 관리하는데 언론홍보 때문에 고전하는 회사가 있다는 소리를 들어본 적이 없다. 평소 기자들과의 관계가 우호적이고 원만한 조직은, 미디어 위기 시에도 해당 기자들로부터 오히려 도움을 받는다. 반면 평소 기자들과 관계가 원만하지 못한 조직은 미디어 위기 시에 벌집 신세가 되기 일쑤이다.

앞서 기자라는 직업인의 일반적 특성을 분석했다면, 이번에는 기자들을 유형별로 분류해서 대응하는 방법을 알아보고자 한다. 일반적 특성만 잘 이해하고 상대해도 큰 문제는 야기되지 않는다. 하지만 실제로 만나고 접하는 기자들은 외모만큼이나 성격이나 기질, 성향도 각양각색이다.

또 언론사 성향과 기자 활동 역시 떼놓고 생각하기 힘들다. 언론 매체가 상업적 성향이 강할수록, 그에 소속된 기자 역시 상업적 성향이 강해질 수밖에 없다. 반면 소속 매체가 공공성을 중시하는 정론 매체일수록 상업적 성향은 고려 대상이 아니다. 기자 개인의 성격과 성향에 따른 대응이 필요하다.

정론과 곡론, 직필과 곡필

한의학에서 사상(四象)에 따른 체질 분석이 있듯이, 나 역시 언론사와 기자의 성향을 조합해 크게 네 가지로 분류해 봤다. 언론사 성향을 정론과 곡론으로, 기자 개인의 성향을 직필과 곡필로 나눈 다음 이를 조합했다. 정론직필, 정론곡필, 곡론직필, 곡론곡필의 네 가지 유형이다.

사상체질 역시 일종의 유형일 뿐 모든 사람이 사상체질 중 하나로 딱 맞아 떨어지지는 않듯이, 모든 언론사와 기자의 성향 역시 네 가지 중 하나에 꼭 부합하지는 않는다. 다만 내가 실제로 상대한 수많은 기자들을 참고해서 시도한 분류인 만큼, 기자 성향을 판단하고 대응하는 데는 도움이 될 것이라고 자신한다.

'정론(正論)'과 '곡론(曲論)' 매체의 구별 기준은 언론사가 취재기자들에게 광고·협찬에 대한 부담을 주는지 여부에 두었다. 정통 언론이라면 취재기자는 취재와 기사 작성에만 전념시켜야 한다. 그런데 취재기자가 출입처에서 광고·협찬 영업행위를 하도록 지시하는 언론사가 적지 않다. 기자가 직접 요청하게 하진 않아도, 그가 출입처에 협찬 공문을 전달하게 하는 것만으로도 결과적으로는 같은 행위에 속한다.

광고·협찬 등의 영업행위 기준을 데스크에게까지 확장하면, 그 부담으로부터 완벽하게 자유로운 정통 언론사는 많지 않다. 직접 드러내고 영업행위를 하지 않는다 하더라도, 언론사에서 뉴스를 생산하는 편집국이나 보도국이 매출을 책임지는 광고국이나 사업국과의 협조 관계로부터 100% 자유롭기는 쉽지 않다.

기사 생산 주체가 취재기자와 데스크임을 감안할 때, 사실상 완벽한 정론 매체는 매우 드문 것이 현실이다. 그래도 취재기자에게 심하게 표현해 '앵벌이'를 시키는 건 언론사로서 지켜야 할 최소한의 품위마저 팽개치는 짓이다. 이쯤 되면 언론사를 장삿속으로 경영한다고 밖에 볼 수 없다.

'직필(直筆)'과 '곡필(曲筆)' 기자의 구별 기준은 기사를 작성하는 자세와 방식에 달려 있다. 올바른 기자라면 열심히 취재해서 정확하게 확인된 사실만 갖고 기사를 써야 한다. 불편부당한 자세로 공정하게 기사를 써야 한다. 회사 안팎의 외압에 의해 특정 인물이나 조직을 겨냥한 악의적 기사를 쓰지 않아야 한다. 당연한 조건들 같지만 이를 모두 갖춘 완벽한 직필 기자가 되기란 쉬운 일이 아니다.

간혹 예외적인 상황이 생겨서 그렇지, 투철한 직업의식을 갖고 올바른 자세로 기사를 쓰려는 직필형 기자도 적지 않다. 늘 마감에 쫓기고 특종에 목말라 하면서, 일반인이 생각하는 이상으로 힘든 나날을 보내는 기자들이다. 언론인은 직업인 평균수명에서 늘 최하위권에 속할 정도로 고된 직업이다.

① **정론직필(正論直筆)**

가장 복 받은, 훌륭한 기자 유형이다. 정론 매체서 일한다는 점에서 복 받은 기자이고, 양심적으로 열심히 일한다는 점에서 훌륭한 기자이다. 사회적으로 존경을 받아 마땅한 직업인이다. 평기자가 소속된 노동조합의 파워가 강한 매체일수록 정론 성향이 강하다. 노조가 있어도 언론사주의 영향에 쉽게 좌우된다면, 편집국이나 보도국은 사주의 영향력으로부터 독립적으로 일하기가 쉽지 않다. 물론 언론사주가 확고한 언론관을 갖고 편집국이나 보도국의 독립성을 보장해 주는 경우에는 전혀 문제가 되지 않는다.

사회적으로는 존경스럽지만, 홍보하는 입장에서는 가장 관리하기가 까다로운 기자 유형이 바로 정론직필형 기자이다. 관리가 잘 된다면 그 기자가 정론직필형 기자라고 할 수 있겠는가. 앞뒤가 맞지 않는 어불성설(語不成說)에 가깝다. 기자가 기자답기 때문에 개인적으로는 존경스럽지만, 관리해야 할 입장에서는 까다로운 상대이다.

하지만 관계를 관리한다는 의미가 반드시 상대를 내가 좌지우지, 즉 조종할 수 있다는 뜻을 내포하지는 않는다. 근본적으로 관계 관리란, 호감과 악감 중에서 상대를 어느 쪽에 서게 하느냐의 문제이다. 정론직필형 기자가 나와 내 조직에 호감을 갖게 하는 것은 얼마든지 가능하다. 그럼 어떻게?

유유상종(類類相從)이라고 했다. 상대가 정통일 때는 나도 정통이어야 한다. 항상 취재 문의에 성실하고 친절하게, 정확하고 신속하게 협조하는 것이 바로 홍보맨의 정통이다. 직업적인 성실함으로 서로 인간적 신뢰부터 쌓아야 한다.

또 정론직필형 기자를 관리하는 데 특효약이 있다. 바로 칭찬이다. 정론직필형 기자는 오로지 좋은 기사를 쓰는 데서 보람을 찾는 인물이다. 자사 관련 기사는 물론이고, 그가 쓴 좋은 기사를 읽거든 전화나 문자로 크게 칭찬해 주는 것이 좋다. 열심히 취재해서 좋은 기사를 썼는데, 아무도 알아봐 주지 않을 때 기자 역시 사람인지라 가슴이 허전해지게 마련이다. 데스크나 동료들이 잘 썼다고 칭찬해 줄 수 있지만, 외부 독자의 반응이 더 가슴에 와 닿는 때가 많다. 이런 유형의 기자들은 직업적 양심이 강하지만 공명심 또한 강하다. 자기 기사의 진가를 자주 알아봐 주는 홍보맨에게 호감을 가질 수밖에 없다.

이런 기자에게 쉽게 호감을 얻어내려고 금품이나 향응 같은 방식으로 접근했다가는 역효과가 난다. 특히 금품은 절대 금물이며, 술자리 역시 접대 의도가 노골적으로 드러나는 자리는 바람직하지 않다.

또 이런 기자를 상대할 때는 자사 정보에 대해 지나치게 수세적이거나 방어적인 자세를 취해선 안 된다. 오히려 더 당당하게, 더 적극적으로 협조하는 모습을 보여야 한다. 안면이 좀 쌓였다고 이런 유형의 기자에게 '기사를 쓰지 말라'는 식의 주문이나 요구를 하면 반감만 자초한다. 기자는 내심 '네가 뭔데 기사를 쓰라마라 하나' 같은 식으로 생각한다. 갑자기 냉정한 태도로 돌변해 예기치 않던 반감을 표시하기도 한다.

이런 기자에게는 평상시에 취재에 적극 협조하면서, 대신 유사시에 반드시 홍보맨 자신의 확인을 통해 정확한 사실만을 근거로 기사를 써 달라고 부탁해야 한다. 이는 정당한 요구이기 때문에 기자도 잘 수용한다. 이런 주문에는 홍보맨에게 유리한 두 가지 포석이 깔려 있다. 첫째, 확인 취재에 응하면서 악성보도가 발생할지 여부를 미리 파악할 수 있다. 둘째, 확인 취재 과정을 통해 기사의 방향을 파악한 다음 그에 대처할 시간을 확보할 수 있다. 보도될 만한 문제점을 아예 없애버리든지, 취재 루트 자체를 우회적으로 원천봉쇄해 버리면 된다.

평상시에는 "부정적 기사감이 있으면 언제든 써라. 대신 내게 확인해서 정확한 기사를 써달라"고 이야기하지만, 막상 위기상황이 발생하면 적절하게 대처하면 된다. 합리적 근거와 합당한 명분을 제시하며, 기사를 쓰면 억울한 사안이라고 기자의 이성과 감성에 모두 호소해야 한다. 평소 서로 우호적인 관계라면, 기자도 홍보맨이 제시하는 근거와 명분을 상당히 참작하고 고려한다. 그에 설득되면 아예 기사 작성을 포기하는 경우도 많다. 기사 진행이 불가피한 상황이라면, 자사 입장을 최대한 반영해 비판적 논조를 최대한 약화시키는 것이 최선이다. (구체적 대처법은 '개별 미디어 위기의 실천지침' 대목을 참고)

※ 사례 1: '독사'에서 '순한 양'으로

지난 2007년경 한국의 부동산 경기가 급랭하면서 내가 일하던 솔로몬저축은행의 회사채 등급이 처음 하향 조정됐다. 솔로몬은 부동산 경기에 민감한 PF대출 자산이 많은 회사였기 때문이다. 회사채 하향 소식을 전하는 특정 기사의 논조가 예사롭지 않았다. 상당한 안목이 엿보였다. 취재기자에게 전화하니 사수인 A팀장이 알려준 대로 적은 기사라고 했다. A팀장에 대해 알아봤다. 특히 회사채와 신용평가 분야에서 박식하고 영향력이 큰 기자였다. 한국은행, 금융감독원 등 출입하는 기관들마다 다루기 힘든, 골치 아픈 기자로 유명했다. 한번 물면 절대 타협하지 않고 출입처를 초토화시킨다고 해서 '독사'라는 별명도 붙었다. 명문대 경제대학원을 졸업했고, 대학원 부설 연구소에서 근무하다가 경력기자로 변신한 인물이다. A팀장에게 전화로 연락했는데, 목소리가 상당히 딱딱했다. 점심식사 약속을 잡아서 둘만 따로 만났다. A팀장은 만나자마자 솔로몬이 PF대출 때문에 망할 수도 있다고 극언을 서슴지 않았다. 또 자기가 직접 솔로몬을 크게 다룰 시기가 곧 올지 모른다고 말했다. 어이가 없었다. 당시만 해도 솔로몬이 그런 극단적인 사태를 당하리라곤 예견하기 힘들었기 때문에, A팀장이 크게 '오버'하고 있다고 생각했다. 어쨌든 나는 그를 크게 칭찬했다. 그의 전문적 안목과 직필을 고수하는 명성에 대해서도 칭찬을 아끼지 않았다. 나의 반응에 A팀장은 살짝 당황해 하는 눈치였다. 문제가 있으면 그 걸 지적하는 게 언론의 사명 아니냐며, 비슷한 입장이던 내 기자 시절 이야기도 들려주며 공감대를 형성했다. 그러면서 자연스럽게 업계의 고충을 그에게 들려주기 시작했다. 외부 시각과 실제

기업의 활동이 어떻게 다른지에 대해서도 이야기했다. 관치금융의 현실을 함께 성토하기도 했다. '문제가 있으면 언제든 기사를 쓰라. 대신 억울한 피해가 없도록, 기업 측 입장도 충분히 듣고 확인해서 공정하게 써 달라. 앞으로 친하게 지내자. 기사 쓸 일이 생기면 적극 돕겠다'라는 내용으로 그에게 말했다. A팀장과는 그 뒤로도 종종 만났고, 자주 업계 소식을 들려줬다. 그가 좋은 기사를 쓰면, 전화나 문자로 연락해서 칭송하며 너스레를 떨었다. 그의 동료들과도 종종 만났고, 경조사도 반드시 챙겼다. 도중에 몇 번 그가 특집기사를 쓸 위기가 있었다. 하지만 그때마다 그의 양보로, 또는 그가 속한 조직과의 타협으로 위기를 모면했다. 그는 "누구 때문에 도무지 기사를 쓸 수가 없다"고 투덜댔다. 독사라 불리던 그였지만, 자신이 잘 아는 내용인데도 기사로 쓰지는 않았다. 매수를 당해서도 아니고 회사 윗선의 압력 때문도 아니었다. 비록 부실 대출로 고전하기는 했지만, 솔로몬이라는 금융회사의 진정성만큼은 공감해 주었기 때문이다. 홍보책임자로서 내게 굳이 공이 있다면, 그 공감을 이끌어낸 것뿐이었다.

※ 사례 2: 촌지 내미는 회사야? 믿을 수 없어!

유력 종합일간지 출입기자인 A기자가 내게 전화를 했다. 지난 2009년께 일이다. 한 대형 저축은행그룹 회장과 방금 인터뷰를 하고 나왔다고 했다. 그런데 사진기자까지 와서 정식으로 인터뷰를 했지만, 매우 불쾌해서 데스크에 보고하고 기사를 쓰지 않을 생각이라고 말했다. 인터뷰 내용은 별 문제가 없었다. 그를 화나게 한 건, 회장과 헤어지면서 그의 비서에게서 받은 촌지 때문이었다. 봉투를 열어보니 100만 원이 들어 있었다. 초면에 기자를 어떻게 보고 이 따위 촌지를 내미는가 생각하니 화가 치밀어 올랐다고 한다. 좋은 취지로 인터뷰 한 것이고, 가만히 있어도 기사는 잘 나갈 상황이었다. 하지만 촌지를 받고 화가 난 A기자는, 회장과 그 회사에 정나미가 뚝 떨어졌다. 매사에 이런 식으로 일하는가 싶어 회장과 회사에 믿음이 가려다 말았다고 했다. 결국 A기자는 인터뷰 기사를 쓰지 않았다. 가벼운 기념품 정도면 족했을 것을, 기자들이 촌지를 좋아한다는 고정관념 때문에 벌어진 일이었다. 물론 모든 기자가 A기자처럼 반응하는 것은 아니다. 하지만 이 건은 기본적으로 언론사와 언론인의 성격과 생리에, 특히 정론직필형 기자에 대해 무지한 데서 비롯된 문제였다.

② 정론곡필(正論曲筆)

매체는 정통 언론에 속하는데, 기자가 버릇이 잘못 들어버린 경우에 해당한다. 기자의 특권에 맛을 들여, '국민의 알 권리'를 위해 뛴다는 사명감보다는 이른바 '갑질'의 달콤함에 젖어 있는 경우이다. 정론직필형 기자와의 차이점은, 갑 대우만 잘 해주면 쉽게 우호적인 관계가 형성돼 관리하기가 수월하다는 것이다. 홍보맨과 친하면 웬만한 이슈로는 회사를 건드릴 생각조차 하지 않는다. 홍보맨 입장에서는 고마운 상대이고 인간적으로는 정(情)도 가지만, 기자로서는 존경받기 힘든 유형이다.

물론 곡론곡필형 기자에 비하면, 상대적으로는 직필형 기자에 가깝다. 소속된 언론사가 정론 매체인 경우에, 기자의 곡필은 한계가 있다. 서두에서 밝혔듯이, 네 가지 기자 유형은 편의상의 분류일 따름이지, 반드시 모든 기자들의 유형을 대변하지는 못한다. 기자가 일을 하다 보면 직필일 때도 있고 곡필일 때도 있는 것이지, 어떤 기자는 직필만, 또 어떤 기자는 곡필만 휘두르는 경우는 보기 드물다. 특히 정론 매체에서 극단적으로 어느 한쪽의 특성만 드러내는 기자는 흔치 않다. 곡필의 경우가 더욱 더 그렇다.

또 정론직필형 기자에 가까운데, 홍보맨이 워낙 관계를 잘 관리해 해당 회사에만 정론곡필형 기자로 보이는 경우도 있다. 다른 출입처들은 자주 직필을 휘둘러 바람 잘 날 없는데, 자사에만 늘 우호적인 시선을 보내는 기자들도 있다. 이런 경우는 기자가 못해서라기보다는, 홍보맨이 뛰어나서라고 봐야 한다. 야구에서 흔히 하는 말이 있다. '공은 잘 던졌지만 타자가 잘 쳐서 안타를 만들어냈다.'

③ 곡론직필(曲論直筆)

언론사는 매우 상업적이고 대가만 지불하면 언제든 기사를 놓고 타협할 자세가 돼 있는데, 취재기자는 전혀 분위기에 아랑곳하지 않고 언론의 사명에 충실하려 애쓰는 경우이다. '아스팔트 위에 핀 꽃'처럼 존경스러우면서도 애처로운 경우이다. 좀 더 본인의 성향에 맞는 언론사에 입사했으면, 물 만난 물고기처럼 기자 생활이 훨씬 더 자유로웠을 인물이다.

출입처 입장에서 이런 기자들은 사실 매우 얄미운 존재다. 기자가 소속한 언론사에 광고다 협찬이다 열심히 갖다 바쳤는데도, 기자가 이런 거래에 담긴 묵계(黙契)를 깨고 독야청청하기 때문이다. 이런 경우는 도와주고도 뺨 맞는 기분이다. 그렇다고 기자에게 그가 속한 언론사에 갖다 바친 기부 내역을 상기시키며 봐 달라고 할 수도 없다. 이런 짓은 기자들 생리를 모르는 아마추어 홍보맨이나 하는 짓이다.

곡론 매체는 데스크를 통해서건 기자를 통해서건 광고든 협찬이든 들어줘야 할 요구사항이 많다. 광고는 말이 좋아 광고이지 광고 효과가 없는 점을 감안하면 협찬에 가깝다. 협찬도 말이 좋아 협찬이지, 모 언론인의 표현에 의하면 '언론사라는 갑에게 바치는 준조세(準租稅)'나 다름없다. 사실 준조세도 고상한 표현이고, 다른 말로 조공(朝貢)에 가깝다. 곡론 매체의 언론인들도 스스로 '언론사는 펜을 든 강도'라고 자조할 정도이다.

곡론직필형 기자를 상대할 때는 억울하고 언짢더라도 취재기자의 비위를 잘 맞춰야 한다. 정론직필형 기자를 상대할 때와 같은 방식으로 상대하면 된다. 평소 취재에 적극 협조하고, 상대의 자존심을 잘 살려줘야 한다. 정론직필형 기자보다는 더 수월하게 우호적 관계로 진입할 수 있다. 사실 기자도 소속 언론사와 출입처의 거래관계를 알고는 있기 때문이다. 직업적 자존심 때문에 드러내지 않을 뿐이지, 기자도 가슴 한 구석에 미안한 마음이 없을 수 없다.

일단 출입기자와 친분만 생기면, 악성기사가 나왔을 때 수정 작업하기가 정론 매체의 경우보다 훨씬 더 용이하다. 취재기자만 반발하지 않으면, 데스크에게 민원을 넣기가 좋기 때문이다. 반발하지도 않을 기사를 뭘 그렇게 열심히 썼을까 싶지만, 개인적인 기자정신이 일단 악성기사를 쓰게 만들었을 뿐이다. 언론사가 협조 받은 바가 있고 홍보맨과도 관계가 좋으면, 기자 본인도 대개 양보할 자세가 돼 있다. 정론직필의 경우보다 더 센 요구조건도 협조가 원활하게 이루어질 때가 많다.

④ **곡론곡필(曲論曲筆)**

기자로서는 최악의 유형이다. 언론사도 한심하고 기자도 한심한 경우이다. 사실 무늬만 언론에 불과한, 언론계에서 사라져도 표도 안 날 언론사요 기자들이다. 언론사가 한심해도 기자정신을 지키려는 기자들만 있으면 그나마 체면치레는 한다. 그런데 언론사도 기자도 모두 장삿속과 갑질에만 정신이 팔려 있으면, 이들을 가리켜 사회의 목탁이라 할 수 있을까.

직업적으로는 한심하지만, 광고 협찬 등 적당한 거래만 받쳐주면 홍보하기는 가장 편한 언론사요 언론인이다. 이런 언론사와 기자는 관리라고 할 것도 별로 없다. 광고건 협찬이건 달라는 대로는 못 들어줘도 최대한 성의를 표시하고, 그 외에 평소 요청사항이 있을 때 역시 최대한 들어주려 노력하면 된다. 이런 언론사는 기본 관계가 틀어지지 않는 한, 데스크 이상 등 윗선에서는 절대 출입처를 건드리지 않는다. 기자도 개인적 불만이 생기지 않는 한, 웬만한 문제로는 아예 악성기사 쓸 생각을 하지 않는다. 기자는 기자대로 적당히 대접하면서 인간적인 친분만 쌓으면 관리하기가 아주 용이하다.

매체도 곡론에 속하고 기자도 곡필 형이지만, 그래도 기자 본인이 직접 취재해서 기사를 쓰는 경우는 양호한 편에 속한다. 일반인은 과연 그럴까 싶겠지만, 다른 기자들이 이미 쓴 기사를 거의 베끼다시피 써내며 버젓이 이름을 내거는 기자들도 있다. 거리 가판대에서 팔리는 타블로이드처럼 옐로페이퍼 이야기가 아니다. 일간지 기자들 사이에서도 일어나는 어이없는 현상이다. 어쩌다 한 번 그랬다면 그럴 수도 있는 일이라고 이해하겠지만, 툭하면 카피 기사를 써 대는 무책임한 기자들도 종종 있다. 이렇게 취재기자가 직무에 태만해도 데스크조차 이를 잘 모르는 것은 관심이 기사보다 다른 데 가 있기 때문이다. 그래서 곡론 매체가 된다.

이런 곡론곡필도 골치 아픈 상대가 될 때가 있다. 곡론 매체를 마이너 매체라고 방치하면 절대 가만히 있지 않는다. 어떤 식으로든 악성기사를 날려댄다. 기자 관계가 괜찮아서 기자가 잠자코 있어도, 언론사 차원에서 가만히 있지 않는다. 친한 기자라서 방심하고 있다가 어느 날 갑자기 악성기사에 당하는 경우는, 십중팔구 윗선에서 기자에게 '손보라'는 지시가 내려간 경우이다. 목적은 자명하다. 광고나 협찬 같은 거래를 시작하자는 사인(sign)이다.

※ 사례: 인정사정 볼 것 없다

부산서축은행 사태로 전 매스컴이 저축은행 업계에 연일 십자포화를 날리느라 바람 잘 날이 없던 2011년의 일이다. 주로 PF대출 자산의 부실화로, 대형 저축은행들의 경영난이 심각해졌다는 사실을 모르는 언론사가 없었다. 시도 때도 없는 언론사들의 민원 요구도 많이 누그러져 있었다. 이런 상황에서, 갑자기 한 일간지가 솔로몬저축은행을 건드리기 시작했다. 내용을 보니 악의성이 다분한, 의도가 내포된 기사였다. 기사를 작성한 인물은 이미 친분이 있는 출입기자였다. 이유를 물어봐도 처음에는 잘 대꾸를 하지 않았다. 그냥 회사를 한번 찾아가 보라고만 했다. 이유야 짐작이 갔지만, 일단 해당 언론사를 방문했다. 데스크에게 기사 팩트의 문제점을 이야기하고 수정을 요청했다. 의도가 있어서 시작한 공격이기에, 바로 요청을 들어줄 리 만무했다. 협상을 시작했는데 요구 액수가 턱없이 컸다. 이런 순간에 환멸감이 들지 않는다면 목석이지 인간이 아니다. 회사가 경영난에 허덕인다는 기사를 쓰는 자들이 그런 회사들을 상대로 강도짓을 벌이는 꼴이다. 창간한 지 몇 년 안 된 신생 일간지여서, 홍보하는 입장에서도 데스크 관리가 제대로 안 돼 있던 매체였다. 데스크와 친분을 맺으려면, 회사 입장에서는 기부성 예산을 더 배정해야 했다. 허리띠를 졸라매던 비상경영 상황이라서 출입기자와의 친분만으로 버텼으나 결국 '그때'가 온 것이다. 하지만 데스크의 욕심은 과다했다. 솔로몬 쪽에서 성의 표시 수준의 협찬을 제시하자 타협해 주지 않았다. 악성기사를 몇 번 더 냈지만 워낙 매체 영향력이 약한 데다 기사의 완성도마저 낮아 별로 파괴력이 없었다. 솔로몬 쪽 추가 대응이 없자 그들도 결국 솔로몬이 제시하는 성의 표시 수준 제안을 받아들였다.

(4) 언론인과의 민원 협상

한 신문사 고위간부가 대기업 홍보임원을 만나 협찬을 요구했다가 상당액의 지원을 약속받고 귀사 했다. 그런데 그는 부하인 경제부 데스크에게, 해당 대기업을 '조질' 것을 지시했다. 이유인즉슨, 협찬 논의 과정에서 해당 대기업의 홍보임원이 마치 시혜 베풀 듯 거드름을 피우는 바람에 신문사 간부의 비위가 거슬렸다. 실제 사례다.

상당액의 홍보예산을 지원하고도 난데없이 보복성 기사를 맞은 해당 대기업의 홍보임원은 이 게 도대체 무슨 날벼락인지 이해하기 힘들었을 터이다. 자기가 내뱉은 말 한두 마디, 살짝 지었던 거만한 표정에 기분이 상해서 악의적 기사를 냈을 것이라고 상상할 수 있었을까.

우리 옛말에 '말로 천냥 빚도 갚는다'라는 격언이 있다. 공짜인 말(言)을 어떻게 사용했느냐에 따라 천냥 빚을 갚기도 하고 반대로 지기도 한다. 특히 자존심이 유달리 강한 직업인인 언론인과 상대할 때는 반드시 주고받는 말에 주의해야 한다. 언론사가 어떤 요청을 해올 경우에 시혜사의 입장이라고 건방을 떨었다가는, 위 사례처럼 '주고도 뺨맞는' 어처구니없는 대가를 치르기도 한다.

"광고든 협찬이든 언론사 요청을 상대할 때는 겸손한 자세로 듣고, 도와주는 걸 당연하게 생각하고, 요청한 만큼 못 도와주면 오히려 미안해하라." 협상의 기술은 이 짧은 문장으로 압축할 수 있다. 매스컴에 소속된 언론인은 때론 거칠게, 때론 점잖게 광고나 협찬 등의 재정적 지원을 요청해온다. 그러한 요청을 받을 때마다, 곳간 사정이 풍부한 일부 대기업 외에는 달라는 대로 다 퍼주기가 힘들다. 문제는 완전히 거절해야 하거나, 아니면 턱도 없이 부족한 지원을 해야 할 때이다.

완전히 거절할 때는, 회사 존망이 위태로울 정도의 대폭 적자와 그에 따른 초긴축 경영과 같이 언론인이 납득할 만한 충분한 이유가 있어야 한다. 거절은 아니더라도 매우 부족한 지원액을 제시하면 해당 요청을 한 언론인은 '마음만 받겠다'는 식의 매우 불편한 반응을 내놓기 일쑤이다. 이런 응답은 표현 자체와는 달리 '어디 한번 두고 보자'는 식의 협박이나 다름없다.

이런 반응이 나올 때 일단 홍보맨은 회사가 처한 상황을 충분히 설명하면서 본인과 부서가 당면한 어려움을 적극 호소해야 한다. 사정상 충분한 지원을 못하는 점에 대해 사과하며, 상황이 호전되면 반드시 증액할 테니 이번 지원 규모를 수용해 달라는 식으로 협상을 마무리해야 한다. 언론인과 이미 친한 관계가 아니라면, 가급적 직접 만나서 사정을 호소하는 쪽이 바람직하다.

핵심은 요청자의 자존심이 상하지 않도록 배려하는 것이다. 홍보맨 입에서 요청액보다 너무 낮은 지원 규모가 나올 때 데스크는 자존심부터 상한다. 자신은 물론 자신이 몸담은 매체가 무시를 당하는 기분에 사로잡힌다. 이런 상황에서 홍보맨이 최대한 자세를 낮추고 미안한 마음을 토로하면, 데스크도 초장에 상한 기분이 누그러지며 도리어 자기도 미안한 마음이 든다. 사실 꿔간 돈 갚으라는 입장이 아니지 않은가.

(5) 트러블메이커 언론인 관리

언론홍보 세계에서 널리 회자되는 용어 가운데 하나가 '구악(舊惡)' 또는 '구악기자'이다. 이른바 '갑질'이 심한 기자들을 지칭하는 말이다. 그들을 구악이라고 부르는 이유는, 매스미디어가 지금처럼 많지 않던 과거 권위주의 시대에 적지 않은 언론인들이 기자의 탈을 쓰고 권력형 악행을 일삼았기 때문이다. 출입처로부터 상습적으로 촌지를 뜯어내는가 하면, 각종 청탁과 민원 제기를 일삼았고, 기업의 비리나 약점을 잡아 이를 미끼로 거액을 뜯어내는 등 조폭성 이권 행위를 서슴지 않았다. 사회 전반에 악육강식의 권력형 횡포가 극에 달해 있던 시대의 한 단면이다. 물론 그런 시절에도 우국지사형 언론인, 정론직필을 고수하던 언론인이 적지 않았다.

어느 업계에 종사하는 홍보맨이건, 이른바 '구악'의 횡포를 겪어보지 않은 이는 거의 없다. 그 같은 횡포를 겪어보면, 홍보라는 책무와 홍보맨이라는 처지에 회의를 느끼지 않을 수 없다. 이런 구악기자들은 거친 언행은 기본이고, 어이가 없을 정도로 악의적인 기사를 써서 홍보맨의 일상을 뒤흔들어 놓는다.

중앙언론의 경우, 근자에는 출입기자보다 광고·협찬 등 언론사 생존을 위한 민원 일선에서 활동하는 데스크들 중에서 구악이 더 많다. 노골적으로 거액의 광고나 협찬을 요구하고, 이에 불응하거나 성에 차는 지원이 나오지 않으면 대놓고 해당 회사에 총질을 해대려 한다. 홍보맨들 입에서 오죽하면 1980년 군사독재 시절 단행됐던 언론 통폐합처럼 사이비 언론사와 언론인을 뿌리 뽑아야 한다는 시대착오적인 푸념까지 나오겠는가.

어쨌든 홍보책임자 입장에서는 이런 '트러블메이커(trouble maker)'를 모르쇠로 무시하고 지나칠 수 없는 노릇이다. 어쩌면 트러블메이커를 어떻게 관리하느냐가 홍보책임자의 능력을 가늠하는 주요한 잣대이기도 하다. 트러블메이커들을 상대하는 요령은, 앞서 언급한 언론인 관계 관리의 대원칙에서 벗어나지 않는다. 이런 구악형 언론인들 역시 '진심으로 사랑하라'는 말이다.

이런 '마인드'의 문제가 얼핏 막연하고 추상적인 해결책처럼 들릴 수도 있다. 하지만 이런 마인드를 갖추는 일이야말로 언론인과의 관계 관리를 탄탄한 반석에 올려놓는 가장 기본적이고 기초적인 자세이다. 뿌리가 부실한데 어떻게 탐스러운 열매를 바라겠는가.

트러블메이커를 괴물 보듯 비난하지만 말고 그들의 내면으로 들어가 보라. 때로는 그들에게서 의외의 면면을 보고 놀라게 된다. 구악이라는 비난을 듣는 데스크들 중에는, 남들이 꺼리는 회사의 궂은일을 도맡아 한다는 책임감과 자부심으로 무장된 이들도 적지 않다. 그들 역시 언론인으로서 신사다운 언행이 더 바람직하다는 걸 알고 있다. 다만 부드러운 스타일보다 자기들처럼 거친 스타일이, 즉 협박성 태도가 목적을 달성하는 데 더 효율적이라는 비뚤어진 믿음을 지니고 있을 따름이다.

평소 이런 이들과 접촉할 때 가식적 대화로 일관할 게 아니라 이들의 고충을 인정하면서 이들의 감투정신을 이해하는 태도를 보이면, 이들은 의외로 진지하게 자기들의 속내를 털어놓기도 한다. 이런 식으로 '구악'과 마음이 한번 통하면, 협찬 민원을 제기하더라도 다른 회사를 대할 때보다 훨씬 더 온건한 태도를 보이거나, 홍보맨이 도움을 요청할 때 깊은 배려로 보답하기도 한다.

물론 타고난 성정이 의심스러운, 시종일관 사악한 기질을 내보이는 '총체적 구악형' 언론인도 가끔 눈에 띈다. 이런 이들과 마음 문을 열고 대화를 나눈다는 것은 말처럼 쉽지 않다. 하지만 이런 이들 역시 인간이다. 이런 이들도 다른 언론인을 상대할 때처럼 일관된 사랑과 관심으로 상대해야 한다. '너희 중에 누가 자식이 떡을 달라는데 돌을 주며 생선을 달라는데 뱀을 줄 사람이 있겠느냐'라는 신약성경 구절이 있다. 아무리 악한 인물이라도 자기가 좋아하거나 사랑하는 대상에게는 해코지하지 않는다.

2 미디어 위기 대비한 조직 정비

위기관리 관련 서적들을 읽어보면, 대개 위기 발생을 대비해 조직 내부에 미리 위기관리 직무시스템을 구축해야 한다고 서술하고 있다. 위기 발생 시에 보고와 협동 체계가 원활히 가동될 수 있도록 1차 책임자부터 최종 책임자까지 계통도를 그리기도 한다.

미디어 위기에 대해서도 마찬가지 시스템을 적용한다. 하지만 내용을 보면 당연한 이야기 일색이다. 1차 책임자야 홍보 부서장이고, 최종 책임자야 결국 최고경영자가 아니겠는가. 평소 일반 임원들까지 참여해 미디어를 분담 관리하는 조직이라면 위기관리 계통도가 다소 복잡해지겠지만, 결국 핵심 인물은 홍보 부서장과 최고경영자이다.

하지만 미디어 위기관리 서적을 보면 대개 누락하는 사실들이 있다. 어떤 인물이 홍보 부서장이 되어야 하는지, 또는 최종 책임자인 최고경영자나 CEO는 위기관리를 위해 어떤 역할을 담당해야 하는지에 대한 지적이다.

나는 홍보 일선에서 일하면서, 부적합한 인물이 홍보 부서장이 돼서 미디어 위기를 자초하는 조직을 자주 봐 왔다. 인물의 적재적소 배치는 조직 인사의 생명인데, 가장 중요한 첫 단추부터 잘못 꿴 경우이다. 위기관리가 제대로 안 되는 가장 큰 원인이 실패한 담당자 인사에서 비롯됐는데, 그 담당자와 함께 해결책을 찾는다면 답이 나오겠는가. 더 난감한 것은, 그 담당자가 해결책을 제시해야 하는 1차 책임자라는 사실이다.

최고경영자의 경우는 약간 다르다. 축구에 비유하자면, 미디어 위기관리에서 최고경영자의 역할은 골키퍼에 가깝다. 홍보 부서장이 그라운드 중앙에서 공수에 다 가담하는 미드필더에 가깝다면, 최고경영자는 수비 라인이 붕괴됐을 때 최후의 공격을 막아내는 최종수비수이다. 평소 웬만한 미디어 위기에는 최고경영자가 직접 나설 필요가 없다. 하지만 전 언론이 관심을 갖는 대형 사건사고가 발생할 경우, 최고경영자가 평소 어떤 행보를 보이며 어떤 역할을 수행했느냐에 따라 위기 대응력에 큰 차이가 나타나게 된다.

(1) 언론홍보 일선에 선 두 인물

① 홍보책임자와 CEO

기업이 제품 개발과 제작에 몰두하는 단계에서 PR의 중요성을 깨닫기 힘들다. 하지만 당장 그 제품을 판매해야 하는 상황부터는 사정이 달라진다. 광고, 홍보, 이벤트 프로모션 등의 각종 판촉 활동을 포함하는 마케팅 PR이 최대 현안으로 떠오른다.

이런 단계에서 매스컴 기사나 보도를 통해서도 자기를 홍보할 줄 아는 기업은 훨씬 더 저렴한 비용으로 훨씬 더 큰 효과를 누릴 수 있다. 바로 퍼블리시티(publicity) PR의 위력이다. 퍼블리시티는 광고에 비해 비용만 저렴한 게 아니다. 긍정적 언론보도를 통해 '공신력'을 획득함으로써, 광고보다 더 큰 신뢰를 소비자의 뇌리에 심어줄 수 있다.

내가 나 자신을 평가한 모습이 광고라면, 홍보는 남(언론사)이 내 자신을 평가한 모습이기 때문에, 신뢰를 유발하는 효과는 홍보가 더 클 수밖에 없다. 같은 업종, 비슷한 실력의 경쟁사라도 누가 더 일찍 홍보에 눈을 뜨고 이를 잘 활용하느냐에 따라 경쟁에서 우위를 점할 수도 있다.

처음엔 홍보의 위력을 잘 모르던 기업 최고경영자(CEO)도 서서히, 또는 갑자기 그 필요성을 인지하게 된다. 그래서 때가 되면 본인과 기획부서, 판매부서 등에서 나누어 담당하던 PR 업무를 전문부서를 설치해 한 곳에 집중시키게 된다. 바로 홍보 부서를 설치하고 전담 인력을 배치한다.

② **언론홍보 책임자는 전문가를 임명해야**

홍보 부서를 믿고 기업 CEO는 이제 한시름을 놓는다. 홍보 부서의 활약을 기대하며 광고보다 더 짭짤하다는 언론플레이의 단꿈도 꾸어보게 된다. 그런데 시간이 흐를수록 뭔가 이상하다는 생각이 들기 시작한다. 퍼블리시티도 기대에 못 미치고, 무엇보다 언론에서 달갑지 않은 취재문의가 종종 들어오기 시작한다. 개중에는 그 부정적 취재문의가 바로 기사로 이어져 피가 역류하게 만든다.

이럴 때 대개의 CEO들은 책임자인 홍보 부서장을 불러다 호통을 치기 일쑤이다. "당신한테 머리 아픈 기획이나 관리를 하라고 했느냐, 아니면 영업해서 돈을 벌어 오라고 했느냐? 돈 쓰면서 기자 비위 하나 제대로 못 맞춰서 이 따위 기사나 나오게 만드느냐"는 게 질책의 주된 내용이다.

조직 체계에 따라, CEO가 홍보 부서장을 직접 '조지는' 것이 아니라 그의 직속상사인 임원급 본부장을 혼내기도 한다. 어느 쪽이든 홍보 부서장에게는 마찬가지 결과이다. 최고경영자에게 잔뜩 혼이 난 본부장이 곱게 지나갈 리 만무하기 때문이다. 상황에 따라서는 CEO가 아예 본부장과 부서장을 함께 불러다 혼을 내기도 한다.

따지고 보면 그런 홍보 부서장을 임명한 이는 CEO이다. 홍보 부서장이 무능하다면, 그런 홍보 부서장을 임명한 CEO에게도 문제가 없을 수 없다. 홍보 부서장이 무능한 이유는 크게 두 가지이다. 하나는 조직의 다른 분야에서 두각을 나타내지 못하는 중간관리자를 재활용 차원에서 홍보 부서장으로 임명한 경우이다. 다른 하나는 유능한 중간관리자인데 홍보 부서도 잘 이끌어 가겠지 싶어 임무를 맡긴 경우이다.

둘 다 전문성이 없더라도, 상례로 보건대 전자보다는 후자, 즉 유능한 중간관리자가 홍보 업무를 더 잘 수행할 가능성이 높기는 하다. 하지만 이상하게 다른 업무들은 맡기면 잘 해내던 친구가 언론홍보 업무에서는 맥을 못 추는 경우도 허다하다. 이럴 때 CEO는 도대체 어디서부터 판단이 잘못됐는지 감을 못 잡는다.

1차 문제는 전문성이 부족하기 때문이다. 지금도 많은 CEO들이 가장 오해하는 대목이 바로 PR, 그 중에서도 언론홍보의 전문성에 대한 무지이다. 그냥 '성격 원만하고 술 잘 마시면 기자들도 잘 상대하겠지'라는 막연한 판단으로 홍보 업무를 맡긴다.

하지만 홍보 부서장이 갖춰야 할 전문지식은 생각보다 다양하다. 언론홍보는 물론 광고, 사내홍보, 사회공헌 등 관리해야 할 업무 분야도 다양하다. 특히 언론홍보는 상당한 전문성을 필요로 한다. 앞서 지적했듯이 언론사와 언론인의 생리는 매우 독특하다. 하루아침에 이해하기 힘든 업종의 회사요 직업인이다. 보도자료 작성하는 방법만 해도, 스트레이트냐 기획이냐에 따라 다양한 방법을 구사할 줄 알아야 한다. 커뮤니케이션 스킬에도 능해야 한다. 기자들의 유도 질문에 쉽게 넘어가도 문제이지만, 지나치게 수세적이어서 반감을 유발해도 곤란하다.

상당한 전문성을 필요로 하는 홍보 부서에 비전문가를 부서장으로 앉힌 이는 바로 CEO이다. 하지만 누가 역린(逆鱗; 용의 목에 거꾸로 난 비늘)을 건드리겠는가. CEO가 여전히 정신을 못 차리고 계속 문외한을 문외한으로 교체하는 실수를 반복해도, 그를 보좌하는 측근들 역시 직언하기란 쉽지 않다. 자신들도 문외한이긴 매일반이기 때문에.

③ 기자 출신은 모두 언론홍보 전문가?

전문성 부족으로 조직 내에서 홍보 부서를 이끌어갈 만한 적임자를 찾지 못한 조직이 대개 기자 출신 홍보맨을 영입하기도 한다. 기자 출신을 선호하는 대기업도 많은데, 삼성그룹의 경우 그룹뿐 아니라 계열사에도 기자 출신 홍보맨들이 즐비하다. 기자 출신들은 내부 직원들에 비해 몸값이 다소 비싸지만, 언론홍보를 수행하기에는 나무랄 데 없는 경험과 지식을 갖춘 '준비된' 홍보맨들이다.

그런 기자 출신을 영입하고도 언론홍보 전선에서 헤매는 조직도 종종 있다. 그런 조직의 경우, 십중팔구는 그 기자 출신 홍보맨이 퇴사했다는 소식이 들려온다. 왜 이런 현상이 벌어질까? 가장 큰 이유는 자세(attitude) 때문인 경우가 거의 대부분이다. 오랜 기자 생활을 거친 인물이 바로 홍보맨 생활에 적응하기란 생각보다 쉽지 않다. '갑'의 입장에서 살다가 바로 '을'의 처지로 변신해야 하는데, 막상 생활해 보면 뜻대로 잘 되지 않는다.

처음에는 완벽한 '을'이 되겠노라 각오를 다져보지만, 시간이 좀 흐르다 보면 이미 몸에 밴 갑의 습성과 생리가 하나씩 나타난다. 새까만 후배 기자가 당돌한 질문을 들이대면 기가 차서 대답이 뜨악하게 나오거나 그를 훈계하려 들기 일쑤이다. 뜨악한 대답부터 나오는 인물은 홍보맨으로 변신하려면 한참 먼 인물이고, 가르치려 드는 홍보맨은 성의는 가상하나 여전히 자기 처지를 망각한 인물이다. 전자는 바로 후배기자들에게 물어 뜯길 유형이고, 후자는 전자보다 낫지만 역시 자충수를 두고 있는 유형이다.

특히 후자의 경우, 후배 기자에게 선의를 베풀었다고 생각했는데 악성보도로 답례를 받게 되면 시쳇말로 '뚜껑이 열리게' 된다. 하지만 해당 홍보맨에 대해 취재기자들끼리 주고받는 이야기는 '아직도 자기가 기자인 줄 안다'라는 것이다. 아무리 선배 언론인이라 해도, 을의 세계로 갔으면 을의 세계에 어울리게 처신하라는 경고요 위협이다.

최악의 경우는 취재기자와 싸우는 짓이다. 언론계 족보로 따지자면 한참 후배에 속하는 어린 취재기자가 보란 듯이 악성보도를 내면, 순간적으로 이성을 상실하는 기자 출신 홍보맨이 있다. 기사가 엉성해서 악의가 더 두드러지면, 홍보맨의 분노 지수는 더 급상승하게 된다. 전화를 걸어 고함을 치고 나면 잠시 속은 후련해지겠지만, 한번 내뱉은 말들은 다시 주워 담을 수 없다. 흥분이 가라앉고 나면 취재기자와 화해를 시도해 보지만, 한번 그런 봉변을 당한 기자와는 관계를 복원시키기가 거의 불가능하다. 그 기자는 두고두고 동료들에게 홍보맨의 만행을 고발하며 마치 술자리 안주처럼 그를 씹고 다닌다. 해당 홍보맨의 평판은 급속도로 악화된다.

기자 출신 홍보맨들은 또 일반 조직 생활에 적응해야 하는 숙제도 안고 있다. 언론사 편집국은 선후배 위계질서가 엄격하면서도 매우 자유로운 곳이다. 일반 조직의 상사와 부하에 비하면 의사소통이 매우 자유롭고, 평소 '~님'자 호칭도 빼고 생활할 정도로 서로 격의도 없다. 여기에 오랜 취재기자의 직업적 습성까지 더해져, 회의시간이나 보고 시에 발언이나 표현이 매우 직선적이거나 저돌적이다. 남들이 대개 뒤에서 쑤군대기 때문에, 기자 출신 홍보맨 본인은 잘 의식하지 못한다. 이렇듯 일반 조직에서 기자 출신 홍보맨이 환영받기란 쉽지 않다.

이런 문제점들만 극복된다면, 사실 기자 출신처럼 완벽하게 준비된 홍보맨을 찾기는 쉽지 않다. 각종 보도자료를 기획 작성하는 일부터, 취재 문의가 들어오면 그때그때 적절하게 판단해 신속하게 피드백을 제공하는 정확하고 노련한 업무 처리, 여기에 언론사 생리를 잘 알기에 크고 작은 문제에 원만하게 대처하며 부작용을 최소화할 수 있다. 내 자신도 홍보실을 운영하던 시절에 부하 홍보맨들 선발할 때는 기자 출신을 선호했고 결과도 모두 성공적이었다.

(2) 최고경영자는 어떤 홍보책임자를 만나야 하나

기업뿐 아니라 모든 조직이 그렇지만 늘 '인사가 만사'이다. 유능한 홍보전문가를 만나면, 또는 뛰어난 홍보 DNA를 갖춘 적임자를 홍보책임자로 임명하면, CEO는 사실 이 분야는 크게 걱정할 필요가 없다. 이른바 적재적소에 인사를 시행한 경우이다.

하지만 CEO 역시 홍보전문가가 아니다 보니, 홍보와는 거리가 먼 관리자를 책임자로 임명하는 '헛발질'을 하기 일쑤이다. 언론홍보를 위해 CEO가 가장 관심을 갖고 잘 판단해야 할 일은 우선 유능한 홍보 부서장을 임명하는 것이다. 조직에 그런 인재가 보이지 않는다면, 외부 수혈을 통해서라도 적임자를 찾아내 앉혀야 한다.

① 대인관계 원만하고, 무엇보다 겸손해야

언론홍보 현장을 뛰어다니다 보면 이 분야와 궁합이 잘 안 맞는 홍보책임자들이 가끔씩 눈에 띄곤 한다. 이런 이들의 특징은 한마디로 '고자세'

이다. 홍보맨들이 언론인만 만나는 건 아니다. 언론사 행사장이나 각종 경조사 현장에서 같은 홍보맨들끼리도 늘 마주친다. 이렇게 수시로 만날 때 반갑게 인사하며 먼저 손을 내미는 유형이 있는가 하면, 상대방이 먼저 아는 체 하기를 기다리며 목을 뻣뻣이 세우고 기다리는 유형도 있다.

'하나를 보면 열을 안다'라는 속담이 있다. 이런 고자세 스타일은 CEO가 홍보 부서장을 임명할 때 가장 기피해야 할 유형이다. 이런 홍보맨들은 대개 언론인에게도 고자세를 취하는 경우가 많다. 언론인들은 유난히 자존심이 강해서 지위 고하를 막론하고 거만하거나 잘난 체하는 이들을 가장 싫어한다. 하물며 본인들이 보기에 '을'의 위치에 있는 홍보책임자가 거만하거나 건방지다면 기분이 어떻겠는가.

기자들은 종종 거만하거나 비협조적인 홍보책임자를 응징하기 위해, 또는 길들이기 위해 악의적인 기사를 내보내기도 한다. 문제는 이런 경우에 CEO가 사태의 원인을 제대로 파악하기 힘들다는 점이다. 거만한 홍보맨이라고 CEO에게까지 거만한 것은 아니기 때문이다. 보고자가 문제의 원인일 경우, 그에게서 정확한 보고를 기대하기는 힘들다. 고자세로 유명한 홍보책임자가 CEO 앞에서는 오히려 다른 임직원보다 더 저자세로 돌변하는 경우도 많다. 이른바 '이중인격' 스타일이다. CEO는 이렇게 상냥하고 겸손한 홍보책임자가 다른 이들 앞에서, 심지어 기자들 앞에서도 고자세로 표변할 거라고는 상상하기 힘들다.

따라서 CEO가 홍보책임자를 임명할 때는, 평소 자신의 관점으로만 판단하지 말고 주변 평판을 두루 조사해서 대인관계가 원만한, 특히 자신을 잘 낮출 줄 아는 겸손한 성품을 지닌 인물을 선택해야 한다.

② '신언서판'을 갖춰야…가장 중요한 건 '판'

인재의 기본 요건을 잘 압축한 표현이 바로 예로부터 전해져 오는 '신언서판(身言書判)'이다. 어떻게 보면 팔방미인처럼 여러 자질을 두루 갖춘 인물을 가리키는 말이다. 하지만 홍보책임자는 CEO를 대신해서 전 매스컴과 접촉하는, 또 다른 의미에서 회사의 '간판'과 같은 존재다. 홍보책임자의 이미지가 곧 회사의 이미지와도 직결된다.

- **신(身)**: 홍보책임자가 굳이 미남일 필요는 없으나, 기본적으로 호감을 주는 외모를 지닌 인물이 바람직하다. 편안한 인상을 주는 인물도 많은데, 굳이 위압적이거나 냉소적인, 또는 병약한 인상을 주는 인물을 임명할 필요가 있을까.
- **언(言)**: 홍보책임자는 기본적으로 유능한 '커뮤니케이터(communicator)'이어야 한다. 또 언론사와 각종 민원관계를 잘 조율해야 할 '협상가(negotiator)'이기도 하다. 말 한마디 잘못해 언론사에 퍼주고도 뺨을 맞는가 하면, 말을 잘해서 천 냥은 내야 할 상황에서 백 냥만 내고 무난히 넘어가기도 한다.
- **서(書)**: 보도자료, 연설문, 기고문 등 홍보책임자가 직접 작성하거나 최소한

감수해야 하는 글들이 한둘이 아니다. 특히 오너 경영인의 경우, 자신의 심중을 글로 잘 표현하고 대변해줘야 하는 측근이 바로 홍보책임자일 수밖에 없다.

판(判): 판단력은 신언서판 가운데서도 가장 중요한 자질이다. 판단력은 평소에도 늘 필요하지만, 특히 미디어 위기상황에서 절대적으로 요구되는 중요한 능력이다. 신속하면서도 정확한 판단력, 복잡한 상황을 단순화시켜 빠른 해법을 찾아낼 수 있는 직관을 갖춘 이가 홍보책임자로 적임이다.

(3) 홍보책임자는 어떤 CEO를 만나야 하나

이런 제목을 들으면 대뜸 누가 누구를 선택하는 것이냐는 반문이 있을 수 있다. 홍보책임자는 대개 조직의 부서장이나 잘해야 본부장이다. CEO가 오너경영자이건 전문경영자이건, 홍보책임자가 선택할 수 있는 대상이 아니다.

하지만 홍보 경력자가 회사를 선택해야 할 경우에는 사정이 달라진다. 선택의 여지가 없다면 모를까, 그렇지 않다면 홍보 경력자에게도 회사를 선택할 권리가 있다. 이럴 때 중요한 판단 기준은 회사의 안정성과 발전성이기도 하겠지만, CEO의 캐릭터나 마인드도 매우 중요하다. 특히 오너경영 기업일 경우는 더욱 그렇다. 늘 회사의 이미지를 책임져야 하는 홍보맨에게 CEO의 이미지는 입사 후 바로 업무와 직결되는 사항이다.

또 이미 근무하는 홍보책임자라고 하더라도 CEO에게 바람직한 참모가 되려면 무엇이 CEO에게 부족한지를 알아야 한다. 원활하고 효과적인 PR을 위해 자신이 모시는 CEO에게 꾸준히 조언하고 그를 바람직한 방향으로 유도할 수 있어야 한다.

① **홍보 마인드 갖춘 CEO**

CEO가 왜 '홍보 마인드'부터 갖춰야 하는가. 우선 홍보 마인드란 무엇인가? 첫째, 홍보가 중요한 업무라고 생각해야 한다. 둘째, 홍보가 전문성이 필요한 업무라고 생각해야 한다. 셋째, 홍보는 기업브랜드라는 무형자산을 관리하고 성장시키는 업무라는 점을 정확히 이해해야 한다.

오너경영자가 CEO일 경우, 독립된 홍보 부서가 있다는 사실은 이미 그가 기본적으로 홍보 마인드를 갖추고 있음을 의미한다. 회사는 충분히 성장했는데도 덩치에 걸맞지 않게 홍보 부서를 아직 설치하지 않거나, 설치를 주저하는 오너경영자도 많다. 하지만 전문경영인이 CEO일 경우엔 홍보 부서의 유무만으로 그의 홍보 마인드를 판단할 수 없다.

홍보 마인드로 지적한 세 가지 요소 중에서 특히 세 번째 항목에 대해서는 깊은 이해가 필요하다. 홍보는 외부인을 상대하면서 돈을 버는 영업 부서와 달리, 외부인을 만나면서 돈을 쓰는 업무이다. 편협한 관리부서 책임자를 만나면 비용 지출 문제로 번번이 시달리기 일쑤이다. 이들은 홍보 부서가 당장은 돈을 쓰지만 기업이미지를 잘 관리함으로써 기업브랜드라는 무형자산을 키우는, 결국엔 영업과 마찬가지로 회사 자산을 증식시키는 업무를 하고 있다는 사실을 잘 이해하지 못한다.

홍보는 잘 수행하면 비용을 쓰는 만큼, 혹은 그 이상으로 매스컴의 보답과 보상을 받는 업무이다. 회사 살림을 최종 결정하는 CEO가 이런 사실을 직시하고, 원활한 홍보 활동이 이루어지도록 소요 예산을 적절하게 지원해 줄 수 있어야 한다.

② 홍보도 '나의 일'이라고 생각하는 CEO

CEO는 회사 업무 전체를 관장하기 때문에, 각 부서의 업무는 대개 부서장에게 일임하게 된다. 본인은 주로 회의를 열고, 부서장의 보고를 받은 뒤 지시를 내리고, 회사 업무를 위해 끊임없이 외부 인사들과 접촉하고 미팅을 갖는다.

언론홍보 업무를 수행하다 보면, 매스컴과의 인터뷰 때문에 CEO가 직접 나서야 하는 경우가 당연히 생긴다. 다만 한국은 관치(官治) 전통이 강해서, 업종에 따라서는 당국의 눈치를 살피느라 CEO들이 마음 놓고 언론에 나서지 못하는 경우도 많다. 또 '은둔형' 오너경영자의 경우 매스컴의 인터뷰 요청을 거의 다 사절하는 이들도 종종 있다. 물론 일반적인 CEO들은 회사 발전을 위해 언론과의 접촉을 마다하지 않는다.

문제는 인터뷰와 같은 특수 상황 외에는 매스컴과의 접촉과 교류를 모두 홍보 부서에 일임하는 CEO들이다. 이들은 언론홍보 업무는 홍보 부서의 업무일 뿐이라고 착각한다. 하지만 다른 부서도 마찬가지이지만, 홍보 부서가 존재하는 이유도 단지 CEO가 모든 업무를 맡아서 진행할 수는 없기 때문이다.

무엇보다 CEO가 명심해야 할 점은, 홍보 부서장이 하는 일은 사실 본인이 직접 해야 가장 큰 효과를 거둘 수 있는 일이라는 사실이다. CEO는 회사 업무 전반을 관장해야 하기에 자기 대신 내세운 대리인이 홍보 부서장이라는 사실을 잊어서는 안 된다. 실제로 매스컴과 관계 관리를 해 나가거나 위급한 상황이 벌어질 때 CEO까지 직접 나서야 하는 경우가 한둘이 아니다.

CEO가 바쁜 인물이라 평소 그를 직접 보기 힘들다는 점은 언론인들도 이해한다. 하지만 두문불출 하느라 언론사의 주요 행사나 언론인의 경조사에 코빼기도 내비치지 않는 CEO, 데스크나 편집국장에게 식사 한 번

청하지 않는 CEO들에게 언론인들은 별로 호의적이지 않다. 심지어 그들의 면담 요청을 갖은 핑계를 대며 사양하는 CEO들도 있다.

CEO가 평소 이런 식이면 매스컴의 도움이 절실하게 필요할 때 언론인들의 지원이나 배려를 받을 수 있겠는가. CEO는 홍보업무 상대인 언론사와 언론인을 소비자나 국민과의 소통창구라고 생각하는 자세가 필요하다. 언론은 국민이나 소비자의 알 권리를 위해 존재하기 때문이다.

언론사는 미팅에서도 프로토콜을 중시한다. 홍보 부서장 레벨에서 면식이 없는 대형언론사의 편집국장, 보도국장에게 미팅을 청하기는 쉽지 않다. 하지만 CEO가 나서면 원만한 교류가 가능하다. 이렇게 평소 언론사 고위간부들과 왕래를 해두면, 이들은 기업이 큰 도움을 필요로 할 때 중요한 인적 자산이 된다. 특히 대형 미디어 위기가 터졌을 때, 미리 쌓아둔 언론계의 인적 자산은 큰 빛을 발하게 된다.

(4) 이상적인 투톱 PR

결국 기업의 PR은 홍보 부서뿐 아니라 CEO가 함께 뛰는 자세로 임할 때 그 효과가 훨씬 배가된다. 물론 바쁜 CEO 혼자서 많은 언론사를 직접 상대하기는 버거울 때가 많다. 이럴 때는 주요 임원들이 홍보 부서장과 함께 매체를 상대하고 언론인들과 함께 교류하기도 한다.

하지만 매스컴의 관심이 집중되는 인물은 CEO이다. 조직의 운명을 결정하는 최고 책임자이기 때문이다. CEO를 통해서 그 조직의 현재와 미래를 가늠하기도 한다. CEO가 열정이 넘치고 신뢰감을 주는 인물일 때, 언론인들은 그가 경영하는 기업에 대해서도 긍정적인 이미지를 갖게 될 수밖에 없다.

언론인과의 접촉은 영업처럼 매출이나 실적으로 연결될 수 있는 만남이 아니다. 또 언론인의 생리상, 이들과 상대하다 보면 다소 거칠고 무례한 느낌을 받을 때도 있다. 기본적으로 '갑'을 상대하는 듯한 부담감도 있다.

하지만 언론인은 세상을 폭넓게 바라보고 다양한 인사들과 접촉하기 때문에 이들과 대화하다 보면 좋은 정보도 많이 접하게 된다. 경영에 도움이 될 만한 정보나 지혜를 얻기도 한다. 무엇보다 언론인은 사회 지도층 인맥의 허브여서 그들을 통해 직간접으로 필요한 인맥과 연결되기도 한다. 긍정적으로 생각하면 결코 소모적인 만남이 아니다. 무엇보다 미디어 위기 발생 시 받을 수 있는 지원과 배려가 생각보다 훨씬 클 때가 많다.

① 언론사 행사장을 함께 방문하라

기본적으로 언론사가 주최하는 주요 행사에는 가급적 CEO가 홍보 부서장과 함께 참석하는 것이 바람직하다. 입장을 바꿔 보자. 우리 집이 잔치를 열었는데, 직접 찾아와서 축하해 주는 사람을 쉽게 잊을 수 있겠는가. 언론사가 연간 단위로 기획 주최하는 행사는 대개 20여 개에 달하지만, CEO가 꼭 참석해주면 좋을 대형 행사는 2~3개 남짓이다. 특히 경제 일간지들이 기업 협찬을 이끌어낼 수 있는 대형 행사를 많이 기획한다. CEO가 가끔이라도 이런 행사장을 직접 방문해 '눈도장'을 찍고 자리만 빛내줘도, 해당 기업과 CEO는 투자한 시간 이상의 점수를 따게 된다. 잠시 발품 판 대가로 아주 경제적인 홍보 활동을 하게 되는 셈이다. 또 이런 행사에는 각계각층의 지도급 인사들이 많이 모이기 때문에, 주요 인사들과 폭넓게 교류할 기회도 얻을 수 있다.

② 경조사도 가급적 함께 챙기라

한국인들은 경조사를 매우 중시한다. 홍보맨들이 담당 언론인의 경조사를 챙기는 일은 아주 기본적인 임무에 속한다. 챙기는 게 당연하고, 챙기지 않았다면 심각한 업무태만이다. 전직 담당 언론인들까지 빠짐없이 챙겨야 한다. 특히 조사의 경우는 홍보맨이 반드시 직접 챙겨야 한다. 비통에 잠겨 있는 언론인 상주의 손을 직접 부여잡고 위로의 말을 건네면 우의가 더 돈독해지게 마련이다.

그런데 편집국장 같은 고위 간부는 말할 것도 없고 데스크 같은 주요 간부의 부음이 나면, 홍보책임자 혼자 가는 것보다 CEO가 가급적 함께 빈소를 찾는 것이 바람직하다. 취재기자들의 조사까지 직접 챙기면 더 좋겠지만, CEO가 워낙 일정에 쫓기는 인물들이다보니 젊은 기자들 부고까지 직접 챙기지 않았다고 나무랄 이는 별로 없다. 잘 아는 취재기자라면 몰라도, 그렇지 않으면 부의금을 내는 정도로 족하다.

이 역시 저비용 고효율에 속하는 홍보 활동의 일환이다. 경조사 현장은 언론사 행사장과 마찬가지로 다양한 지도층 인사들을 만나 인사를 나눌 수 있는 부수 효과도 있다. 이런 경조사 현장을 평소 부지런히 챙긴 CEO와 그렇지 않은 CEO는 미디어 위기상황이 발생할 때 그 차이를 여실히 느끼게 된다.

③ 미디어 위기, 함께 대응하라

평소 언론사 행사장을 찾고, 언론인 경조사를 챙기고, 언론인을 따로 만나 식사도 함께 하며 적극적으로 교류한 이유는 결국 그들의 도움과 협력이 아쉬운 순간을 대비해서다. 마치 자동차보험에 가입하는 이유가 불의의 사고에 대비하려는 목적이듯이.

그런데 정작 미디어 위기가 발생했는데 홍보책임자만 앞세우고 CEO 본인은 뒤에 멀찍이 서서 구경만 한다면 아이러니한 일 아닌가. 물론 홍보책임자 혼자 감당하거나 처리할 수 있는 수준의 위기라면 문제가 없다. 하지만 매우 심각한 수준의 악성보도 이슈가 발생하거나, 전 언론이 취재 경쟁을 벌일 정도의 대형 위기 상황이라면, CEO도 팔을 걷고 나서서 홍보책임자의 짐을 덜어줘야 한다. 결국 누구를 위한 위기 극복인가.

이런 경우, CEO는 편집국장과 같은 편집국 최고 수장과 적극 소통하는 것이 바람직하다. 필요하면 직접 기사를 다루는 데스크와도 소통해야 한다. CEO까지 나서서 사정을 설명하고 협조를 요청하면, 언론사도 훨씬 더 우호적인 태도를 보이게 된다.

이처럼 미디어 위기관리의 전선에서는 네 일 내 일을 가리지 않고 함께 뛰는 것이 바람직하다. 가장 대표적인 위기관리 일선에 서 있는 두 인물이 CEO와 홍보책임자이다. CEO가 홍보 부서와 팀워크를 이루어 활동한다면, 기업에 요구되는 언론홍보에서 그 이상 파워를 발휘할 만한 자산도 없다. 이상적인 '투톱' PR이다.

(5) 미디어 위기관리형 조직 구성

미디어 위기관리에 강한 조직을 구성하려면 다음 사항들을 실행하는 것이 바람직하다.

① CEO와 홍보책임자의 핫라인

미디어 위기가 발생할 경우, 홍보책임자가 최고경영진에게 직접 보고해서 결재를 득할 수 있는 직할 체제로 전환해야 한다. 평소 홍보팀(또는 홍보실)이 CEO의 직할부서인 경우에는 따로 전환할 필요가 없다. 홍보 부서가 홍보 본부 체제 아래 있을 때도 마찬가지이다. 하지만 홍보팀이 일반 본부 산하에, 일반 본부는 부사장 산하에, 부사장은 CEO 지휘 아래 있다면, 유사시 보고 체계에서 시간 지체 요인이 너무 많아진다. 위기관리에서는 타이밍이 생명이다. 신속하게 판단하고 결정하고 실행해야 하는데, 위기관리 최종책임자인 CEO에게 보고가 도달하는 시간이 너무 길면, 가장 중요한 타이밍을 놓치기 쉽다. 위기 발생시 CEO가 알아서 홍보책임자에게 직접 보고할 것을 지시하면 좋지만, 그렇게 하고 있지 않다면 홍보책임자가 즉시 건의해서 보고 체계를 전환해야 한다. 일반 본부장이나 부사장도 관망만 할 게 아니라, CEO에게 전환을 건의해야 한다.

② 전사적 '위기관리 TFT'

대형 미디어 위기가 발생하면 일단 사내 분위기가 어수선해진다. 언론에서만 전화가 오는 게 아니라, 회사 각 부서도 이해관계 당사자들의 연락으로 분주해진다. 주주들, 상급 관리감독 기관, 거래처, 소비자 등 숱한 이들의 전화로 북새통을 이루게 된다. 이런 전화들 중에는 회사에서 빨리 파악해서 대책을 세우지 않으면 추가적인 미디어 위기로 점화할 수 있는 사안들도 종종 있다. 회사가 제대로 대응하지 않으면, 답답한 이해관계자들이 자기가 궁금해 하는 문제를 언론사에 제보하는 경우도 있다.

따라서 대형 미디어 위기가 발생하면, CEO는 즉시 태스크포스팀(TFT)부터 구성해야 한다. TFT의 핵심은 CEO와 홍보책임자이지만, 각 본부 및 산하 부서들은 '통신 일지'를 작성해서 수시로 보고해야 한다. 일일보고를 원칙으로 하되, 특이사항이 발생하면 TFT와 홍보팀에 즉시 보고해야 한다. 이렇게 조직적이고 일사불란한 의사소통 체계를 구축해야 우왕좌왕하지 않으며, 유사시 발생할 수 있는 추가 피해를 예방할 수 있다.

③ 직언 유도 시스템 '레드팀'

대형 위기가 발발하면, 그 조직이 정부든 기업이든 누군가는 책임지는 사람이 나와야 한다. 정부 부처나 산하기관의 경우는 따로 누가 지목하지 않아도 조직 수장이 알아서 책임을 지게 된다. 하지만 대기업의 경우는 다르다. 웬만한 대형 사건사고가 아니면, 조직의 수장이 잘 나서려고 하지 않는다.

재벌총수가 이끄는 대기업의 경우는 더 말할 필요도 없다. 황제경영으로 유명한 한국 대기업의 경우, 아무리 회의에서 갑론을박이 무성해도 재벌총수에게 '총대를 메라'는 직언을 할 수 있는 간 큰 임직원을 찾기란 쉽지 않다. 결국 핵심은 비껴가고 변죽만 열심히 울리다 보니 사태 해결의 실마리를 찾기가 쉽지 않다. 이런 현상은 대기업이 아니더라도 CEO가 오너인 회사들에서는 일반적인 현상이다.

2014년에 두 대기업의 대조적 위기관리 방식이 큰 화제를 모았다. 2월 경주 마우나리조트 붕괴로 인한 인명사고에서 총수가 직접 나서서 사태를 조기 진압한 코오롱과, 11월 뉴욕 JFK공항에서 일어난 이른바 '땅콩회항' 사건에서 총수 일가가 책임 모면에 급급하다 사태를 엄청나게 키웠던 대한항공의 사례이다. 사고 내용으로만 보면 코오롱이 훨씬 더 큰 위기였지만 결과는 정반대였다. 오너경영자의 마인드가 얼마나 중요한지 보여주는 대조적인 사건들이었다.

한국의 대기업들은, 미국 언론사의 내부 뉴스 검증 시스템인 '레드팀(Red Team)'을 벤치마킹 할 필요가 있다. 레드팀은 아직 보도하지 않은 뉴스의 결함이나 문제점을 직언해서 완벽한 뉴스를 만들기 위해 결성된다. 본래 국가방위 훈련 목적으로 군대나 정보기관에서 아군을 '블루팀', 적군을 '레드팀'으로 나누어 가상의 '워게임(war game)'을 벌이는 데서 파생된, 자체 결함 검증 시스템이다.

위기관리 TFT도 유사시 레드팀 같은 조를 편성해 직언이 활발히 나올 수 있도록 조치하는 것이 바람직하다. 이를 위해 TFT 자체를 1·2단계로 구분해 운영하는 방법을 고려해야 한다. 1단계 TFT는 최고경영자를 배제하고 레드팀을 투입시킨 채 회의를 진행하고, 1단계에서 도출된 내용을 토대로 2단계를 운용하는 방법이다.

하지만 어떤 경우든 직언을 도출하기 힘든 상황이라면, 아예 외부 전문가나 컨설팅기관을 자문역으로 위촉하는 방법도 있다. 사내 임직원은 직언하기 쉽지 않지만, 제3자인 외부 전문가는 그들과 처지가 다르기 때문이다. 오너나 최고경영자의 카리스마가 강한 조직일수록, 내부 임직원만 탓하지 말고 유사시를 대비해 이런 조치를 해두는 게 바람직하다.

3 미디어 트레이닝

모든 발생 가능한 위기는 그에 대비한 사전 모의훈련을 필요로 한다. 2013년 7월 미국 샌프란시스코 공항에서 발생한 아시아나 항공기 사고에서, 사람들은 모두 모의훈련의 중요성을 절감했다. 생사가 오락가락하는 절체절명의 순간에 항공기 승무원들은 일사불란한 대처로 인명 피해를 최소화했다. 그들은 언론과의 인터뷰에서 "승객부터 구해야 한다는 생각 외에는 아무 생각도 나지 않았다. 평소 훈련받은 대로 기계적으로 움직였을 뿐이다"라고 대답했다.

평소 성격이 차분하던 사람도 막상 위기가 닥치면 당황하게 된다. 특히 개인이나 조직의 존망이 걸린 대형 위기가 발생하면 어떤 조치부터 해야 할지 가늠하기 힘든 급박한 심리상태에 빠지게 된다. '패닉(panic)', 시쳇말로 '멘붕' 상태는 경험이 부족할수록 더 심해진다. 이런 위기 상황에서 어떤 말, 어떤 행동을 하느냐에 따라 위기가 원만하게 수습될 수도, 반대로 더 거세게 확산될 수도 있다. 허둥대다 빚어진 실수나 실언이 일단 매스미디어를 통해 보도되고 나면, 이를 만회하기란 거의 불가능해진다.

그래서 긴장되고 당황스런 미디어 위기의 순간에도 '기계적인' 반응을 유지할 수 있는 사전 모의훈련이 필요하다. 매스컴과의 인터뷰를 대비한 사전 모의훈련을 가리키는 PR 분야가 바로 '미디어 트레이닝(Media Training)'이다. 언론과의 인터뷰에서 흔히 야기되는 실수를 예방하고, 또 예상치 못한 질문과 맞닥뜨렸을 때 무리 없이 답변할 수 있도록 훈련하는 일이다. 실전과 같은 방식으로 가상의 기자와 질의응답을 벌이면서, 다양한 인터뷰 스킬과 이미지 관리 요령을 습득한다.

미디어 트레이닝은 정치인 · 연예인 등 대중 앞에 나설 기회가 많은 공인들은 물론이고, 정부 부처나 산하 기관, 기업 · 단체 등의 최고경영자 · 임원·홍보담당자 등 다양한 인물들을 대상으로 한다. 한마디로 기자가 찾아갈 수 있는 사람, 반대로 기자를 만나야 할 필요가 있는 사람이면 누구나 대상이 된다.

(1) 미디어 트레이닝의 필요성을 보여주는 사례

① 정동영 의장의 노인 폄하 발언

매스컴 앞에서는 '프로페셔널'도 언제 실수를 범힐지 모른다. 매스컴 생리를 잘 아는 언론인 출신 공인들도 조금만 방심하면 돌이킬 수 없는 실언을 토해낼 수 있다. 특히 말실수 해프닝이 자주 일어나는 대표적인 곳이 정치권인데, 치명적인 실언의 대표적 사례들 중 하나가 바로 정동영씨의 노인 폄하 발언이다.

지난 2004년 총선 선거대책위원장이기도 했던 정동영 당시 열린우리당 의장은 국민일보 VJ팀(동영상팀)과의 인터뷰에서 '60대 이상 노인들은 투표 안 하고 집에서 쉬어도 된다'는 요지의 발언을 했다가 엄청난 여론의 지탄을 받았다. 그 여파로 정의장은 결국 선대위원장은 물론 17대 국회의원 비례대표 후보에서도 사퇴해야 했다.

정동영씨가 범했던 말실수의 후유증은 2004년에 그치지 않았다. '경박한' '무책임한' 같은 수식어가 망령처럼 정씨를 따라다녔고, 결국 2007년 대통령선거에서 여당 후보로 출마했다가 야당 후보에게 참패하는 결과로 이어졌다.

정씨는 MBC 취재기자로 명성을 날렸던 전직 언론인이다. 그런 그도 어이없게 미디어를 상대로 한 인터뷰에서 씻을 수 없는 실언을 했다. 그는 자신의 노인 관련 발언을 언론에서 앞뒤 맥락을 제거하고 보도하는 바람에 오해가 발생한 것이라며 억울해했다. 하지만 그는 애초에 20~30대 청년 유권자의 투표 참여를 독려하려던 '핵심메시지' 전달에만 충실했어야 했다. 인터뷰의 기본을 지키지 않는 바람에, 더구나 부적절한 사족을 덧붙이는 바람에 엄청난 부작용만 야기했다. 정씨의 사례는 매스미디어 앞에서 방심과 자만이 어떤 결과를 야기하는지 여실히 보여주었다.

② **윤진숙 장관의 어민 상처 발언**

지난 2014년 2월, 해양수산부 윤진숙 장관의 실언이 매스컴을 통해 집중 보도되면서 결국 그가 장관 자리에서 물러나는 사태로까지 이어졌다. 당시 윤장관은 전남 여수 앞바다 기름유출 사고와 관련, 새누리당과 가진 당정회의에서 "1차 피해자는 GS칼텍스, 2차 피해자가 어민"이라고 말해 물의를 일으켰다. 발단이 된 사고는, 대형 선박이 여수항 부두에 접안하려다 정유사인 GS칼텍스가 소유한 송유관 3개를 파손하는 바람에 그

안의 기름이 바다로 유출돼 인근 양식장을 오염시킨 사고였다. 윤장관은 이 피해 복구에서 우선순위를 둬야 할 1차 피해자로 GS칼텍스를, 2차 피해자로 어민을 지목했다.

해당 발언으로 야당은 물론 여당까지 들고 일어나 사면초가에 빠진 윤장관은 결국 취임 1년 만에 장관직을 중도하차해야 했다. 윤장관은 취임 전 인사청문회에서도 실없는 웃음과 어이없는 답변으로 빈축을 사고 낙마 위기에 몰렸던 인물이다. 그런데 결국 문제의 당정회의에서도 실언과 함께 예의 그 실없는 웃음을 재연하는 바람에 여당 의원들까지 두 손을 들어버렸다.

윤장관이 실언하기 직전에, 여당의원은 그에게 대책을 물으며 'GS칼텍스는 어민 피해에 대해 결정적인 책임이 있다'라고 단정적 표현을 이미 동원했다. GS칼텍스는 피해자이면서 동시에 가해자가 된 미묘한 입장이었지만, 국회의원은 정무적인 판단에서인지 일단 후자의 사실만 강조했다. 따라서 윤장관은 "그런 측면이 있다. 하지만…"과 같은 미디어 트레이닝의 블로킹(Blocking) 스킬을 활용해, 단정적 표현의 책임은 질문한 의원에게 넘기고 본인은 좀 더 사고를 조사해서 사안을 공정하게 처리하겠다는 쪽으로 답변의 방향을 정리해야 했다.

③ 허준영 코레일 사장의 안전 경시 발언

지난 2011년 2월, 허준영 코레일(KORAIL; 한국철도공사) 사장은 잇따라 발생한 KTX 고장 건으로 가진 방송사와의 인터뷰에서, 국가 공기업의 최고경영자답지 않은 안전 경시 발언으로 큰 물의를 빚었다. 그는 당시 기자에게 "사고는 무슨… 사람이 다쳤습니까. 좀 이상신호가 들어오니까 그걸 점검하고 다시 출발한 건데 그걸 가지고 무슨 큰일 난 것 같이… 어디까지나 작은 고장인데…"라고 발언해 국민의 안전을 경시한다는 비난을 받았다.

허사장은 해당 발언으로 비난 여론이 들끓자 긴급 기자간담회를 열어 자신의 실수를 무마하려 했다. 하지만 이번에는 사고 책임을 직원에게만 떠넘기려 한다는 새로운 비난에 직면했다. 허사장은 기자간담회에서 문제의 안전 경시 발언과 관련해 "국민들을 안심시키려는 의도에서 한 발언이 와전된 것 같다"고 말하고 "이 사고는 직원 잘못으로 인한 인재(人災)로 국민들께는 죄송스러울 따름이다. 입이 열 개라도 할 말이 없다"라고 말했다.

당시 국회 야권에서는 "직원 잘못으로 인한 인재"라는 발언이 무책임하다며 허사장을 성토했다. 허사장이 취임 후 추진해온 무리한 구조조정으로 인해 철도 안전에 큰 허점이 생겼는데, 그에 대해서는 책임지려 하지 않는다는 비난이다. 언론도 이런 지적들을 대대적으로 보도하며, 허사장의 경솔한 언행에 대해 십자포화를 쏘아댔다.

허사장은 경찰청장 출신으로 '낙하산 인사'라는 비난을 받으며 공기업 사장에 취임한 인물이었다. 그의 발언은 그의 속내를 그대로 드러냈다고 할 수 있다. 그의 직업인생은 기본적으로 경찰이었다. 모든 경찰을 지휘 통솔하는 최고책임자 자리에까지 올랐던 인물이다. 철도 경영이라는 새로운 분야를 맡았지만, 뿌리까지 철도인은 아닌 것이다.

하시만 자기 수하의 경찰이 실수를 범해 문제가 야기됐어도, 그 실수를 그 경찰 잘못일 뿐이라고 변명했을 것인가. 경찰청장에서 공기업 수장이 됐어도, 직원의 잘못을 대변하는 입장은 똑같아야 했다. 최초의 문제는 기자의 질문을 거칠게 반박한 데서부터 비롯됐다. 기자 개인의 질문이 아니라 여론을 대변한 질문이었는데, 이를 그대로 반박하려 한 데서부터 실수가 시작됐다. "그런 비판이 있다는 것을 알고 있습니다. 하지만"(블로킹), "이런 점도 감안해 주셨으면 합니다"(브릿징)와 같이 매끄럽게 연결하면서 자신의 메시지를 드러냈다면 큰 문제는 없었을 터이다.

실언으로 큰 낭패를 본 사례를 몇 가지 들어봤다. 상기한 사례들은 물론 많은 실언 사례에서 공통적으로 발견되는 문제점은, 실수를 범한 당사자들이 매스컴과 인터뷰할 때 대개 기자나 그가 속한 언론사를 의식하며 이야기한다는 점이다. 기자와 인터뷰할 때는, 또는 매스컴이 주시하는 상황에서 이야기할 때는, 지금 하고 있는 말이 5천만 국민을 상대로 한 발언이라는 자각이 필요하다. 흔히 이 사실을 흔히 망각하고, 당장 눈앞에 보이는 인물이나 상황만 의식하기 때문에 경솔한 발언이 튀어나온다.

2022년 3월 대통령 선거에 당선된 뒤 윤석열 대통령이 집무 청사를 용산으로 옮기면서 시작한 도어스테핑은 전례 없던 국민 소통 노력의 일환으로 처음에는 거의 전 언론의 지지를 받았다. 하지만 그 역시 위에 지적한 착오를 범해서 기회를 오히려 위기로 만드는 역효과를 종종 드러냈다. 기자들 질문에 대답할 때 기자들만 의식해 답변하다 보니 빚어졌던 문제들이다. 한 예로 기자들이 여론조사 결과 대통령 국정 지지율이 크게 떨어진 사실에 대한 입장을 묻자 '지지율은 별로 신경 쓰지 않는다. 지지율은 별로 의미 없고 나는 국민만 생각하며 일한다'라는 요지의, 전혀 앞뒤가 맞지 않는 대답으로 언론의 십자포화를 맞았다.

혹자는 해당 사례들이 실언이라기보다는, 근본적으로 당사자들의 가치관이나 사고방식에 문제가 있었던 게 아니냐고 반문할 수도 있다. 물론 그런 면도 완전히 배제할 수는 없다. 하지만 당사자들이 평소에 인터뷰의 기본 스킬을 충분히 숙지하고 훈련해 두었더라면, 상기한 사례들처럼 어이없는 실언으로 큰 물의를 야기하지는 않았다. 언론과의 접촉이 많은 인물들에게 미디어 트레이닝이 꼭 필요한 이유이다.

(2) 기자와의 인터뷰

기자(記者)라는 말을 직역하면 '기록하는 사람'이다. 하지만 기록하는 직업인이기 이전에, 기자는 기본적으로 '질문하는 사람'이다. 새로운 사실을 기록해서 전달하는 임무를 수행하려면 취재부터 해야 한다. 많은 자료를 찾아내고 읽어야 하는 취재도 있지만 질의응답, 즉 인터뷰 역시 주요한 취재 행위이다.

인터뷰는 기자의 일상생활이고 경력이 풍부한 기자들은 자연스럽게 질문의 날인이 된다. 주어진 시간이 길든 짧든, 인터뷰 시간은 항상 제한돼 있다. 기자는 주어진 시간에 어떻게든 인터뷰 대상자로부터 원하는 대답, 또는 뉴스거리를 찾아내려 애쓰게 마련이다.

기자와 질의응답을 주고받는 인터뷰 시간을 어떻게 활용하느냐에 따라 내가 원하는 목적을 이룰 수도 있지만, 오히려 기자의 유도성 질문에 휘말려 뜻하지 않은 피해를 입을 수도 있다. 후자처럼 피해를 입지 않으려면 기자라는 직업인에 대한, 또한 기자의 질문 유형에 대한 정확한 이해가 필요하다.

① 기자는 당신의 적이다?

기자가 적(敵)이라니, 대체 무슨 말인가. 기자가 당신에게 질문을 던질 때, 그는 마치 당신의 적처럼 질문한다는 뜻이다. 기자는 기본적으로 국민의 알 권리를 위해 글을 쓰는 직업인이다. 기자가 어떤 인물을 만나 인터뷰를 하든, 그는 그 인물이 알리고 싶어 하는 사실보다는, 독자나 시청자가 그에 대해서 알고 싶어 하는 사실을 질문한다. 그 질문은 흔히 인터뷰이(interviewee)가 불편해 하는 내용들로 가득한 경우도 다반사이다. 그런 난감한 질문은 기업이 사면초가의 위기상황에 처해 있을 때 더 심해진다.

이런 불편한 질문 세례를 받을 때, 인터뷰이가 가장 조심해야 할 점은 '기자를 적으로 착각하는' 일이다. 기자는 적의 입장에서 당신에게 질문하는 존재일 뿐이다. 진짜 적이 아니다. 그런데 인터뷰이도 사람이다 보니 괴로운 질문을 연속해서 받다 보면 자칫 평정심을 잃을 수 있다. 이성을 잃고 답변하다 보면 그 결과는 자신에게 절대 득이 되지 않는다.

내가 사회부 기자로 근무하던 1990년대, 나는 부산에서 한 인권변호사를 만난 적이 있다. 그는 고문수사를 당했다고 주장하는 살인사건 피의자들을 대신해서, 지역 인권변호사들과 연대해 경찰 측을 징계해야 한다는 성명을 발표한 인물이었다. 나는 당연히 그 인권변호사에게 호감을 가졌고, 그도 취재를 위해 서울에서 내려온 나를 처음에는 반갑게 맞이했다.

하지만 취재차 인터뷰를 하면서 인권변호사의 표정이 점점 경직돼 갔다. 내가 그에게 계속 불편한 질문을 던졌기 때문이다. 나는 그와 반대편 입장인 경찰 측에서 주장하는 사실관계에 대한 변호사들의 의견을 물었을 뿐이다. 나는 그에게 호감을 가졌지만 내 신분은 어디까지나 기자였기 때문이다. 기자는 선입관을 배제한 채 중립적 입장에서 취재해야 하고, 시비 당사자의 주장을 공정하게 기사화해야 한다. 이해관계가 첨예하게 엇갈리는 사회부 기사의 생명은 '공정성'이다. 기본적으로 양자의 주장을 모두 기사에 반영하는 것이 기사 작성의 기본이다. 어느 한쪽의 주장이 확인 취재 과정에서 거짓으로 밝혀진다면, 이 역시 기사에 그대로 반영하면 된다.

그런데 경찰 측 주장에 대한 질문을 계속 받던 이 인권변호사는 조금씩 표정이 굳어지더니, 결국 "지금 누구를 위해 취재하는 것이냐"라는 모욕적인 반문을 던졌다. 어이가 없었다. 1990년대 내가 일했던 시사주간지 〈시사저널〉은 불편부당하기로 소문난 매체였다. 외압에 굴복하지 않고 자주 특종기사를 내다보니 진보적 매체로 분류되기도 했지만, 사실을 취재해 진실을 알린다는 대명제 외에는 진보니 보수니 하는 당파성을 갖지 않았다.

나는 인내심을 갖고 그에게 취재 목적을 다시 설명해 줬다. 당신과 대립하는 경찰서 쪽에 가면, 반대로 당신들의 입장에서 그들에게 질문하게 될 것이라는 점도 알려줬다. 그의 경직된 표정이 다소 풀리긴 했지만, 나는 그때 그가 드러낸 적대감을 잊을 수 없었다. 훗날 그는 한국사회의 저명인사가 됐지만, 나와 다른 생각을 가진 인물은 모두, 심지어 중립적이어야 할 기자마저 적으로 착각하는 인물이라는 첫인상이 잘 지워지지 않았다.

② **취재 목적을 미리 파악하라**

기자들이 전화 취재든 대면 취재든, 인터뷰를 청할 때는 항상 취재 목적을 밝힌다. 하지만 기자가 반드시 취재 목적을 솔직하고 정확하게 밝히는 것은 아니다. 자기가 원하는 취재 목적을 달성하기 위해 일종의 트릭을 쓰기도 한다.

내가 사회부 기자로 활동하던 시절, 나는 정부가 강원도 정선군의 폐광 지역에 내국인이 입장할 수 있는 카지노 건설 계획을 은밀히 추진하고 있다는 정황을 포착했다. 카지노는 워낙 도박성이 강한 사행성 산업이라서, 내국인 입장이 가능한 카지노 사업을 허용하는 나라는 세계적으로 많지 않았다. 미국에서도 허용하는 주가 많지 않고, 유럽 등지에서도 주로 회원제 클럽에서만 제한적으로만 허용되는 수준이었다.

여기저기 단서가 포착되는데 아무도 해당 사실을 확인해 주지 않자, 나는 해당 지역구 국회의원에게 인터뷰를 신청했다. 취재 목적은 '폐광지역 경제 활성화 방안'이었다. 국회의원은 의욕에 넘쳐 내 질문에 신나게 답변했다. 나는 고개를 끄덕거리며 그의 답변을 받아 적다가, 자연스럽게 카지노에 대한 질문을 던졌다. "카지노 설립 방안이 추진되고 있는데, 실효성 있는 대안이라고 보지 않느냐"는 유도성 질문이었다. 국회의원은 카지노 설립이 추진되고 있다는 사실을 확인해 줬을 뿐만 아니라, 질문하지도 않은 해당 사업의 추진 배경과 전후 비사(祕史)까지 자세히 들려주었다.

기자인 내가 "카지노 설립 방안이 추진되고 있는데…"라는 식으로 단정적 질문을 던지자, 국회의원은 내가 이미 관련 사실을 다 확인한 뒤 물어보는 것으로 착각했다. 그는 정치부 기자가 아니라 사회부 기자가 자신을 찾아왔을 때, 취재 목적을 한번쯤 의심해 봤어야 했다. 또 그 기자가 쓴 기사와 그가 소속된 언론사의 보도 성향도 미리 파악했어야 했다. 그랬다면 그 언론사의 사회부 기자가 국회의원에 대한 홍보성 기사를 쓸 가능성은 별로 없다는 사실을 눈치 챘을 터이다.

해당 국회의원에게는 미안하지만, 인터뷰 목적은 그가 지역경제를 살리기 위해 어떤 노력을 기울이고 있는지를 알리자는 것이 아니었다. 물론 그가 말한 내용의 상당 부분이 기사에 인용됐으니, 그의 입장에서 별로 손해 본 것은 없다. 하지만 나중에 그가 머릿속에 그렸던 기사와는 아주 다른 기사가 나와서 다소 당황했을 거라 짐작한다.

기자들은 때론 이처럼 평범한 질문 사이에 교묘한 유도성 질문을 끼워 넣기도 한다. 인터뷰이가 의식하지 못하는 새에 그의, 또는 그가 관계하는 조직의 비밀을 끌어내려 한다.

③ 준비 없이 인터뷰하지 마라

기자와의 인터뷰는 신중해야 한다. 기자는 마실 나온 이웃마을 사람이 아니다. 그와 나눈 이야기는 매스컴을 통해 전국, 또는 전 세계로 퍼져 나간다. 예기치 않았던 실언 하나로 엄청난 문제가 야기될 수도 있다. 특히 개인이나 조직이 위기상황에 처해 있을 때의 인터뷰는 신중에 신중을 거듭해야 한다.

기자의 인터뷰 신청을 수락하고 나면, 일단 예상 질문 리스트부터 작성해야 한다. 질문 리스트는 긍정적 질문보다는 부정적 질문에 주력하라는 충고가 많다. 하지만 평시의 인터뷰에서는 긍정적 질문에 대한 예상도 중요하다. 예상 질문이 있어야 그에 대한 효과적인 답변으로 홍보 효과를 극대화할 수 있기 때문이다. 하지만 더 중요한 준비는 역시 부정적 질문 리스트를 작성하는 일이다. 위기상황일 때는 두말할 필요도 없다.

기자와 인터뷰 할 때는 사전에 기자로부터 질문지를 미리 받아 준비하는 경우도 있다. 평시에 최고경영자(또는 최고책임자)와의 인터뷰는 이런 식으로 진행될 때가 많다. 하지만 기자들은 특별한 경우가 아니면 서면보다는 당연히 대면 인터뷰를 선호한다. 실제로 만나야 현장감 넘치는 기사를 쓸 수도 있지만, 직접 만나서 물어봐야 돌발성 질문을 던지기도 용이하기 때문이다. 따라서 인터뷰이의 입장에서는, 실수할 확률이 적은 서면 인터뷰가 더 유리한 경우가 많다. 미디어 위기상황에서는 더욱 더 그렇다.

위기 국면이 한창이어서 취재 경쟁에 불이 붙으면, 기자들이 물불 안 가리고 인터뷰 요청을 해 오기도 한다. 휴대폰으로 불쑥 전화를 걸어오는가 하면, 집 대문 앞에서 진을 치고 있다가 인터뷰를 요청하기도 한다. 이럴 때 마음이 약해져 인터뷰에 응하다 보면, 자칫 준비하지 못한 대답이 나가 큰 파장을 일으키기도 한다. 민감한 질문을 받아 '대답할 수 없다'라고 답변했는데도, 사실상 시인한 것처럼 오도되기도 한다. '대답할 수 없다' 같은 NCND(Neither Confirm No Deny)는 종종 긍정으로 해석된다. '대답할 수 없다'보다는 '알아본(또는 확인한) 뒤에 알려 드리겠다'가 더 낫다.

더 나은 대응은 적당히 구실을 대고 예정에 없던 인터뷰는 아예 사양하는 쪽이다. 미디어 위기상황에서 사전 준비 없이 인터뷰에 응하는 것은 아주 금물이다. 예기치 않은 전화가 걸려오면, 회의 중이라고 사과하며 그냥 끊는 것이 상책이다. 집 앞에서 만나더라도 마찬가지이다. 자칫 인정에 이끌려 섣불리 대답했다가는 돌이킬 수 없는 곤욕을 치르게 된다.

그 대신 매우 정중하게 사양해야 한다. '다른 매체의 인터뷰 신청을 다 거부했는데, 그때마다 그 기자들이 인터뷰 나가는 매체가 있으면 가만히 있지 않겠다고 했다' '죄송해서 기자님 이름은 꼭 기억하고 있다가 나중에 도와 드리겠다' 같은 식으로 적절한 구실을 대며 간곡하게 사양하는 것이 바람직하다. 예고 없이 들이댄다며 기자에게 짜증을 부리거나 화를 내는 것은 자기 무덤을 파는 짓이다.

④ 연습하되 가급적 레슨을 받자

회사의 홍보담당자가 언론인 출신이라면 자체적으로 미디어 트레이닝을 수행할 수도 있다. 미디어 트레이닝은 특히 방송 인터뷰까지 한꺼번에 대비하느라 대개 카메라로 직접 인터뷰 모습을 촬영한 다음 이를 재생하며 분석하는 식으로 진행된다. 조직 내부에 운 좋게 미디어 트레이닝에 밝은 홍보담당자가 있다면, 자체 학습도 어느 정도 가능하다.

하지만 미디어 트레이닝은 가급적 아웃소싱 하는 것이 바람직하다. 연습은 실전처럼 하라는 말이 있다. 매일 얼굴을 맞대고 지내는 내부 인물들끼리 질의응답을 주고받으면, 외부 언론인을 상대할 때와 같은 특유의 긴장감이 조성되기 힘들다. 또 내부 인사끼리 '지적질'을 하기가 민망할 수도 있다. 누구는 잘하는 데 누구는 잘 못 하게 되면, 지적하는 입장이 난처해지기도 한다. 내부 지적이나 비판의 객관성과 공정성 시비 때문에, 외부에 고가의 비용을 지불하고 경영 컨설팅을 받는 이유와 비슷하다.

따라서 미디어 트레이닝도 외부 전문가를 초빙해서 진행하는 편이 더 바람직하다. 미디어 접촉이 잦은 인물이나 조직은 위기상황이 아니더라도 수시로 반복 훈련하는 편이 바람직하다. 그 정도까진 아니더라도 조직의 대변인, 최고경영자나 언론홍보 담당자 등은 최소 연 1회 이상 트레이닝 경험이 필요하다.

기자도 홍보맨으로 전직하는 경우에는 미디어 트레이닝을 받을 필요가 있다. 타이거 우즈 같은 세계 정상의 프로골퍼도 레슨을 받지 않는가. 기자 출신들이 분석과 비판은 잘 하지만 정작 본인이 홍보맨으로 변신하면 '제 눈에 든 들보'는 제대로 못 볼 수도 있다. 기자 출신도 아니고 언론홍보 경험마저 일천한 홍보담당자들은 말할 필요도 없다.

(3) 미디어 트레이닝 스킬

① 기자의 7개 질문 유형

기자가 선호하는 질문 방식인 '킬러 퀘스천(Killer Question)'에는 대표적인 7개 유형이 있다. 이런 질문 유형을 잘 이해하고 있으면, 기자의 질문 의도를 간파할 수 있다. 본의 아니게 질문에 휘말려 부적절한 답변을 털어놓는 실수를 예방할 수 있다.

1) 갈등 유발

경쟁사, 정부, 투자자, 내부 임직원 등 이해관계자 입장에서 질문해서 갈등을 유발하려는 방식. 우회적으로 답변해야 한다.(예: "신제품이 경쟁사의 특허권을 일부 침해했다는 비판에 대해 어떻게 생각하는가?" "당국의 이번 규제로 영업이 크게 위축된다는 지적이 있던데?")

2) 동시다발성

민감한 질문들을 동시에 던져 최소 하나라도 답변을 받아내려는 방식. 질문들을 잘 체크했다가 별 문제 없는 질문에 대해서만 선택적으로 답변해야 한다.(예: "노조는 이번 회사 정책이 군사독재 시절에나 통하던 방식이라고 반발하는데 어떻게 생각하는가? 정책 결정은 최고경영진 몫인데 노조의 반발을 예상하고도 추진했는가? 노조가 강력하게 반발하는데도 그대로 강행할 예정인가? (...)")

3) 말꼬리 잇기

답변이 다소 모호하거나 애매할 때, 분명한 답이 나올 때까지 계속 인터뷰이의 말꼬리를 붙잡고 추가 질문하는 방식. 말꼬리 잇는 데 휘말려 답변이 핵심메시지와 관련 근거에서 벗어나면 안 된다.

4) 질문 중 침묵

인터뷰이가 답변을 끝냈는데도 기자가 다음 질문으로 넘어가지 않고 침묵하며 추가 답변을 기다리는 방식. 같이 침묵하며 버티거나 가벼운 농담 정도로 넘어가야 한다.

5) 미래 가정

일어나지 않은 미래에 대한 가정형 질문으로 인터뷰이의 계획을 밝혀내려는, 또는 그 과정에서 실수를 기대하는 방식. 답변을 사양하거나, 설명 가능한 대목만 제한적으로 답변해야 한다.
(예: "중국이 신제품을 모방 제작해 <u>추격한다면</u>, 이번 제품의 세계 시장 점유율도 결국 축소되지 않겠는가?")

6) 약속 유도

미래가정형과 유사한, 동일한 문제가 야기될 경우의 약속이나 보장을 받아내려는 방식. 섣불리 약속하는 것보다 최선을 다하겠다는 식의 적당한 다짐이 바람직하다.

(예: "해킹 피해로 고객 정보가 대량 유출됐다. 다시는 이런 피해가 일어나지 않도록 확실하게 약속(보장, 장담)할 수 있겠는가?")

7) 기정사실화

부정적 사실, 또는 미확인 사실이 기정사실인 듯 질문하는 방식. 이를 전제로 답변했다가는 질문한 사실을 결과적으로 확인해 주는 부작용이 야기됨. 질문의 문제점을 지적한 뒤 입장을 밝혀야 한다.
(예: "경쟁사를 견제하려고 신제품의 소비자 판매가를 대폭 인하했는데, 이런 저가 경쟁은 시장 질서를 교란하는 출혈경쟁 아닌가?")

② 인터뷰이의 답변 스킬

1) 핵심메시지를 고수하라

위기상황에서 인터뷰를 하다 보면 자칫 답변이 우왕좌왕하기 쉽다. 좌표를 상실한 산만한 답변은 독자나 시청자에게 원하는 바를 제대로 전달하지 못한다. 핵심메시지를 설정하는 일은 항해에서 좌표를 설정하는 일만큼이나 중요하다. 인터뷰이의 모든 답변은 다양하게 전개될 수 있지만, 결국 핵심메시지로 수렴돼야 한다.

특히 핵심메시지는 항상 답변의 서두에 배치되어야 한다. 즉 두괄식으로 전개되어야 한다. 인터뷰이의 답변은 기자들이 자주 작성하는 스트레이트 기사의 구성과 닮는 것이 좋다. 스트레이트 기사는 항상 '6하 원칙'에 입각해 첫 단락부터 핵심 사실을 기록해 나간다. 기자가 작성한 스트레이트 기사는 데스크를 거쳐 편집부로 넘어가는데, 분량을 줄여야 할 경우에 항상 맨 뒤부터 잘려나간다.

마찬가지로 기자들은 결론이 맨 나중에 나오는 미괄식 답변을 제일 싫어한다. 미괄식은 기자들을 짜증나게 하는 답변 방식이고, 기자들은 이런 식의 답변이 반복되면 시간에 쫓기는 경우 답변을 도중에 자르고 바로 핵심 요지를 다시 물어보기도 한다.

2) 핵심메시지 전달은 'KICK'으로!

답변의 구성과 순서는 'KICK'으로 기억해 활용하는 것이 좋다. 내용은 다음과 같다.

> **1단계:** 핵심메시지(Key Message)를 밝힌다.
> **2단계:** 핵심메시지 관련한 '사실에 근거한 주장(Insist on the Fact)'을 제기한다.
> **3단계:** 핵심메시지를 강화해 줄 '사례(Case Story)'를 펼친다.
> **4단계:** 핵심메시지(Key Message)를 다시 반복하며 마무리한다.

KICK의 원리는 기사(또는 보도) 작성의 원리와 비슷하다. 기사도 특정한 주장이나 사실의 객관성을 확보하기 위해, 그를 뒷받침하는 근거나 사례를 계속 제시해야 하기 때문이다.

예컨대 "소크라테스의 강의는 인기가 높다"는 문장은 주관적 분석처럼 읽히지만, "아테네 시민의 50%가 그의 강의를 1회 이상 청취했다. 20대 시민의 경우, 그 비율은 80%로 높아진다"는 구체적 근거가 뒷받침되면서 객관성을 획득한다. 또 "그의 강의를 막 듣고 나온 20대 남성 안토니우스는 '그가 문답식 강의를 진행하는 동안, 나도 모르게 예전 내 생각들이 편견이었음을 깨닫게 돼 놀라웠다'라고 말했다"라는 사례 제시는 소크라테스 강의의 인기 비결을 보여준다. 이처럼 근거와 사례가 연속되는 과정에서, 특정한 주장이나 시각이 객관적 사실로 '공신력'을 획득하게 된다.

3) 민감한 질문은 'BBC'로 방어!

모든 민감한 질문에 원만하게 대처할 수 있는 답변 요령은 'BBC'로 기억해 두면 된다. BBC는 블로킹(Blocking), 브릿징(Bridging), 콘트롤(Control)의 머리글자를 순서대로 연결한 약어이다.

'블로킹'은 기본적으로 모든 민감한 질문을 일반화시키는 기술이다. 일종의 '물타기' 전술이다. 예를 들어 기자가 "이번 귀사가 개발한 신제품은 미국 경쟁업체의 제품과 디자인이 유사해서 모방 논란이 있는데 어떻게 생각하십니까"라고 질문했다고 치자. 이에 대해 "그런 시각도 있는 걸로 알고 있습니다. 하지만…"이라고 대답하는 식이다. 질문의 시비를 가리지 않고, 질문의 성립만 인정하는 대답이다. "그런 소문은 들은 적이 있습니다. 하지만…" "그런 관점도 있나 보죠. 하지만…" 같은 식으로 얼마든지 비슷한 표현이 가능하다.

'브릿징'은 기자의 민감한 질문을 일단 블로킹으로 차단해 놓은 뒤, 답변이 인터뷰이가 전달하고자 하는 핵심메시지로 넘어갈 수 있도록 '연결'하는 기술이다. 위에 언급한 경우를 예로 들면 "(그런 시각도 있는 걸로 알고 있습니다. 하지만) 그보다 우리가 더 관심을 가져야 할 부분은 바로 이 점인데요" 같은 식으로 답변하며 핵심메시지로 화제를 돌리는 방법이다. 이 역시 "이 점을 먼저 고려해야 합니다" "이런 생각부터 하는 것이 어떻겠습니까" 등과 같이 다양한 표현이 가능하다.

'콘트롤'은 블로킹과 브릿징으로 방어한 다음, 답변에서 핵심메시지의 문을 열어젖힐 열쇠와 같은 구실을 한다. 위의 경우를 이어서 설명하면 "(그런 시각도 있는 걸로 알고 있습니다. 하지만 그보다 우리가 더 관심을 가져야 할 부분은 바로 이 점인데요.) 우리 신제품이 선보이는 신기술 세 가지입니다" 같은 식이다.

II. 한국형 미디어 위기의 대비

한국형 매스미디어
위기 및 해결 방안

한국형
위기관리
커뮤니케이션

III. 한국형 미디어 위기관리 실천지침

한국형 미디어 위기관리 실천지침

본장에서는 미디어 위기가 실제로 발생할 경우에 어떻게 대처해야 할지, 구체적인 실천지침을 다루기로 한다. 성공적인 미디어 위기관리를 위한 행동강령과 그 근거를 밝히려 한다. 평소 내용을 숙지해 두면 좋고, 실제로 위기가 발생하면 다시 꺼내서 한 번 훑어보는 것만으로도 도움이 된다.

1 미디어 위기관리의 기본 원칙

기업·정부·단체 등 모든 조직에 있어서 미디어 위기관리는 언론홍보의 핵심이다. 미디어 위기는 조직의 이미지를 훼손하는 수준에서 그칠 때도 있지만, 심할 때는 조직의 존망마저 결정하는 중대한 이슈이다. 어떤 경우건 미디어 위기가 발생하면 가장 바빠지는 부서가 바로 홍보 부서이다.

경험이 풍부하고 판단력이 예리한 홍보책임자와 최종 위기관리책임자 (대개 CEO)가 버티는 조직은 위기를 신속하게 극복하고 때로는 이를 전화위복의 계기로 삼기도 한다. 반면 그렇지 못한 조직은 충분히 극복 가능한 위기조차 제대로 대응하지 못해 허둥대다 오히려 위기를 더 키울 수도 있다.

미디어 위기관리를 위한 구체적 실천지침을 제시하기에 앞서, 미디어 위기를 효과적으로 극복하는 데 필요한 원리와 원칙부터 살펴보고자 한다. 기업·정부·단체 등 많은 조직에서 발생하는 위기에 대처하는 원리는 사실 개인들 간의 생활에서 일어나는 위기와 별반 다르지 않다.

가령 알고 지내던 A와 B가 서로 다투어서 큰 갈등이 야기됐다고 치자. 다툼의 원인을 제공한 A가 상대인 B에게 '빨리' '진심으로 사과하고' 화해를 청할수록 갈등은 빨리 해소된다. 하지만 A가 문제를 야기해 놓고 사과하지 않은 채 차일피일 시간을 끌면 B의 가슴에는 계속 앙금만 쌓여간다. B는 A를 원망하고 비난하며 돌아다니게 되고, A의 평판은 계속 나빠지게 된다. 이렇듯 개인들 간 관계의 위기에서도 신속한 대응과 진정한 사과가 중요하다.

A와 B가 다투어서 B가 부상을 입는 실질적 피해까지 발생했다면 상황은 더욱 심각해진다. 단순한 사과만으로는 문제가 해결되지 않는다. A는 B

에게 '합당한 배상 조치'인 병원 치료비와 위로금을 지급해야 한다. 이런 조치를 하지 않는다면, 종국에는 B가 A를 고발할 수도 있다. 배상을 거부하고 법적 처벌을 받으려는 게 아닌 이상, A는 B에게 반드시 배상해야 한다. 즉 개인들 간의 갈등에서도 신속한 대응, 진정한 사과와 함께 꼭 필요한 것은 피해에 대한 적절한 배상이나 보상 조치이다. 이 역시 최대한 신속하게 실시되어야 불필요한 평판 악화를 막을 수 있다.

이렇듯 신속한 대응, 진정한 사과, 적절한 배상이나 보상은 개인들 간 관계의 위기를 해결하는 데도 꼭 필요한 조치들이다. 문제가 개인을 넘어 조직으로 확대되어도 갈등 해소의 원리는 크게 달라지지 않는다.

(1) 신속하게 대응하라

미디어 위기관리에서 가장 중요한 원칙은 '신속한 대응'이다. 촌각을 다투는 위기상황에서 '깜깜무소식'처럼 답답한 일도 없다. 더구나 인터넷과 소셜미디어의 발달로 뉴스와 정보가 거의 광속도로 전파되는 현대사회에서, 미디어 위기 시엔 늑장대응만으로도 종종 '소 잃고 외양간 고치는' 큰 손실을 야기한다.

물론 상황에 따라 굳이 사고 초반에 과잉대응 할 필요가 없을 때도 있다.

사태를 예의주시하며 적절한 대응책을 모색하는 편이 나을 때도 있다. 그러는 사이 다른 큰 사건이 터져 매스컴의 스포트라이트가 분산되거나 아예 주된 이슈가 그 사건으로 이동하는 행운이 찾아오기도 한다. 내가 앞서 홍보책임자의 자질 가운데 신언서판 중에서 '판(判)'을 강조한 이유도 그만큼 상황 파악 능력이 중요하기 때문이다.

하지만 대개는 늑장을 부리다 '되'로 주고 끝낼 사건을 '말', 아니 '가마'로 주고도 못 끝내는 경우가 훨씬 더 많다. 이런 결과가 야기되는 이유는 위기를 과소평가하는 안일함, 또는 자기 피해만 최소화하려는 파욕에서 비롯되는 경우가 대부분이다. 과감하고 선제적인 대처가 위기상황에 소요되는 시간을 단축시키고, 그 시간이 단축될수록 위기에 따른 피해는 줄어들며 심지어 기회로 역전되기도 한다는 사실을 잊어선 안 된다.

위기 발생 시에 신속하게 대응함으로써 얻을 수 있는 이득은, 신속한 대응 과정에서 발생할 수도 있는 실수에 의한 손실보다 훨씬 더 크다. 물론 신속하게 대응하라는 말이 무작정 서두르라는 뜻은 아니다. 위기관리 매뉴얼이 머리에 들어 있지 않으면, 또는 들어 있어도 생각나지 않으면, 해당 매뉴얼부터 꺼내서 대응 업무의 선후부터 가늠해야 한다.

위기 발생 시 취해야 할 조치들을 순서대로 살펴보자.

① 발생 즉시 보고하라

위기가 발생했을 때 가장 먼저 취해야 할 행동은 무엇인가. 바로 '보고'이다. 위기는 비행기 추락처럼 처음부터 엄청난 충격을 주는 사건도 있지만, 인터넷에서 사소하게 시작했다가 시간이 흐르면서 눈덩이처럼 커지는 사건도 있다.

위기가 발생했건 그 징후가 포착됐건, 평소와 다른 이상이 발생하면 홍보책임자는 상사에게 즉시 보고부터 해야 한다. 홍보 부서가 대표이사에 직속되어 있을 경우는 대표이사에게, 본부에 소속돼 있을 경우에는 본부장에게 먼저 보고해야 한다. 최초 보고가 신속할수록 위기에 대응할 수 있는 기회도 그만큼 크게 확보된다.

간혹 대표이사나 본부장이 미디어 위기 사실을 인지하고 홍보책임자에게 먼저 연락하는 경우도 있다. 이럴 때 홍보책임자가 미디어 위기 상황을 인지하지 못하고 있다면, 대개 그에게 불호령이 떨어진다. 홍보책임자는 외근 중에도 항상 미디어의 이상 동향을 보고받을 수 있도록, 지속적인 언론 모니터링과 즉각적인 내부 보고 시스템을 갖춰 놓아야 한다.

② 대형 위기는 1차 보도자료부터 즉시 배포하라

대형 위기의 경우, 위기가 발생한 조직은 무엇보다 1차 보도자료부터 즉시 배포해야 한다. 처음부터 꼭 자세한 내용이 담겨야 할 필요는 없다. '사고 원인을 파악하는 중이며, 즉시 대책을 강구하겠다'라는 짧은 설명으로도 족하다. 1차 보도자료의 목적은, 일단 위기가 발생한 조직이 상황을 파악하고 대처를 시작했다는 사실 자체를 알리는 일이다.

미디어 위기가 발생했을 때, 위기의 당사자가 사태를 인지하고 있는지 여부는 대단히 중요하다. 일단 위기상황을 알고 있어야 바로 사태 수습에 착수할 수 있기 때문이다. 조직이 보도자료를 내지 않으면 주주, 상급기관, 거래처, 소비자 등 이해관계자들로부터 전화가 빗발치게 된다. 보도자료를 내도 문의전화가 쏟아질 판국에, 당사자가 침묵하고 있다면 두말할 필요도 없다. 국민이나 이해관계자의 불안을 가라앉히려면, 일단 조직이 위기 사실을 파악하고 상황을 통제하고 있다는 점부터 외부에 알려야 한다. 미디어 위기 발생 시에 취해야 할 첫 번째 조치이다.

※ 늑장대응 사례: 한국P&G의 수입판매 세제 '다우니' 사건

2012년 10월 한국P&G가 수입 판매하던 섬유유연제 '다우니'에서 유독 성분이 검출되었다는 보도가 나가자, 한국P&G를 비난하는 여론이 들끓기 시작했다. 한국에서 수입 판매하던 베트남산 제품에서 미국산 제품에는 쓰지 않는 '글루타알데히드'라는 유독성분이 검출됐다는 보도였다. 한국 소비자들은 분노했고 백화점, 대형마트 등 유통시장에서 다우니에 대한 반품 및 환불 사태가 줄을 이었다. 나도 이 제품을 쓰고 있어서 해당 회사가 어떻게 해명할지 계속 관심을 갖고 지켜보고 있었다. 그러나 한국P&G의 대응은 이해할 수 없었다. 봇물 터지듯이 매스컴을 통해 부정적 보도가 나가는 데도, 당사자는 만 하루가 다 지나도록 아무런 공식 해명도 하지 않았다. 매출과 이미지가 크게 추락하고 나서야 겨우 불충분한 해명 몇 줄이, 그것도 아주 일부 언론을 통해 흘러나오고 있었다.

③ 위기관리 TFT를 즉시 가동하라

1차 보도자료를 배포하고 나서 바로 취해야 할 행동은, 최고경영자를 의장으로 하는 '위기관리 태스크포스팀(TFT)'을 소집하는 일이다. 미디어 위기관리를 대비한 TFT를 편제해 둔 조직이라면, 위기상황에서 정해진 역할대로 일사불란하게 대응할 수 있다. 이런 대비가 안 돼 있는 조직이라면, 즉시 TFT를 조직하고 역할과 책임을 배분해야 한다.

TFT가 아니더라도, 위기가 발생하면 대부분 조직은 구성원들이 모여 대책회의를 갖게 된다. 대책회의가 열리면, 사고 원인을 분석하면서 동시에 어떤 대책을 제시할 것인지를 논의하게 된다. 동시에 어떻게 하면 빨리 사태를 수습하고 피해를 최소화할 것인지를 놓고 머리를 맞대게 된다. 하지만 사고가 지속되는 상황이라면, 바로 해결책과 대안이 도출되기는 힘들다. 이런 경우엔 사태를 일단 지켜보며 대책을 강구할 수밖에 없다.

미디어 위기관리 경험이 부족한 조직일수록, 첫 대책회의에서 뚜렷한 결론을 내리지 못하고 우왕좌왕하게 된다. 특히 미디어 전문가가 없는 조직은 더욱 그렇다. 전문성 없는 내부 직원이 홍보책임자로 활동할 경우 역시 마찬가지이다. 하지만 유념해야 할 점은, 이 첫 대책회의가 매우 중요하다는 사실이다. 첫 대책회의에서 가장 과감한 판단과 결정이 요구된다.

④ '24시간' '48시간'을 기억하라

미디어 위기관리의 기본은 대개 '24시간(24 hour)' 내에 사고 원인을 파악해서 정확한 해명과 함께 공식적인 사과를 표명해야 한다는 타이밍이다. 이런 사실을 홍보책임자가 혼자 결정해서 추진할 수는 없다. 위기관리 TFT의 첫 대책회의에서 집중 논의돼야 하는 내용이다. 해명할 내용과 함께 공식 사과의 수위와 발표 주체에 대해 판단해야 한다.

신속한 위기관리 타이밍은 '48시간' 이내에 피해 복구 방침은 물론 재발 방지 대책까지 제시하는 것이다. 물론 사안에 따라서는 48시간이라는 타이밍도 무의미하다. 특히 사고가 지속되는 상황에서는 더욱 그렇다. 24시간, 48시간이라는 구체적 타이밍 숫자 자체가 무슨 의미가 있겠는가. 최대한 신속하게 대응해서 미디어의 집중적 관심으로부터 가능한 한 빨리 벗어나라는 주의와 충고의 기준일 따름이다.

(2) 과감하게 사과하고 충분하게 보상하라

앞서 지적한 바와 같이 개인들 간의 갈등이나 다툼에서도 부상과 같은 실제 피해가 발생하면 배상이나 보상 없이 사태 해결은 기대난망이다. 매스컴이 큰 관심을 갖는 미디어 위기상황에서도, 피해자 마음을 움직일 확실한 사과와 피해자에 대한 충분한 배상이나 보상이야말로 사태를 조기에 종식시킬 수 있는 핵심 항목이다.

얼핏 쉬운 문제처럼 보이지만, 막상 미디어 위기의 소용돌이에 휘말리면 상황논리와 인간의 욕망과 공포가 판단을 어렵게 만든다. 또 조직 내에서 최고책임자의 판단을 놓고 갑론을박이 지속되다 보면, 과감한 결정을 방해하는 반대 논리가 득세하기도 한다. 이해할 수 없는 위기관리 문제점들이 야기되는 배경에는 그처럼 '배를 산으로 보내는' 막후 사연들이 숨어 있다.

① 사과에 특히 관대한 한국인과 한국사회

한국사회에서 '사과'와 같이 정서적 공감을 이끌어내는 커뮤니케이션 행위는 매우 중요하다. 이민·비즈니스 등으로 한국에서 살게 된 외국인들이 도로에서 자주 놀라는 장면이 있다. 진입로에 줄지어 늘어선 차량 행렬에 새치기해 끼어들거나, 주행 중에 갑자기 차선을 변경해 뒤따르던 차량을 놀라게 하는 등 분노를 야기하는 상황에서 자주 목격되는 모습이다.

분노한 뒷차 운전자들이 문제를 일으킨 차량을 향해 클랙슨을 누르거나 욕을 퍼붓다가도, 해당 차량의 운전자가 차창 밖으로 손을 꺼내 흔들어주면 금세 양처럼 순해진다. 외국인들은 어떻게 사과의 손짓 한 번에 다들 저렇게 쉽사리 관용을 베풀 수 있는지 의아해 한다. 손을 꺼내 흔들던 사과 표현 방식이 차량 점멸등을 켜는 방식으로 전환된 뒤에도, 결과는 비슷했다. 표현 방식보다는 사과를 했느냐 안 했느냐는 사실 자체를 더 중시한다.

자신이 일방적으로 비난받을 상황이 아니라고 차에서 내려 분노한 다른 차량 운전자와 시시비비를 따지는 편이 더 나을까. 그냥 깨끗하게 사과하고 그 자리를 벗어나는 편이 훨씬 더 실리적인 대응이다. 미디어 위기 상황에서도 마찬가지이다. 사과를 할 때는 분명히 해야 한다. 일단 확실하게 사과하고, 굳이 해명할 내용이 있으면 살짝 설명을 덧붙이는 정도로 주종(主從)이 분명해야 한다. 사과인지 변명인지 구분하기 어려울 정도로 모호하게 사과하면, 피해자나 대중의 분노는 잘 가라앉지 않는다. 또 변명이 길면 길수록 사과의 효력도 그만큼 퇴색한다.

지난 2014년 대한항공을 엄청난 궁지로 몰고 간 '땅콩 회항' 사건(4장 사례 참조)에서, 회사 측은 두 차례의 중요한 사과 타이밍에서 실기(失機)하는 바람에 사태를 더 증폭시키고 말았다. 첫 번째는 최초 표명한 회사 측의 공식 해명자료에서, 회사 측의 회항 조치는 정상적인 판단이었다고 변명하기에 급급했던 점이다. 두 번째는 물의를 빚은 당사자인 부사장이 사건 당시 기내에서 강제 하선시킨 부하 사무장을 만나 직접 사과하겠다는 약속을 해놓고 제대로 이행하지 않은 점이다.

부사장은 사무장을 만나러 찾아갔는데 그가 마침 자리에 없자 매우 무성의해 보이는 사과 메모 한 장만 달랑 남겨 놓고 갔다. 사무장은 방송뉴스에 직접 출연해서 문제의 메모를 공개하며 부사장의 의식은 전혀 바뀐 게 없다고 주장했다. 사무장에게 진심으로 사과했다면 피해 당사자는 물론 성난 민심을 달래는 데 큰 도움이 됐을 텐데, 한 달 넘게 비난 여론에 시달리면서도 상황을 반전시켜줄 후속 조치에 실패했다.

② 사과부터 확실하게! 해명은 나중에

미디어 위기관리에서 신속한 대응 못지않게 중요한 해결 원리이자 원칙이 바로 '과감한 사과와 충분한 보상'이다. 미디어 위기가 발발한 상황에서 자산이나 기득권을 최대한 유지하고자 변명이나 합리화로 일관하다가 더 거센 여론의 질타를 받고 무너지는 조직이나 개인들을 우리는 숱하게 보아왔다. 이 책에서 거론한 스타강사 김미경씨, 대한항공 부사장

조현아씨의 사례만 봐도 위기 발생 시에 최대한 잃지 않으려는 시도가 오히려 얼마나 막대한 손실로 이어지는지를 알 수 있다(4장 사례 참조).

그 반대인 위기관리 성공사례는 대개 예외 없이 '과감한 사과와 충분한 보상'의 원칙에 충실했다. 톱스타 김혜수씨의 사례가 그러했고, 언론사 '이데일리'의 행보가 그랬다. 2014년 10월 판교테크노밸리의 한 야외공연장에서 발생했던 환풍기 추락사고 당시, 행사 주최 측인 언론사 '이데일리'는 사고가 발생한 지 이틀도 안 돼 사망자 유족과 보상조건에 전격 합의했다. 이데일리 회장이 직접 언론 앞에 나와 정중하게 공식 사죄했고, 유족에 대한 충분한 보상 내용을 공개함으로써 비난 여론이 일어날 틈을 주지 않았다. 이데일리의 신속하고 과감한 대응은 매우 성공적인 위기관리의 사례로 남게 됐다.

③ CAP 원칙을 상기하라

사과 및 대책 발표를 할 때 도움이 될 만한 기준이 있다. 바로 'CAP 원칙'이다. C(Care & Concern)는 사건사고의 피해자에게 진심으로 사죄하는 마음을 표현하는 것이다. A(Action)는 사건사고에 대한 해결책과 이를 실행할 구체적인 방안을 표명하는 것이다. 마지막으로 P(Prevention)는 해당 사건사고의 재발을 방지할 대책과 각오를 밝히는 것이다. 이 C와 A와 P의 설명 비중이 3 대 6 대 1의 비중으로 구성되는 것이 가장 이상적인 배합으로 알려져 있다. 개인이든 조직이든 사과 및 대책을 발표할 때 CAP 원칙을 상기하면 적절한 발표 자료를 만드는 데 도움이 된다.

(3) 정직하라

사건사고를 호도하거나 은폐하려다가 위기를 엄청나게 확대시키는 경우를 우리는 종종 보아왔다. 1987년 6월 민주화항쟁의 도화선이 된 '박종철 사망사건'도 대표적 사례다. 당시 경찰은 대학생이던 박군의 사망 원인을 발표하면서 대공수사관들의 고문수사 사실을 은폐하려 했다. 경찰은 "(박군을 심문하는 과정에서) 책상을 '탁'하고 내려치니 '억'하고 죽었다"라는 코미디감도 안 되는 거짓해명으로 전 국민의 공분을 불러일으켰다.

가깝게는 2014년 하반기에 한국은 물론 세계를 떠들썩하게 한 대한항공의 '땅콩 회항' 사건을 떠올리지 않을 수 없다. 사건이 언론에 알려지자, 당시 회사 경영진은 사건 발생 과정은 물론 회항 과정에서의 규정 위반 사실들을 숨기려고 임직원들에게 거짓증언을 강제 종용했다. 또 이 거짓증언을 토대로 언론에도 거짓해명 했던 사실이 뒤늦게 알려지면서 미디어 위기를 더 증폭시켰다.

회사의 최고경영자는 물론 홍보책임자가 명심해야 할 점은, 이해관계자는 물론 일반 대중은 사건사고 그 자체보다 이를 무마하려고 회사 측이 거짓해명을 할 때 더 크게 분노한다는 사실이다. 거짓해명 사이로는 용서나 관용이 들어설 자리가 없다.

※ 예외 아닌 예외: '오도된 진실'

어떤 위기상황에서도 무조건 정직해야 할까. 실제로 크고 작은 위기를 경험해 본 개인이나 조직이라면, 사실 100% 동의하기 힘든 난제일 수도 있다. 현실에서는 정직하다고도, 또는 정직하지 않다고도 말할 수 있는 애매한 상황도 벌어진다.

인간의 언어만큼 복잡 미묘한 현상도 드물다. 말 한마디로 천 냥 빚을 갚는다고도 하고, 그와 정반대로 말 때문에 가깝던 사이가 원수가 되기도 한다. 실언 한마디로 고위 공직에서 물러나거나 날개도 없이 추락해야 했던 공인들의 사례를 우리는 익히 보아왔다. 이런 사례들은 어떻게 보면 너무 정직하다 보니 빚어진 경우가 적지 않다.

'정직하라'는 말은 누구도 부인할 수 없는, 또 부인해서도 안 될 수신(修身)과 치세(治世)의 대명제이다. 하지만 현실에서 이 훌륭한 원칙을 항상 완벽하게 지키면서 살아가는 직업인이 얼마나 될까. 홍보맨도 마찬가지이다. 일촉즉발의 위기상황에서 기자와 신경전을 벌일 때, 또는 이미 위기의 한복판에서 취재 문의가 쏟아져 들어올 때, 과연 매스컴을 향해 항상 진실만 가감 없이 털어놓을 수 있을까.

단순히 정직하라고만 말하면 그만일까? 거짓말하다 들키면 더 큰 위기가 초래된다고 겁주면 그뿐일까? 미국은 물론 국내에서도 베스트셀러에 올랐던 마이클 샌델의 〈정의란 무엇인가〉에 등장하는 빌 클린턴 대통령의 사례는, 미디어 위기관리에서 지적하는 정직하라는 지침이 때로는 얼마나 무성의한 조언인지 생각하게 만든다.

빌 클린턴은 대통령 재직 시절인 1998년, 백악관 인턴이었던 모니카 르윈스키와 가진 부도덕한 관계가 발각돼 엄청난 섹스 스캔들에 휩싸인다. 클린턴은 현직 대통령 신분으로 결국 탄핵 청문회 자리에까지 서게 되는데, 진상 조사의 핵심은 클린턴이 르윈스키와 성관계를 가졌느냐 여부였다. 클린턴은 아칸소 주지사 시절에 성관계를 맺었던 폴라 존스와의 소송 과정에서, 르윈스키와는 성관계를 가진 적이 없다고 이미 법정 증언을 한 바 있었다. 대통령이 위증이라는 중대 범죄를 저질렀느냐 여부가 초미의 관심사였다.

만일 클린턴이 위증을 했다면, 대통령으로서 결정적인 탄핵 사유가 발생한다. 하지만 청문회에 출석한 클린턴 대통령은 자신의 행위는 분명한 과오이며 깊이 사과하지만, 그 행위가 성관계는 아니었다고 계속 주장했다. 르윈스키의 구강을 통해 성적인 접촉을 했고 부적절한 관계인 것은 맞지만, 남녀의 성교(sexual intercourse)를 뜻하는 사전적 의미의 성관계를 한 것은 아니라는 기상천외한 주장을 폈다.

일반 국민의 입장에서 보면, 대통령이 궁색하기 짝이 없는 거짓말을 하는 것처럼 보였을 수도 있다. 당초에 그가 르윈스키와 성관계를 갖지 않았다고 증언했을 때, 사실 그는 성적인 관계 자체를 부인한 것이었다. 하지만 나중에 오럴섹스의 명백한 증거들이 속속 발견되고 탄핵 위기에까지 몰리자, 부적절한 관계가 있었음은 시인하면서도 끝내 '성관계'라는 표현만은 인정하지 않았다.

단순히 해석하면 클린턴은 이미 거짓말을 했고, 그 거짓말을 무마하기 위해 더 교묘한 거짓말을 한 것으로 볼 수도 있다. 하지만 〈정의란 무엇인가〉에서는, 이런 경우를 '오도(誤導)된 진실'이라 구분하며 거짓말과는 다른 개념으로 해석하고 있다. 도덕률을 생명처럼 여겼던 철학자 칸트에 따르면, 거짓말과 오도된 진실의 의도는 둘 다 비슷하지만, 오도된 진실은 적어도 진실을 말해야 하는 의무에 경의를 표하기 때문에 도덕적이라는 주장이다.

칸트 자신도 오도된 진실을 활용해 위기에서 벗어난 적이 있다. 빌헬름2

세 황제는 칸트의 글을 읽고 그가 기독교를 우습게 여기고 있다고 판단했다. 황제는 칸트에게 앞으로는 관련 주제를 절대 언급하지 말라고 명령했다. 이때 칸트는 "소인은 폐하의 충직한 백성으로서, 앞으로 종교에 관해 공개강의를 일절 삼가고 논문도 절대 쓰지 않겠습니다"라고 서약했다. 그러나 빌헬름2세가 사망하자 칸트는 서약의 구속에서 벗어났다. 칸트에게 서약은 그가 빌헬름2세의 충직한 백성일 때만, 즉 빌헬름2세가 살아 있을 때만 효력을 발휘하는 약속이었다. 일종의 오도된 진실이다.

두 사례는 '도덕과 생존'이라는 두 이슈 사이에서, 홍보책임자가 어떻게 줄타기를 해야 하는지를 시사한다. 기자에게 있는 그대로 말해도 될 때는 무슨 문제가 있겠는가. 하지만 있는 그대로 말하면 생존의 위기가 발생하고, 거짓말하기에는 도덕적 양심이 허락하지 않을 때, 부득불 오도된 진실을 선택해야 할 수도 있다.

오도된 진실을 말한다는 것은 악조건 상황에서 최대한 생존의 지혜를 발휘하는 일이다. 홍보책임자는 미디어 위기상황에서 회사를 지켜야 할 최전선에 있는 인물이다. 거짓말로 쉽게 위기를 모면하려 하지 말고, 그래서 나중에 더 큰 화를 야기하지 말고, 지혜로운 논리로 생존도 도모하고 명분도 잃지 않는 탈출구를 마련해야 한다. 위기상황이 종료된 뒤에도 납득될 수 있는 논리를 제시해야, 홍보맨 자신도 언론인의 신뢰를 잃지 않는다.

(4) 정보의 흐름을 장악하라

사고가 발생하면 사실 평상시처럼 차분하게 정보를 수집하고 분석하기가 쉽지 않다. 특히 언론홍보 책임자는 쉴 새 없이 밀려드는 언론의 취재와 문의를 상대하느라 눈코 뜰 새가 없다. 따라서 위기관리 TFT 안에는 별도로 정보관리책임자가 지정돼 있어야 한다. 정보관리책임자는 사고와 직접 관련된 정보뿐 아니라, 사고 원인에 대한 정보, 사내외에서 오고 가는 정보 등을 모두 수집 정리해야 한다.

위기관리란 최초 사고 발생 시의 불확실성을 제거하고 모든 상황을 인지와 통제가 가능한 상태로 변화시키는 행위이다. 이는 우선 정확한 정보를 풍부하게 수집하는 데서 출발한다. 정보관리책임자는 이렇게 수집한 정보를 토대로 위기관리 TFT가 올바른 대안을 강구하고 제시할 수 있도록 지원해야 한다. 또 정보를 수집하는 과정에서, 홍보책임자가 알아야 할 긴급 정보가 있으면 그에게 즉시 알려야 한다.

인터넷과 소셜미디어의 발달로, 과거와 달리 정보의 흐름이 통제하기 힘들 정도로 풍부하고 다양해졌다. 미디어 위기 시에는 이런 뉴미디어를 통한 정보의 흐름을 파악하고 대처하는 일 또한 매우 중요하다. 많은 조직들이 소셜미디어 전담 인력을 두고 있는데, 평상시는 못했더라도 위기 시에는 해당 인력을 홍보 부서에 배치시켜 여론 정보를 실시간으로 파악케 하는 것이 바람직하다.

(5) 위기, 끝났다고 끝난 게 아니다

'실수는 병가지상사(兵家之常事)'라는 말이 있다. '실패는 성공의 어머니'라는 말도 있다. 이런 말들은 모두 실수를 두둔하는 표현들이 아니다. 실수 그 다음이 중요하다는 말이다. 실수를 통해 배운 경험과 지식을 성공의 자산으로 삼느냐, 아니면 같은 실수를 계속 반복하느냐에 따라 개인이나 조직의 성공과 실패가 좌우된다.

위기도 마찬가지다. 나의 실수로 벌어진 위기이든, 천재지변과 같은 불운으로 발생한 위기이든, 위기를 겪고 나서 똑같은 위기를 또 반복하고 싶어하는 개인이나 조직은 없다. 그런데 당장 발등의 불을 끄고 나면 위기를 초래한 원인을 망각한 채 여전히 똑같은 불씨를 안고 살아가는 경우가 많다.

① 위기극복 협력자에게 반드시 사례하라

흔히 간과하는 문제 중 하나가 위기를 극복하도록 도와준 이들을 잊고 넘어가는 일이다. 이른바 '뒷간(화장실)에 들어갈 때 다르고 나올 때 다르다'라는 경우가 된다. 어려울 때 도와준 이들을 잊고 지나가거나 어정쩡한 인사 몇 마디로 무성의하게 지나간다면, 같은 위기나 또 다른 위기에 직면했을 때 다시는 이들의 도움을 기대하기 힘들다. 도움을 준 이가 보람을 느끼기에 충분할 만큼, 감사의 진정성을 물심양면으로 표시해야 한다.

처음부터 대가를 바라고 도와준 것이 아니더라도, 답례가 시원찮을 경우에 도와준 이는 실망할 수밖에 없다. 이런 실망은 대개 좋지 않은 평판으로 이어져, 심지어 도와준 경험이 없는 잠재적 지원세력에게도 부정적 영향을 끼친다. 반대로 충분한 사례를 해서 신뢰감이 공고해진다면, 추후 위기상황 시 해당 협력자의 추가적 지원은 물론 좋은 평판으로 인해 잠재적 지원세력의 자발적 협력도 기대할 수 있게 된다.

미디어 위기가 극복되고 나면, 홍보 담당자가 가장 먼저 사례해야 할 협력자는 언론인이다. 평소에 친분이 있던 언론인이라도 도와준 사실을 당연하게 생각해선 안 된다. 친분이 별로 없던 언론인은 말할 것도 없다. 물론 언론인이 아니더라도 필요한 언론인에 연결을 시켜줬거나, 또는 위기 해결의 실마리를 제공한 일반 협력자도 당연히 사례해야 한다.

② 위기 원인을 진단하고 환부를 수술하라

지난 2013년부터 한국사회에서 '갑의 횡포'가 큰 이슈로 떠올랐는데, 계기가 된 대표적 사건이 대기업인 P사 계열사 임원이 여객기에서 난동을 부린 '라면사건'이었다. 기내식 밥 대신 라면을 끓여달라고 요구하고, 끓여온 라면이 맛이 없다며 수차례 다시 끓여줄 것을 요구하며 그때마다 승무원에게 거친 욕설을 반복했던 사건이다.

이 사건으로 인해 위계질서와 상명하복을 강조하는 P사의 기업문화마저 언론의 도마에 올랐다. 문제의 임원이 저지른 '갑질'은 '을'의 입장이던 타사를 상대로 벌어진 행위였지만, 평소 권위주의적인 기업문화가 무시할 수 없는 원인 중 하나라는 분석이 잇따랐다. 미디어 위기로 인해서 이전에는 강점처럼 여겨지던 기업문화마저 약점으로 전락했다.

문제는 위기 당사자가 여론을 무시하고 개선책을 마련하지 않은 채 계속 '마이 웨이'를 고집할 경우에 같은 문제가 반복될 수 있다는 사실이다. 군대식 기업문화가 반드시 나쁜 것은 아니다. 다만 위계와 권위를 지나치게 중시하는 전근대적 풍토가 지속될 경우, 비슷한 사건이 반복될 수 있다는 점이 문제다. 해당 기업이 개선된 기업문화를 보여주지 않는 한, 기업 이미지는 사건 당시 수준으로 계속 고착될 수 있다.

2 개별 미디어 위기의 실천지침

어느 회사 어느 조직에서나 홍보팀은 업무 성격상 평시에도 늘 긴장의 고삐를 늦출 수 없는 부서이다. 언제 어떤 매체가 악성 보도로 평온한 일상을 깰지 모른다. 대형 미디어 위기 시에는 말할 필요도 없지만, 별 문제가 없어 보이던 평상시에도 느닷없이 부정적 뉴스가 튀어나온다. 익일 신문의 가판이 나오던 퇴근시간 무렵에만 바짝 긴장하면 되던 시절도 있었으나, 인터넷이 생활을 지배하는 시대가 도래한 이후에는 거의 24시간 긴장 체제로 돌입했다.

특정 매체에서 악성보도가 튀어나올 경우, 경험이 풍부한 홍보책임자는 당황하지 않고 노련하게 상황에 대처한다. 대개 최소 비용으로 최대 효과를 거두는 방법을 경험으로 터득하고 있기 때문이다. 하지만 경험이 부족한 홍보 부서원, 또는 경험도 부족한데 홍보 부서장으로 임명된 인물의 경우엔 사정이 다르다. 우왕좌왕하다가 지름길 대신 우회로를 택하기 일쑤이고, 때로는 총알을 피하려다 지뢰밭으로 뛰어드는 우를 범하기도 한다.

(1) '징후'가 파악되면 즉시 대비하라

폭우가 쏟아지기 전에는 대개 먹구름이 몰려오는 법이다. 먹구름이 몰려오는데 이를 모르거나 무시하고 야외활동을 강행한다면 결과는 불 보듯 뻔하다. 모든 위기에는 대개 먹구름 같은 '징후'가 있다. 이는 일종의 '잠재위기(risk)'이다.

병법의 천재 손자는, 아군 피해 없이 적과 싸우지 않고 승리하는 것이 최선의 병법이라고 지적했다. 위기 역시 아직 징후만 드러난 잠재위기(risk) 단계에서 발생 가능성을 제거하는 것이 최선의 방법이다. 제거하지는 못하더라도, 잠재위기를 파악했다면 최소한 위기를 대비할 시간은 충분히 확보할 수 있다.

가령 홍보담당자가 자기나 자기 조직에 불쾌한 심경을 드러내는 특정 언론사의 기자나 데스크가 있다면, 이런 이들에 의해 타격을 입을 악성 보도가 언제 터질지 모른다. 이런 때는 빨리 그들의 불만을 무마하고 관계를 개선시켜야 한다. 하지만 현실에서는 갈등 해결을 차일피일 미루다가 악성보도로 두들겨 맞고 나서야 동분서주하는 경우가 비일비재하다.

조직 내부 문제 역시 마찬가지이다. 보도로 이어질 만한 조직 내부의 위험 상황을 발견했다면, 최고경영자에게 빨리 보고하고 사전 해결을 모색해야 한다. 사전 해결이 불가능하고 보도를 피할 수 없다면, 악성보도 발생 시의 대응 방안이라도 미리 마련해야 한다.

(2) 긴급 시 '선조치 후보고' 하라

악성보도가 터졌는데 위기관리책임자가 회사에 있지 않는 데다 전화 연락마저 되지 않는다. 이럴 때 홍보책임자는 조바심을 치게 마련이다. 특히 보도 내용상 임의로 판단해서 대응하기 힘든 경우에는 이러지도 저러지도 못해 더욱 그렇다.

이런 때의 중요한 기준은, 악성보도에 대한 대응 조치가 분초를 다툴 정도로 시급한지의 여부가 된다. 보고가 안 된다는 이유만으로 당장 필요한 조치를 미루다가 사태가 커지도록 방치할 바에는, 차라리 보고 없이 선조치한 뒤 질책을 받는 편이 더 낫다. 실제 전투상황과 비슷하다. 지난 2010년 서해 NLL 지역에서 북한으로부터 포탄이 쏟아지는데도 우리 군이 보고 문제로 대응을 미루다가 여론의 뭇매를 맞은 적이 있다.

보고가 원활치 않을 때 홍보책임자는 과감하게 '선조치 후보고' 해야 한다. 개별 미디어의 악성보도를 방치할 경우, 사안에 따라 시간이 흐르면 흐를수록 다른 미디어로까지 확산될 가능성이 크다. 또 다른 미디어에 확산되지 않아도 추가적인 문제가 발생될 수 있다. 유사언론(혹은 사이비언론)에서 악성보도를 카피해 놓은 뒤 뒤늦게 해당 기사가 삭제되거나 수정될 경우 자기들이 보도하겠다고 나설 수도 있다. 특히 기사 내용이 오너 경영자나 최고경영진이 관련된 내용일 경우엔, 유사언론의 횡포가 더욱 더 기승을 부리게 된다. (본장 '5. 유사언론 위기 대응' 참조)

(3) 악성보도의 사실관계부터 정확히 확인

악성기사가 뜰 때 가장 먼저 확인해야 할 사실은 기사 내용의 진위 여부이다. 언론사와 접촉하기 전에 해당 기사의 내용이 '사실과 진실'이라는 기사 원칙에 의해 정상적으로 작성됐는지부터 확인하는 일이 순서이다. 홍보 부서에서도 잘 알던 사실일 경우엔 굳이 이 절차가 필요하지 않다. 하지만 홍보 부서 입장에선, 기사 내용과 관련된 사내 부서 또는 경영진에 문의하지 않으면 확인하기 힘든 사실이 보도되는 경우도 있다.

이런 과정을 생략한 채 언론사에 무턱대고 전화부터 하는 건 타깃도 없이 총구를 겨냥하는 행위와 다를 바 없다. 자사 관련 사실을 취재기자에게 확인해 달라고 요구할 수도 없는 노릇 아닌가. 먼저 보도 내용의 사실관계부터 정확하게 파악해야 해당 보도를 어떻게 조치할 것인지 방향을 결정할 수 있다. 오보라면 무조건 기사 삭제 또는 정정 보도를 요구해야 하겠지만, 오보가 아니라면 그때부터 보도 수위를 놓고 언론사와 '밀당'을 시작해야 한다.

(4) 악성보도의 원인을 정확하게 파악

악성보도가 발생하면 보도 경위부터 정확하게 잘 진단해야 한다. 악성보도가 보도 내용의 뉴스 밸류 때문인지, 아니면 다른 이유 때문인지 잘 파악해야 한다. 보도된 개인이나 조직에 대한 언론사의 불만 때문에 악성 보도가 발생한 경우, 언론사를 상대로 보도 내용만 갖고 아무리 해명하고 이해를 구해 봐야 소용이 없다.

특정 매체에서 악의적 기사가 나올 경우, 대개 광고·협찬 같은 협조관계가 원만하지 않아서 발생하는 경우가 많다. 이런 경우에는 바로 협상을 벌여 협조를 받아내야 한다. 또는 홍보 책임자나 부서원의, 본인도 의식하지 못한 실수나 언행으로 말미암은 경우도 왕왕 있다. 이런 때는 깊이 사과부터 해서 언론인의 심기(心氣)부터 다독이고, 그들에게 필요한 부분을 찾아내 최대한 성의를 표시해야 한다.

(5) 취재기자에게 먼저 전화하라

전문가인 홍보책임자조차 서두르다 보면 흔히 범하는 실수가 취재기자를 제쳐놓고 해당 기자의 데스크나 팀장에게 먼저 전화를 거는 행동이다. 급한 마음에 기사를 작성한 자보다 해당 기사를 삭제하거나 수정할 권한을 가진 자를 먼저 찾게 된다. 취재기자보다 데스크나 팀장과 사이가 더 가까울수록, 무심코 그 같은 실수를 범하기가 쉽다.

하지만 당신이 취재기자 입장이 되어보라. 악성기사를 작성한 취재기자라면, 으레 해당 조직의 홍보책임자로부터 연락이 올 거라고 이미 예상하고 있다. 그런데 오히려 데스크가 먼저 취재기자에게 전화해서 기사 삭제나 수정에 관한 지시를 하게 된다면, 그는 자존심이 상하고 화가 부글부글 끓어오른다.

이럴 경우, 취재기자가 데스크의 지시를 거부하는 경우도 있다. 언론사는 상명하복을 중시하는 기업, 정부 등 일반 조직과는 다른 특이한 내부 문화가 있다. 기자가 사실을 확인하고 정당하게 작성한 기사는, 데스크가 상사요 선배라는 이유만으로 일방적으로 삭제나 수정을 지시하기 힘들다. 특히 평기자 파워가 센 회사에서는 데스크는커녕 편집국장이나 사장도 정당한 사유 없이 취재기자를 무시한 채 일방적으로 기사를 삭제하거나 수정할 수 없다.

또 취재기자가 데스크 지시를 부득불 수용하더라도, 자기에게 사전양해 없이 이른바 '고공 플레이'를 한 홍보맨에 대해 감정이 좋을 리가 없다. 기자는 언제든지 보복성 기사를 또 쓸 수 있고, 이런 기미를 알더라도 데스크는 해당 기자만 나무랄 수가 없게 된다. 후속 악성보도가 나오게 되면, 데스크도 홍보책임자에게 '날 그만 부려먹고 당신이 알아서 기자와 풀어라'라는 식으로 나오기 십상이다. 사태가 이 정도에까지 이르면, 이미 감정의 골이 깊이 팬 취재기자는 웬만해선 기사나 보도를 수정해주려 하지 않는다.

하지만 정상적 절차에 따라 취재기자에게 먼저 전화를 걸어 보도 내용에 관한 문제점을 제기한 후 삭제 또는 수정을 요청하면, 문제가 원만하고 신속하게 수습되는 경우가 많다. 오보일 경우엔 말할 것도 없고, 오보가 아니더라도 기사의 사실관계에 문제가 있을 경우엔 취재기자 자신이 알아서 데스크에게 보고하고 수정 조치에 들어가기도 한다. 굳이 데스크에게까지 연락해서 수정을 요구하는 번거로움도, 데스크에게 민원을 제기함으로써 나중에 그에 상응하는 보상을 해야 할 부담도 발생하지 않는다.

때로는 오보도 아니고 사실관계에 문제가 없는데도, 기자에게 말만 잘하면 원만하게 수정이 이뤄지기도 한다. 기자도 감정을 가진 사람인지라, 홍보책임자가 어떤 태도로 해명과 사정을 하느냐에 따라 마음이 흔들리는 법이다. 이렇듯 취재기자에게 먼저 연락하는 일은 대단히 기본적인 대응 절차이며, 미디어 위기관리의 ABC이다.

(6) 데스크는 이렇게 상대하라

악성기사의 사실관계에 별 문제가 없을 경우, 해당 보도에 관한 칼자루를 쥔 자는 바로 취재기자의 직속상관인 데스크이다. 데스크는 대개 경제부장, 사회부장, 정치부장과 같이 각 취재부서의 최고책임자이다. 문제의 기사를 아예 삭제하거나 수정할 수 있는 권력을 쥔 인물이다. 물론 수정 정도가 아니라 삭제일 경우, 상황에 따라 편집국장에게까지 보고하고 허가를 받아야 할 때도 있다. 하지만 편집국장은 데스크의 판단을 존중해 기사에 대한 조치를 대개 그에게 일임한다.

또 악성기사는 취재기자 차원이 아닌 데스크의 지시로 작성되는 경우도 비일비재하다. 기업과 언론사의 협조관계가 원활치 않을 경우, 데스크는 본때를 보일 목적으로, 또는 '길들이기' 목적으로 취재기자에게 해당 조직의 문제점을 찾아내 기사 작성할 것을 지시한다. 취재기자가 해당 조직의 홍보 부서와 아무리 사이가 좋더라도 소용이 없다.

홍보책임자와 친분이 있는 취재기자들 중 센스 있는 기자는 이런 분위기를 미리 알려서 사전에 문제를 해결할 기회를 주기도 한다. 하지만 악성기사를 작성할 의도가 있다는 사실은 언론사의 내부기밀에 속하는 것이라, 어지간히 친한 취재기자라도 이를 미리 알려주기는 쉽지 않다.

① 가급적 언론사를 직접 방문해 부탁하라

데스크가 지시했건 안 했건, 기사를 삭제하거나 수정해 달라는 요구는 쉬운 일이 아니다. 이런 힘든 부탁을 하는데, 자기 회사에 의자에 앉아 편하게 전화로 부탁해서는 들어줄 리 만무하다. 물론 평소 워낙 친분을 쌓아둔 사이라면, 전화로도 원만하게 해결할 수 있다. 하지만 요청 수위가 높을 경우, 가령 기사를 아예 삭제하거나 크게 고쳐 달라는 식의 부탁이라면, 아무리 친분이 있는 사이라도 성의 표시 차원에서 방문하는 편이 바람직하다.

겨우 식사 한 번 정도 했던 사이인데 안면이 있다는 이유만으로 전화 한 통으로 이래 달라 저래 달라는 식으로 부탁한다면, 담당 데스크는 차갑고 싸늘하게 반응하는 경우가 많다. 식사 자리에서 만났던 그 온화한 데스크가 맞는지 통화하면서 제 귀를 의심하게 된다.

모 경제일간지 편집국을 방문했을 때의 일이다. 한 시중은행 홍보부서장이 일간지 금융부장에게 직접 전화를 걸어, 가판기사 내용 중 일부를 수정해 달라고 부탁했다. 금융부장은 "잘 모르겠으니 취재기자와 얘기해 보라"라며 말하고 냉정하게 전화를 끊었다. 그 뒤에 내뱉은 말은 "겨우 밥 한 번 처먹고 어디서 전화로 이래라저래라 야. 건방지게!"였다.

언론사 방문만이 능사는 아니다. 보는 눈이 많고 노조의 힘이 막강한 언론사(예: 지상파방송사)의 경우에는, 데스크를 직접 만나 읍소하는 방법이 오히려 해당 데스크에게 더 부담이 되는 경우도 있다. 이럴 경우엔 차라리 전화 연락이 낫고, 데스크를 직접 알지 못하면 가급적 그와 친분이 있는 자를 통해 우회적으로 소통하는 편이 더 낫다.

② 데스크의 가려운 곳을 긁어주라

악성기사가 나온 원인이 광고나 협찬 때문인데, 이를 모르고 데스크에게 아무리 빌고 사정해 봐야 소용이 없다. 데스크와 친분 있는 인사를 동원해도 마찬가지이다. 이럴 경우에 데스크가 직선적 성격이라서 아예 협상카드를 꺼내들 수도 있지만, 언론인이라는 위상 때문에 말만 빙빙 돌릴 뿐 속내를 쉽게 드러내지 않는 경우도 많다.

따라서 데스크에게 악성기사와 관련한 요청을 할 때는, 아예 처음부터 광고나 협찬 같은 재정적 지원을 염두에 두고 접근하는 것이 기본이다. 데스크라는 자리가 언론사에서 차지하는 위치와 성격은 취재기자와 상당한 차이가 있다. 데스크의 1차 본분은 취재기자들이 우수한 기사를 생산할 수 있도록 독려하고 지휘하고 감수하는 것이지만, 2차 본분은 광고나 협찬을 잘 유치해서 회사 재정이 튼실해질 수 있도록 광고국이나 사업국과 협조하는 일이다.

물론 데스크가 그 같은 이유만으로 악성기사 작성을 지시하는 것은 아니다. 데스크도 사람인지라 여러 가지 이유로 동기가 발생하게 된다. 어떤 조직의 홍보책임자, 또는 CEO가 무례를 범해서 이를 마음에 담아두었다가 기사로 보복하기도 한다. 이럴 때는 아무리 광고, 협찬을 들먹여봐야 끄떡도 하지 않는다.

이런 경우, 언론인에게 자존심이 얼마나 중요한지를 모르면 문제가 해결되지 않는다. 문제의 원인을 잘 조사하고 진단해서, 악성기사의 발생 원인이 무엇인지 정확하게 파악하고 접근해야 한다. 데스크가 꿈쩍도 안 할 경우, 슬쩍 취재기자에게 물어보면 해당 조직에 어떤 문제가 있었는지 힌트를 줄 때도 있다. 원인이 상처 난 자존심에 있었다면, 자존심부터 회복시켜 주는 쪽으로 먼저 해결의 가닥을 잡아야 한다. 때로는 데스크가 아니라 편집국장, 또는 언론사 사주가 자존심이 상해서 보복 지시가 데스크를 타고 내려가기도 한다.

모 경제일간지가 갑자기 금융감독원을 맹폭하는 기사를 연일, 그것도 주로 1면에 게재한 적이 있다. 특히 금융감독원장을 성토하는 내용이 다수 포함돼 있어, 금융감독원 공보실에 비상이 걸린 적이 있었다. 사연을 알아보니, 해당 신문사 사주가 한국의 지도층 인사들이 모인 연회석상에서 금융감독원 원장 때문에 자존심에 상처를 입은 적이 있었다.

해당 신문사 사주가 금융감독원장에게 먼저 악수를 청했다. 금융감독원장은 잠시 그의 손을 잡았는데, 마침 연회장에 재정경제부(현 기획재정부) 장관이 들어서자 거의 '노룩악수(No-look Handshake)' 상태에서 그의 손을 뿌리치고 양해도 없이 장관에게 달려갔다. 무안해진 신문사 사주는 다음날 편집국장을 불렀고, 본인의 상처 난 자존심을 달래줄 보복성 기사 작성을 지시했다.

(7) 악성보도 정정 요구 방법

'꿩 대신 닭'이라는 말이 있다. 최선이 안 되면 차선이라도 취하는 것이 상책이다. 지나고 나면 당시의 차선이 곧 최선이었음을 알게 되기도 한다. 무조건 본인이 생각하는 최선만을 고집할 게 아니라, 때로는 데스크와 빨리 조율해서 차선 또는 차차선을 택하는 것이 훨씬 더 실리적인 대응이다.

① 기사 삭제

쉽지 않다. 기사 내용이 허구가 아닌 한, 이미 보도된 기사 자체를 제거하기란 매우 힘들다. 기사가 정확한 팩트(fact)에 근거를 두고 있는 한, 데스크도 기사를 함부로 삭제할 수 없다. 언론사의 생리를 잘 모르는 이들은 편집국장을 잘 알면, 경제부장을 잘 알면 기사를 쉽게 삭제할 수 있을 거라고 착각한다.

더구나 기사를 작성한 취재기자의 동의 없이 이미 보도된 기사를 삭제한다는 것은, 정상적인 언론사라면 거의 만행(蠻行)에 속한다. 지상파방송사나 일부 일간지들처럼 노동조합의 파워가 강력한 언론사에서는 더욱 더 그렇다. 취재기자 동의 없이 정상적인 기사를 삭제하는 행위는 평기자들에 의해 데스크나 편집국장이 탄핵당할 수 있는 사안이다.

하지만 현실적으로 이런 기사 삭제는 아주 드문 일도 아니다. 평기자의 파워가 약한 언론사일수록, 취재기자가 애써 작성한 기사가 광고나 협찬 제공과 같은 '거래'에 의해 흔적도 없이 사라지기도 한다. 유력한 대기업 광고주들의 경우, 웬만한 부정적 기사는 용인하다가도 아주 민감한 악성보도일 경우에는 광고국을 통해 영향력을 행사한다. 이런 경우에 많은 언론사들이 '매출 감소'라는 현실적 벽 앞에서 무기력해지곤 한다.

유력 광고주도 아니고 그렇다고 거액의 협찬을 제공할 만한 재력마저 없는 조직이라면, 난처한 악성보도를 제거하기 위해 어떤 노력을 기울여야 하는가. 방법은 단 하나, 취재기자와 데스크를 붙들고 눈물로 호소하는 수밖에 없다. 그들의 마음을 움직이는 방법 외에 다른 무슨 방법이 있겠는가. 이 보도 하나로 우리 회사가 망할 수도 있다고, 임직원이 모두 거리로 나앉을 수도 있다고 통사정하면, 운 좋게 상대가 마음 약한 기자들일 경우에 인정을 발휘해줄 가능성도 없지 않다.

아무리 읍소하며 사정해도 통할 가능성이 없다면? 그땐 어떻게든 거래를 시도하든지, '물타기' 작전으로 전환하든지를 빨리 결정해야 한다. 거래를 원한다면 명심해야 한다. 매체 특성과 기자들 생리를 제대로 모르고 섣불리 기사 삭제라는 거래를 시도했다가는, 혹을 떼려다 혹을 붙이는 경우도 있다는 것을. '얼마면 되니' 같은 식으로 거만을 떠는 건 후속기사까지 써달라는 짓이나 다름없다. '누울 자리를 보고 발을 뻗어라'라는 격언을 잊어서는 안 된다.

② 기사 물타기 작전

악성보도를 제거하지 못한다면, 취할 수 있는 차선책은 '물타기'밖에 없다. 기사의 영향력을 약화시켜 조직에 미칠 데미지를 최소화하는 일이다. 물타기도 쉬운 방법이 아니다. 특히 데스크와 생면부지 관계라면, 물타기도 거의 불가능한 경우가 많다. 하지만 친분이 있든 없든, 아쉬운 입장에서는 어떻게든 손을 써봐야 한다.

물타기가 효과적인 것은, 이 분야는 취재기자의 영역이 아니기 때문이다. 물론 취재기자의 권리가 없는 것은 아니지만, 기사 편집권은 데스크와 편집부의 고유권한에 속한다. 기사 삭제 여부야 취재기자를 무시하기 어렵지만, 기사의 위치를 조절하고, 기사의 양을 조절하고, 대제목 소제목 등을 결정하는 일은 취재기자도 어쩌지 못한다.

따라서 삭제와 달리, 기사 수정과 같은 물타기 전략은 상대적으로 용이한 작업이다. 물론 데스크와 우호적인 관계일 때의 이야기이다.

1) 기사의 크기, 위치 조절

기사가 가장 주요기사로 구성된 1면에 포함돼 있으면, 1면에서 다른 면으로 이동하도록 요청한다. 1면 기사는 편집국장이 주재하는 데스크회의에서 결정된 사항이라 이동이 당연히 쉽지 않다. 거의 기사 삭제 버금갈 정도로 어렵다. 하지만 경제면 '톱(top)'에 실린 기사를 '사이드 톱(side top)'으로 옮기는 작업, '사이드 톱'에 실린 기사를 하단으로 옮기는 작업은 상대적으로 더 용이하다. 해당 부서 데스크의 영역이기 때문이다. 방송보도일 경우에는, 가급적 뉴스 후반부에 편성될 수 있도록 조치해야 한다.

2) 대제목, 부제목에서 회사명 삭제

바쁜 현대인들은 신문을 볼 때, 기사 제목만 훑어보고 지나가는 경우가 많다. 바쁜 아침시간에 기사를 하나하나 자세히 읽어보고 출근하기란 쉽지 않다. 각 정부 부처, 기업에서도 마찬가지이다. 특별히 관심이 가거나 눈에 띄는 기사가 아니라면, 매일 스크랩 형태로 보고되는 기사들을 하나하나 자세히 읽지 못한다. 그 때문에 부정적 기사에서는 가급적 제목에서 실명이 언급되지 않도록 노력해야 한다. 대제목의 실명 제거가 1차 목표이어야 하며, 가급적 부제목에서도 제거하는 것이 바람직하다. 하지만 대제목에서 부제목으로 조치해 줬는데, 부제목에서도 제거해 달라고 무리하게 요구했다가 데스크를 화나게 할 수도 있다. 회사명이 처음부터 부제목에 삽입된 경우는 다를 수 있다. 기사에도 갖춰야 할 기본적인 형식이 있다. 데스크 재량을 넘어서는 요구까지 해서는 안 된다. 적절히 상황을 파악해 요구해야 한다.

3) 기사에서 실명을 삭제하거나 익명으로 대체

기사 삭제나 제목 위치 조절에 비해서, 기사 내용에 언급되는 조직의 실명을 삭제하거나 익명으로 전환하는 작업은 좀 더 용이한 조치에 속한다. 그러나 여러 회사가 언급되는 중요 기사일 경우에는, 보도된 실명을 삭제하거나 익명으로 바꾸는 것이 거의 기사 자체를 삭제하는 일만큼이나 어려울 수 있다. 실명 언급된 회사들이 모두 단합해서 요청한다면 모르겠거니와, 특정 기업의 민원만으로 실명이 열거된 다른 회사들 이름까지 모두 삭제하거나 익명 처리하기는 곤란하다. 기사 꼴이 우스워지기 때문이다. 또 단독으로 실명이 언급된 기사라 하더라도, 해당 조직의 큰 문제점을 보도한 특종성 기사라면 이 역시 익명 처리가 곤란하다. 하지만 어떻든 간에 악성기사에서 실명과 익명은 큰 차이가 있으므로, 기사를 제거할 수 없다면 반드시 시도해야 할 방법이다. 익명으로 보도되면 기사의 힘이 현저히 약화될 뿐 아니라, 제목이나 부제목에 실명이 노출될 위험까지 사라지게 돼 일석이조의 효과가 있다. 또 익명은 실명의 이니셜을 노출하는 '부분 익명'(S사, M사 식)보다 '완전 익명'(A사, B사)이 물타기 효과가 더 높다. 부분 익명으로도 회사가 쉽게 노출될 경우에는 완전 익명으로 대체해 달라고 사정해야 한다. 어차피 익명 처리해 주는 상황이기에 상대적으로 처리가 용이하다.

4) 삭제도, 익명 처리도 불가능 시

자사 단독 보도
- 부정확한 사실관계를 바로잡아 달라고 요청
- 자사에 유리한 사실을 기사에 추가해서 부정적 톤을 경감

타사 동반 보도
- 자사 이름이 타사들 뒤에 나열될 수 있도록 순서 조정
- 자사 내용은 축소, 또는 자사에 유리한 사실 추가해 부정적 톤을 경감

3 전체 미디어 위기의 실천지침

거의 전 매스컴에서 회사명이 거론되면서 악성보도가 쏟아져 나올 때의 심정과 기분은 겪어보지 않으면 모른다. 이럴 때 경험이 없는 회사나 홍보부서는 이른바 '멘붕' 상태에 빠지기 쉽다. 도대체 어디서부터 갈피를

잡고 대응해야 할지 몰라 우왕좌왕하다가, 미숙한 대응으로 사태를 악화시키는 경우도 많다. 인터넷과 SNS의 발달로 악성보도는 순식간, 삽시간에 전파되고 보도 대상이 된 회사의 업무는 거의 마비된다.

(1) 침착하라

'호랑이에게 물려가도 정신만 차리면 산다'라는 속담이 있다. 이런 속담이 왜 나왔을까. 지금은 동물원에나 가야 볼 수 있는 존재이지만, 불과 백년 전까지만 해도 호환(虎患)은 우리 백성의 삶을 위협하던 대표적인 위기 중 하나였다. 정신을 차리라고 하지만 말이 쉽지, 안광이 불을 뿜는 덩치 큰 호랑이를 눈앞에서 마주쳤다고 상상해 보라. 오금이 저리고 등에는 식은땀이 흐르고 정신이 혼미해지는 게 당연하다.

하지만 곰곰이 생각해 보면, 그런 절망적 심리상태에 빠져서는 생존할 가능성이 거의 제로에 가깝다. 맹수는 먹잇감이 겁을 집어먹었다고 동정하지 않는다. 사냥 본능만 더 강해질 뿐이다. 반면 어차피 죽을 목숨이라면, 그냥 죽지는 않겠다며 전의를 불태운다고 가정해 보자. 싸우겠다는 자세를 보이면 맹수도 상대를 만만하게 보지 못한다. 경우에 따라서는 맹수도 싸우기 성가셔서 그냥 피해갈 수도 있다. 고승들이 산중에서 범을 만나서 대치했는데 범이 그냥 피해 지나갔다는 일화가 많다. 또 정신만 잃지 않으면 집어 들고 대항할 무기나 피신할 장소가 시야에 들어올 수도 있다.

위 속담을 인용한 이유는 대형 위기가 발생했을 때 그에 대응하는 비결의 요체가 담겨 있어서다. 일단 침착해야 한다. 당황해서 우왕좌왕하면, 사태가 악화돼 호미로 막을 위기를 가래로도 못 막을 수 있다. 사안에 따라서는 악화된 여론으로 인해 회사가 존폐의 위기로까지 내몰릴 수 있다. 예기치 못한 악성보도들이 쓰나미처럼 터지게 되면, 가장 먼저 평정심부터 찾고 차근차근 해결의 실마리를 풀어나가야 한다.

'필사즉생'이라는 명언도 있다. 죽을 각오를 하고 차분함을 잃지 않으면, 안개처럼 뿌옇던 시야가 서서히 명료해진다. 대형 조직이야 홍보전문가가 내부에도 포진돼 있지만 그렇지 못한 조직이라 하더라도 침착하게 대책을 모색해야 한다. 경험이 없으면 빨리 경험이 풍부한 자를 수소문해서 지혜를 빌리면 된다.

(2) 체크리스트를 점검하며 대응하라

정상적인 홍보 부서라면 대형 사고를 대비해서 위기관리 체크리스트가 준비돼 있다. 경험이 풍부한 홍보전문가가 포진하고 있으면 다행이지만,

이런 전문가가 없다면 선장 없이 항해하는 선박 신세나 다를 바 없다. 다만 위기관리 체크리스트가 항해 시 등대나 나침반과 같은 역할을 수행하며 도움을 줄 수는 있다.

평시에 대형 위기를 가상해서 시뮬레이션 훈련이나 미디어 트레이닝을 해두면, 정작 미디어 위기가 발생했을 때 큰 도움이 된다. 이런 이유로 많은 기업·단체·정부 부처들이 위기 모의훈련을 실시하거나 미디어 트레이닝을 받고 있다. 이런 훈련과 교육을 통해 검증된, 자기 조직에 적합한 위기관리 체크리스트를 작성해서 유사시 잘 활용해야 한다.

소수정예의 전문가가 언론홍보를 담당하는 경우라면 체크리스트 없이도 민첩하게 움직일 수는 있다. 그렇더라도 체크리스트를 준비해 바쁜 와중에 누수가 발생하는 부분이 없는지 점검해야 한다. 언론홍보 담당자가 아마추어들이라면 반드시 위기관리 체크리스트를 갖추고 그에 따라 판단하고 행동해야 한다.

(3) 대응 순서

다음 항목들은 전 매스컴에서 악성보도가 터져 나올 때 취해야 할 조치를 순서대로 나열한 것들이다. 체크리스트의 기본 골격과 같다.

① 최고경영진 보고 후 신속하게 1차 보도자료 작성 배포

개별 미디어 위기도 마찬가지이지만, 대형 미디어 위기 발생 시 가장 큰 적은 오랜 침묵이다. 최초 보도에 대한 대응이 늦어지면 늦어질수록 사태의 악화 속도는 정비례해서 빨라진다. 사고가 발생하면 홍보책임자는 신속하게 사태를 본부장이나 최고경영자에게 보고하고, 1차 보도자료를 최대한 신속하게 배포해야 한다. 사고 원인이 아직 파악되지 않았고 대책이 정해지지 않았다 하더라도, 조직이 사고 사실을 인지하고 대책을 세우고 있다는 것을 대중에게 알려야 한다.

② 신속하게 긴급 대책회의 소집

위기관리 태스크포스팀(TFT)을 조직하고 가동해야 한다. 위기관리 TFT의 최고책임자는 대개 조직의 수장, 즉 CEO이다. CEO 부재 시에는 부사장, 전무 등 차순위 임원이 맡게 된다. 때로는 1차 보도자료를 내기 전에 관계자 대책회의부터 소집해서 논의를 거쳐야 할 때도 있다. 하지만 대개 회의를 소집하고 논의를 거치는 데 상당한 시간이 소요되기에, 홍보책임자가 위기관리 최고책임자에게 먼저 보고해 1차 보도자료부터 배포하고 난 뒤 대책회의를 소집하는 것이 바람직하다. 위기관리 TFT 대책회의는 위기가 수그러질 때까지 1일 최소 1회 이상 개최해야 하고, 부서별 회의도 수시로 개최해야 한다. 정보관리책임자 역할을 맡은 본부장은 이때부터 홍보부서에 적극 협조해야 한다.

③ 대응 방향과 수위 결정한 후 보도자료 다시 배포

일반 기업인지 정부 부처인지 조직 유형에 따라, 또 기업의 경우에도 업종에 따라 발생하는 악재의 유형이 매우 다양하다. 또 일반 소비자가 직접 관련되는 B2C형 유형이 있고, 일반 소비자와 직접 관련이 없는 B2B형 유형이 있다. 따라서 대응해야 할 내용도 발생하는 악재의 유형에 따라 다양할 수밖에 없다. TFT 대책회의에서는 이런 내용과 수위가 결정되어야 하고, 여기서 내려진 결론을 반영한 보도자료가 다시 배포돼야 한다.

④ 신속한 기자회견 개최

악성보도가 사회적 지탄을 유발하는 내용이라면, 특히 회사 실수에 의한 사고로 사상자가 발생한 사건의 경우에는 해명 보도자료만 배포해서는 성난 민심을 수습하기가 힘들다. 이런 때는 기자회견을 개최하는 것이 바람직하다. 또 사안이 매우 심각할 경우에는, 최고경영자가 직접 나서서 국민 앞에 고개 숙여 사과하는 모습을 보이는 것이 바람직하다. 전 매스컴이 십자포화를 쏘아댈 정도의 사건이라면, 대변인의 해명이나 사과 표명 정도로는 비난 국면을 전환시키기가 힘들다. 다만 기자회견 개최는 1~2일 사태의 추이를 지켜보며 심각성을 검토한 뒤에 판단해도 늦지 않다.

※ 기자회견 시 대변인이 기자 질문에 대처하는 요령

△ 지나치게 긴 질문

'다시 질문해 달라' '다른 말로 표현해 달라' '보충 설명해 달라'라고 요구 (답변 시간을 벌고, 질문을 명확하게 할 기회를 만듦)

△ 한 질문 속의 여러 질문

선택해서 답변하거나 번호를 매겨서 순서대로 답변

△ 복선이 숨겨져 있거나 곤란한 질문

질문의 문제점을 공개적으로 알리고, 제대로 답변하려면 준비가 필요하다고 대답한다. 또는 아예 답변하지 말고, 왜 답변하지 않는지 그 이유를 설명해야 한다.

△ 잘못된 정보에 기반한 질문

질문의 오류를 지적한다. 사실이 아닌 정보는 모두 제거해야 한다.

△ 객관식 질문

답변 항목들이 공정한지 살핀다. 불공정 경우에는 그 사실을 밝히고 답변 안 해도 된다.

⑤ 대변인단, 주요 언론사 순회하며 직접 해명

조직의 안위, 또는 존망을 좌우할 정도의 대형 사안이라면 주요 임직원들이 직접 나서서 언론사를 개별 방문하는 것이 바람직하다. 초비상 상황에서 인력이 한정된 홍보 부서원들이 전 언론사를 직접 다 돌아다닐 수는 없다. 이럴 때는 주요 임직원들이 대변인단을 구성해서 담당할 언론사를 분담한 뒤, 각자 순회하며 해당 언론사의 기자와 데스크를 상대하는 일이 효과적이다. 단, 언론사를 방문할 경우에 자사 입장만 강변해서는 안 되며, 사전교육을 통해 논리적인 해명과 함께 감성적으로 도움을 요청할 수 있어야 한다.

⑥ 보도별 내용 파악해 적극 방어

대부분 언론이 보도한다 하더라도, 보도의 내용과 강도는 매체마다 상당한 차이를 보인다. 특히 여론 주도력이 큰 주요 언론사들의 경우에는, 그들의 보도 수위를 예의 주시하며 적극 대응해야 한다.

△ 제목이 가장 중요하다. 제목이 너무 선정적일 경우, 수위를 낮춰야 한다. 또 회사명이 제목에 오르지 않도록 최대한 노력해야 한다.

△ 제목 내용이 일방적일 경우, 최소한 부제목에서는 회사 입장이 반영되도록 해야 한다.

△ 불리한 기사 내용은 가능한 최대한 삭제하는 게 좋다. 여의치 않을 경우에는 그 내용 다음에 위기 당사자의 해명이나 주장도 실리도록 해야 한다. 기사의 생명은 '공정성'이므로, 언론사는 위기 당사자 해명이나 주장을 실어주는 데 의외로 인색하지 않다.

△ 위기 국면이 한창일 때는 취재 경쟁에 사로잡힌 기자들이 제대로 확인되지도 않은 악성 소스를 쉽게 보도하기도 한다. 이런 문제가 예상될 때는, 악성 소스가 기사화되지 않도록 아예 사전에 기자 또는 데스크에게 언릭을 해서 보도 자체를 원천봉쇄할 필요가 있다.

△ '미디어 프레임(media frame)'을 활용해 매스컴의 논지가 자사에게 최대한 유리하게 전개될 수 있도록 조치해야 한다. 기사에 자사가 제공한 정보량이 그렇지 않은 정보량보다 더 많이 게재되도록 힘써야 한다. 자사 대변인, 자사에 우호적인 전문가가 언급한 내용이 비판적인 외부인이 언급한 내용보다 더 많아야 한다.

※ 위기상황에서 언론 협조의 중요성

위기가 발생했을 때 언론 취재에 최대한 협조하게 되면, 얼핏 손해 보는 일 같지만 사실 그만한 보상을 받게 된다. 첫째, 위기 당사자의 정보가 많이 제공되는 만큼 그의 입장이 충분히 반영될 기회가 생긴다. 둘째, 위기 당사자에 대한 호감도가 높아져 언론 보도의 방향도 그만큼 우호적으로 변한다.

⑦ 초기에는 방어, 후기에는 제거

국민적 관심을 유발하는 대형사건의 경우, 일정 기간까지는 언론의 십자포화를 피할 수 없다. 이런 때는 신속하고 적극적인 해결책을 제시하며, 최대한 보도가 지속되는 기간을 줄이는 데 주력해야 한다. 하지만 일정 기간이 경과해 해당 뉴스에 대한 관심도가 현격히 떨어지면, 이때부터는 추가 보도가 최대한 나오지 않도록 빨리 국면을 전환시켜야 한다. 위기 발생 조직이 새로운 이슈를 만들어 관심을 다른 방향으로 환기시키기는 쉽지 않으므로, 언론사마다 후속 보도를 자제해 달라고 적극 요청하는 편이 낫다. 인간적 호소가 잘 먹히지 않으면, 필요할 경우엔 추후 광고나 협찬 등을 약속하는 협상 방식이라도 동원해야 한다. 위기 사실의 '미디어 커버리지(media coverage)'가 좁아질수록 미디어 위기에서 탈출하는 속도도 빨라진다는 사실을 잊어서는 안 된다.

※ 미디어 커버리지 예시

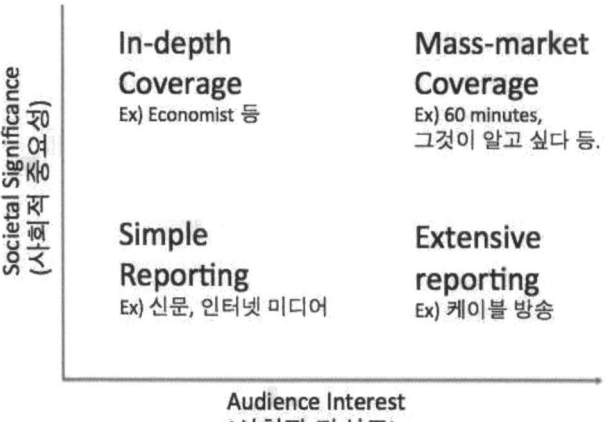

(출처: 〈Reputation Rules: Strategies for Building Your Company's Most Valuable Asset〉)

⑧ 기타 조치

△ 회사의 인터넷 홈페이지에 사건 해명 팝업 게시

△ 영업점, 판매점 등 고객과의 접점마다 해명 안내문 공지

△ SNS 등을 통한 해명 내용의 직간접 확산

△ 사내 커뮤니케이션도 중요(전 임직원이 홍보맨 되어야)

4 온라인·소셜미디어 위기관리

(1) 위기관리의 기본 전제

20세기 후반 전 세계를 휩쓸기 시작한 디지털 혁명은 우리 일상생활의 판도를 엄청나게 바꿔놓았다. 개인용 컴퓨터(PC)가 급속히 보급되고 인터넷 통신이 등장하면서, 사이버 공간이 생겨나고 전혀 모르던 익명의 상대와 대화를 나누는 일이 가능해졌다. 하이텔·천리안·나우누리 등 'PC통신'이 등장하면서 채팅뿐 아니라 각종 온라인 커뮤니티가 우후죽순처럼 생겨났다.

21세기 들어서자 '블로그'라는 신종 SNS(Social Network Service)가

등장하면서, 바야흐로 미디어의 개념에 혁명이 예고되기 시작했다. 과거에는 미디어라 하면 거의 매스미디어를 의미했다. 하지만 이제 거대한 자본과 수많은 종사자 없이도, 개인이 자기 목소리를 쉽게 대중에 전파할 수 있는 '1인 미디어'를 갖게 됐다.

인터넷이 세계적으로 급속히 보급되면서 페이스북 · 트위터 · 유튜브 등 새로운 SNS 강자들이 출현했고, 이들은 스마트폰이 등장하자 기하급수적으로 가입자 수를 늘려나갔다. 한국에서도 카카오톡, 네이버밴드와 같은 토종 SNS들이 삽시간에 전국을 점령했다. 2021년 통계에 의하면, 한국인이 스마트폰 앱을 사용하는 시간은 1인당 5시간으로 전 세계 국민 가운데 세 번째로 스마트폰 사용시간이 많은 것으로 나타났다. 2014년 1인당 사용시간이 3시간39분이었는데, 갈수록 크게 증가하고 있다.

전 세계 네티즌들은 이미 TV나 신문보다 인터넷으로 뉴스를 접하기 시작한 지 오래다. 한국에서 거의 독점적 지위를 누려온 포털사이트 네이버는, 매스미디어의 뉴스 전달 방식에 일대 변화를 가져왔다. 언론사 뉴스도 제조업체 상품처럼 유통되기 시작했다. 포털 초기화면에 국내 주요 언론사들의 뉴스를 백화점 상품처럼 진열해 놓는데, 초기의 '뉴스캐스트'에서 '뉴스스탠드'로 진열방식이 바뀌었지만 본질적으로는 바뀐 것은 없다. 네이버의 시장점유율이 독점적 수준이다 보니, 생산업자인 언론사보다 유통업자인 포털의 지위가 더 우위에 선 현실이다.

이제 매스미디어가 생산하는 뉴스는 온라인과 모바일의 소셜미디어를 통해 광속도로 전파되는 세상이다. 반대로 소셜미디어를 통해 급속히 전파된 사실을 매스미디어가 취재 보도해서 빅 이슈가 되기도 한다. 매스미디어와 소셜미디어는 서로 앞서거니 뒤서거니 하는 뉴스의 생산자이자 유통자가 되었다. 미디어 위기관리 방식에도 새로운 시대가 열렸다.

① 최고경영자의 마인드

소셜미디어 등장과 함께 미디어 위기가 새로운 양상으로 접어들었지만, 실제 현실에서 매스미디어와 소셜미디어의 위기관리 사이에는 상당히 큰 갭(gap)이 벌어져 있다. 기업이든 단체든 어느 조직이든 신구(新舊) 세대의 '마인드 갭'이 크기 때문이다. SNS 사용량이 월등히 많은 20~30대와, 사용량이 상대적으로 줄어드는 40대 이상, 특히 50대부터는 소셜미디어의 영향력에 대해 상당한 시각 차이가 존재한다.

쉽게 말해서 50대 이상의 최고경영자들 가운데 상당수는 여전히 '소셜미디어가 무슨 미디어냐'라는 편견을 갖고 있다. 전문적인 훈련을 받은 기자들이 정밀하게 확인해서 기사를 쓰는 매스미디어와 '아님 말구' 또는 '믿거나말거나' 식으로 자유분방한 글을 써대는 소셜미디어가 어떻게 다

같은 미디어일 수 있느냐는 생각이다.

최고경영자들이 소셜미디어를 무시하는 데는 더 큰 이유가 있다. 최고경영자들이 정보를 주로 접하는 수단이 여전히 '뉴스 스크랩'이기 때문이다. 최고경영자들은 시간에 쫓기다보니 소셜미디어를 직접 접할 시간이 부족하다. 신문·방송 등 개별 매스미디어 역시 제대로 챙겨볼 시간이 부족하다. 그러다보니 대개 홍보팀이나 홍보 실무자가 챙겨주는 뉴스 스크랩으로 업계와 정부의 동향, 나라 안팎의 돌아가는 소식을 파악한다.

뉴스 스크랩에 정리되는 소식들은 모두 신문방송 등 매스미디어에 보도된 기사요 보도들이다. 다른 회사 대표들이나 정부 관리 등 자신이 주로 만나는 인물들도 사정이 비슷하다. 화제에 오르는 이야기도 주로 매스미디어를 거친 빅 이슈들이다. 이런 사정이다 보니, 소셜미디어의 중요성이 최고경영자들의 마인드에 자리를 잡기가 쉽지 않다. 소셜미디어는 그저 네티즌 개인들의 소통 창구나 루머 전달 통로쯤으로 치부되기 십상이다.

따라서 홍보 부서에는 인력과 예산을 지원해도, 소셜미디어 관리에는 인력과 예산 지원이 대개 빈약하다. 일선 직무교육 현장에서 아무리 소셜미디어의 영향력이 커져간다고 떠들어 봐야 구두선에 불과하다. 백 마디 교육이나 말보다, CEO의 마인드가 바뀌는 것이 소셜미디어 위기관리의 가장 큰 첫걸음이다.

조직의 최고경영자가 소셜미디어 위기관리를 중시하고 합당한 예산과 인력을 배정하면, 소셜미디어 위기관리는 크게 용이해진다. 제일 중요한 것은 최고경영자의 마인드이다. 조직 사정에 따라 예산과 인력이 부족하더라도, 최고경영자가 중시하는 사실 자체만으로 해당 조직은 소셜미디어 위기에 어떤 식으로든 대비를 하게 되고, 유사시 기민하게 움직일 추진력을 확보하게 된다.

물론 카드·항공·유통·식품 등 소비자 반응에 민감한 B2C 업종에서는 이미 소셜미디어의 파워를 간파하고, 상대적으로 더 예산과 인력을 지원하고 있다. SK그룹 최태원 회장, 두산그룹 박용만 회장, 현대카드 정세영 대표, 신세계 정용진 부회장처럼 최고경영진이 SNS에 직접 관심을 갖고 본인이 직접 활동에 자주 참여하는 경우도 있다. 하지만 이는 예외적인 경우에 속한다. 직접 참여는 고사하고 여전히 소셜미디어에 대한 편견에서 벗어나지 못하는 경우가 다반사이다.

② **우호적 인적자산의 중요성**

미디어로서 사실 소셜미디어는 매스미디어와 큰 차이가 있다. 공인 언론사인 매스미디어와 달리 소셜미디어는 책임이라는 측면에서 매우 자유롭다. 기사나 보도를 작성하는 매스미디어의 기자들은, 입사 후 대개 6개월가량 '수습기자(修習記者)'로서의 훈련기간을 거친다. 이 기간에 취재와 기사 작성에 대한 기본 훈련을 받는다. 정식 기자 발령을 받고나서도 출입처 1진 선배나 팀장, 데스크 등의 지속적인 모니터링을 받으며 기사 작성에 대한 부단한 경험을 쌓게 된다.

확인된 사실과 정보를 공정한 논리와 정제된 문장으로 전달하는 것이 기사의 기본이다. 이런 과정을 거쳐서 뉴스라는 정보가 방출되기에 일반 대중의 공신력을 얻게 된다. 그에 비해 소셜미디어의 필자들은 입사시험을 거쳐 선발된 인력도 아니고, 확인된 정보나 공정한 시각을 토대로 작성된 글만 써야 할 책임과 의무도 없다. 구사하는 어휘나 문장의 정확성은 더 말할 나위가 없다.

그처럼 뚜렷한 차이에도 불구하고, 소셜미디어 위기관리의 원리는 사실 매스미디어의 경우와 상당히 유사하다. 가장 중요한 공통점 중 하나가 바로 인적자산을 축적하는 일이다. 매스미디어에서만 기자와 데스크 등의 인맥 관리가 중요한 게 아니다. 소셜미디어에서 활동하는 '소셜퍼블릭(Social Public)' 중에서도 영향력이 큰 인물들이 있다. '파워블로거'라 불리는 이들처럼, 상당한 전문성을 갖춘 오피니언 리더들이 그 대상이다. 파워블로거는 많은 이웃블로거와 블로그팬들을 거느리며 여론 주도력을 발휘한다. 평소 파워블로거들과 관계가 어떠했는지에 따라 유사시에 위기 수습 속도에서 큰 차이가 나기도 한다. '파워유튜버' 또한 마찬가지이다. 유튜브 성장에 따라 파워유튜버의 영향력이 이미 파워블로거를 능가하는 시대에 접어들었다.

나는 홍보책임자가 매스미디어 위기를 대비해서 평소 가장 중시해야 할 업무의 핵심이 언론인 관계관리라고 전술한 바 있다. 인간관계란 평소에 차근차근 쌓아가는 것이지, 막상 위기가 닥쳤을 때 갑자기 친한 척한다고 될 일이 아니다. 소셜미디어도 마찬가지이다. 평소에 자기 조직과 업무에 지속적인 관심을 드러내는 주요 소셜퍼블릭을 방치하는 것은, 소셜미디어 위기관리를 포기하는 것과 다름없다.

물론 소셜미디어의 인적자산이 매스미디어에서만큼 위기관리에서 큰 비중을 차지하느냐에 대해서는 이견이 있을 수 있다. 또 실제로 소셜미디어 위기는 풍부한 정보 제공과 정확한 사실 공개 등 순리에 입각한 커뮤니케이션 행위만으로 대응이 가능할 수도 있다. 하지만 위기는 항상 사실과 정보 그 자체보다는, 그 사실과 정보를 해석하는 시각에 의해서 강도가 달라진다. 사실과 정보를 해석하는 것이 바로 인간의 몫이다.

③ 소셜미디어의 특징

	블로그	페이스북	트위터	유튜브	핀터레스트/인스타그램	카카오스토리
콘텐츠 (정보량)	텍스트, 이미지 등(제한 없음)	텍스트, 이미지 (420자)	텍스트 위주 (140자 이내)	동영상 중심 (시간 15분)	이미지 중심	텍스트, 이미지 등(제한 없음)
실시간성	약함	보통	매우 강함	보통	보통	강함
전파력	강함	강함	매우 강함	강함	강함	강함
네트워킹	약함	깊다	넓다	약함	보통	강함
휘발성	매우 약함	보통	매우 강함	매우 약함	보통	보통
특징/기능	아카이빙, 인터넷 검색	페이지, 그룹, 광고	RT	SNS 연계, 다양한 동영상 콘텐츠	SNS 연계 다양한 이미지 콘텐츠	카카오톡 연계
활용/추천	정보, 인터넷 검색, 롱테일 정보	지속 유지, 관계, 고객 관리	파급 효과, 이슈, 이벤트	다양하고 방대한 동영상 콘텐츠	다양하고 방대한 이미지 콘텐츠	관계관리, 파급효과

(자료 제공: 김태욱 대표 (스토리앤))

(2) 온라인·소셜미디어 위기관리의 실천지침

① 평상시 준비해야 할 사항

1) 상시 모니터링 및 보고 시스템

위기관리 관점에서 평가할 때, 매스미디어와 소셜미디어의 가장 큰 차이는 바로 '대응 타이밍'에 있다고 해도 과언이 아니다. 매스미디어는 대응해야 할 시간이 미리 정해져 있다. 신문의 경우, 가판이 발행되는 시간이 있다. 방송의 경우, 뉴스프로그램 방영 시간이 정해져 있다. 물론 인터넷은 기존 매스미디어 환경도 바꿔 놓았다. 인터넷신문은 말할 것도 없고, 기존 매스미디어도 온라인으로 기사를 먼저 게시하는 경우가 많다. 그러나 기본적으로 매스미디어는 취재기자의 취재 과정을 통해서, 사전에 조직이 위기 사실을 인지할 수 있다. 그에 비해 네티즌이 운영하거나 관여하는 소셜미디어에는 정해진 시간이 따로 없다. 늦은 밤이나 새벽에도 '핫'한 이슈만 있으면, 삽시간에 네티즌이 모여들어 장터처럼 북적이며 순식간에 이슈를 주변에 전파한다. 24시간 모니터링 시스템을 가동하지 않으면 이미 걷잡을 수 없이 상황이 악화된 뒤에 대응을 시작해야 한다. 그렇다 보니 자체 해결이 불가능한 일반 조직은 대개 모니터링 서비스를 대행하는 업체를 아웃소싱 해서 모니터링 타이밍의 사각지대를 해결한다. 아예 모니터링 자체를 완전히 아웃소싱 하는 경우도 있다.

2) 온라인 · 오프라인 통합 운영

소셜미디어 위기를 겪어 보지 않은 조직은 대개 이 분야의 심각성에 대해 큰 자각이 없다. 온라인 담당자는 마케팅 부서에 소속되어 있고 직급도 대리 · 사원 등 초급사원 1인인 경우가 많다. 온라인팀이 따로 조직돼 있고, 경험 많은 팀장과 팀원들이 그에 소속돼 있는 경우는 대형 통신사나 유통업체 등 일부 업종에 국한된 경우가 일반적이다. 온라인 이슈는 마케팅에서도 중요하지만, 언제든지 위기가 야기될 수 있어 커뮤니케이션 측면에서도 신중하게 다루어져야 한다. 온라인팀이 사내외 커뮤니케이션을 담당하는 홍보팀과 분리돼 있으면, 유사시 기민하고 일관성 있는 대응이 힘들다. 위기 이슈가 발생한 뒤 일시적으로 홍보팀과 협조체계를 구축하려 들면 손발을 맞추기가 힘들다. 위기관리에서 타이밍은 생명과도 같은데, 소셜미디어 위기 이슈에서는 그 중요성이 더욱 더 커진다. 평상시에 매스미디어를 책임지고 있는 홍보 부서에 온라인팀이나 담당자를 배치하거나, 최소한 홍보팀과 보고와 관리 체계를 공유해야 한다.

3) 소셜퍼블릭 관계자산 구축

조직의 평판을 위협하는 크고 작은 이슈가 발생할 때마다, 온라인 담당자가 가장 절실하게 필요로 하는 존재는 바로 '우리 편'이다. 우주처럼 넓어 보이는 사이버 공간에서 얼굴도 모르는 네티즌들이 외계 침략자처럼 몰려와 맹폭격을 퍼부어댄다. 이 때 전문성과 글발을 앞세워 들끓는 여론을 우리 편으로 이끌어주는 소셜퍼블릭은, 온라인 담당자에게 구세주나 다름없다. 평소 우호적인 페이스북 친구, 밴드 친구, 카카오스토리 친구, 트위터 팔로워, 이웃 블로거, 각종 커뮤니티 회원들이다. 영향력을 발휘하는 리더그룹은 평소에 검증된 인사들이기 때문에, 유사시에 급조해서 만들어질 수 없다. 소셜퍼블릭 가운데 영향력 있는 리더들에게는 평소에 정보나 자료 제공 등 기본적인 협조관계가 원활해야 한다. 또 이벤

트나 세일즈 프로모션 등 조직이 개최하는 행사에는 반드시 초대하고 대우해 줘야 한다. 회사에서 접대예산을 배정해서, 담당자가 평소에 따로 만나 식사를 함께 하는 등 돈독한 인간관계를 맺어두는 것도 바람직하다. 또 '안티질'을 일삼는 소셜퍼블릭도 비슷한 요령으로 잘 관리해 두어야 한다. '미운 놈 떡 하나 더 준다'는 속담이 있듯이, 안티 세력이 없어야 위기관리도 수월해진다. 세상에서 저절로 내 편, 우리 편을 들어주는 이는 드물다.

② 위기 시 준수해야 할 관리지침

1) 보고 및 지시의 내부소통이 원활해야

위기 이슈가 발발하면, 담당자가 제일 속을 끓이는 게 바로 보고와 지시 문제이다. 소속이 마케팅 부서인데 커뮤니케이션 이슈로 문제가 발생한다면, 나중에 책임은 누가 지게 되는가. 책임 소재와 체계가 명확하지 않으면 담당자에게 '알아서 적당히 대응하라'는 식의 막연한 지시가 내려오기 십상이다. 소셜퍼블릭이 조직의 구체적인 응답이나 책임 있는 해명을 요구하며 성화를 부리는데 '적당한 대응'이란 것이 가능한가.

2) 소셜퍼블릭과 수시로, 명확하게 의사소통하라

'침묵은 금이다'라는 오랜 격언이 있다. 이런 격언은 다툼의 현장, 시끄러운 술자리에서나 어울릴 만한 이야기이다. 매스미디어 위기에서도 마찬가지이지만, 소셜미디어 위기에서 '침묵은 똥이다.' 위기는 침묵이라는 숙주를 통해서 성장하고 확산된다. 위기의 순간에 이해관계자나 일반대중을 미치게 하는 것은, 위기를 야기한 당사자가 소통을 단절하는 일이다. 원활한 정보의 교류가 없다면, 비당사자들이 취하게 되는 행동은 추측과 상상이다. 악성 루머들이 순식간에 싹을 틔우고 줄기를 내뻗는다. 해명할 내용과 자료가 준비돼 있지 않다면, 답답하고 지루하겠지만 '확인 중이니 기다려 달라'는 말이라도 하라.

※ 사례 1: 타블로의 학력 위조 의혹

'타블로 학력 위조 의혹'은 2007년 한국사회를 떠들썩하게 만든 큐레이터 '신정아 학력 위조' 사건을 계기로 시작되었다. 미국의 명문대인 스탠포드 대 출신인 인기래퍼 타블로는, 유학파였던 신정아 사건의 유탄을 맞아 졸지에 학력 위조 혐의를 받게 되었다. 한 네티즌의 악의적 의혹 제기로 촉발된 이 사건은, 타블로의 초기대응이 워낙 미온적이어서 눈덩이처럼 커져만 갔다. 인터넷에서만 설왕설래되던 이슈는 2010년 '타블로에게 진실을 요구합니다'라는 안티카페가 결성되면서 본격화했다. 이 사건은 타블로가 처음부터 스탠포드 대에 정식으로 학력 인증을 요청하고 그 결과를 제시했다면 아예 발생하지도 않았다. 타블로는 처음엔 네티즌들의 의혹 제기에 대해 침묵하다가, 그 뒤에는 SNS를 통해 '힘들다'라는 푸념만 늘어놓았고, 그 뒤에도 우회적 증거들만 제시함으로써 명확하게 의혹을 제거하지 못했다. 네티즌들의 근거 없는 의심으로 마음고생을 했다지만, 본인 역시 미숙한 대응으로 화를 자초한 면이 적지 않다. 대중의 인기를 먹고 사는 연예인이라면, 어떤 의심이 제기돼도 한 점 의혹이 없도록 적극 소통하고 대처하는 자세가 필요하다.

※ 사례 2: 한혜진과 기성용의 열애설

지난 2013년 3월, 인기배우 한혜신과 축구선수 기성용의 열애설이 매스컴을 뜨겁게 달구었다. 곧이어 한혜진에 대해 네티즌들의 비난이 쏟아졌다. 유명가수 나얼과 10년이란 오랜 기간을 교제했기에, 이른바 '양다리 걸치기'를 한 게 아니냐는 비난이었다. 공교롭게 나얼과 이별한 뒤 얼마 지나지 않아 교제를 시작한 탓에 빚어진 오해였다. 그러나 한혜진은 언론을 통해 열애설이 불거진 지 하루 만에 트위터에 진지하고 솔직한 해명의 글을 올려서 비난 여론을 잠재웠다. 내용 중 일부를 발췌하면 "우선 제가 그 친구를 만났던 시점에 대한 오해들. 저도 진작 들어 알고 있었는데요. 저는 누구에게든 상처가 될 만한 선택을 한 적이 없어요. 다만 이별과 새로운 만남의 간극이, 느끼시기에 짧았다는 것은 사실이니 그 부분에 있어선 질타를 받아도 무방하다 생각하지만, 분명히 말씀 드릴 수 있는 것은 전 누구에게든 상처가 될 만한 선택은 하지 않았다는 것이에요"라고 해명했다. 신속한 대응 자체도 적절했지만, '누구에게든 상처가 될 만한 선택은 하지 않았다'라는 핵심메시지 설정도 훌륭했다는 평가를 받았다. 핵심메시지를 한 번 더 강조한 점도 좋았다.

3) 소셜퍼블릭을 아군측 소셜미디어로 유도하라

세계 해전사에 빛나는 이순신 장군의 명량대첩. 승리의 첫째 비결은 적군을 명량해협으로 유인하는 데 성공한 전략이다. 내가 잘 아는, 내가 지배할 수 있는 SNS로 소셜퍼블릭을 이끌 수만 있다면 위기관리는 매우 수월해진다. 아군측 소셜미디어는 조직이 직접 관리하는 블로그·페이스북 등이며, 유사시 홈페이지 뉴스룸이 그 기능을 대신할 수도 있다.

4) 회사 임직원은 가급적 개입하지 마라

병법의 기본 중 하나가 진법(陳法)이다. 진법이란, 주어진 전투 상황에 맞춰 내 군대의 세력을 가장 강하게 발휘할 수 있는 진형(陣形)을 갖추는 일이다. 진법은 사전에 훈련된 장병들을 통해서만 가능하다. 회사 임직원은 평소 소셜미디어와 소셜퍼블릭의 생리에 어두울 수밖에 없다. 훈련된 장병들이 아니다. 이런 회사 임직원들을 상황이 급하다고 직접 소셜미디어 전선에 투입하면 실수를 야기할 가능성이 커지고, 이는 결국 자중지란으로 이어질 수 있다.

5) 감정적 대응을 자제하라

위기관리에서 가장 피해야 할 제1의 원칙이 있다면 바로 감정적인 대응이다. 매스미디어 위기에서도, 기자에게 화를 내거나 짜증을 내는 것은 재앙을 자초하거나 악화시키는 금기 중의 금기이다. '익명의 섬' 같은 온라인 공간은 직접적 접촉이 없기 때문에, 웬만한 자제력이 아니면 쉽사리 흥분하고 화를 내기 쉽다. 이성을 잃고 소셜퍼블릭과 설전을 벌이는 순간, 그 자체로 바로 새로운 위기가 야기된다.

6) 정중하고 친절하게 대화하라

네티즌, 소셜퍼블릭과는 반드시 정중하고 친절하게 대화해야 한다. 평시에도 그렇지만 위기 시에는 더욱 더 신경을 써야 한다. '감사합니다' '죄송합니다'를 수시로 섞어서 구사해야 한다. 상대방이 아무리 거칠고 무례하게 나오더라도 담당자는 평정심을 잃지 않아야 한다. 무례한 이에 대한 응징은 다른 네티즌이나 소셜퍼블릭에게 맡기자. 한결같은 정중함과 친절함은 담당자는 물론 그의 조직에 대한 신뢰로 이어진다.

7) 거짓 해명을 하지 마라

온라인 담당자에게 '알아서 적당히 대응하라'는 지시 같지 않은 지시를 내리는 조직의 경우, 이런 문제를 가장 유념해야 한다. 뭘 어떻게 알아서 어떻게 적당히 대응하라는 말인가. 조직의 정보 공개나 정식 해명을 요구하는 상황이 계속 반복되다 보면, 온라인 담당자는 거짓 해명을 해서라도 이 답답한 상황을 모면하고픈 유혹에 빠지기 쉽다. 하지만 거짓 해명은 기름통에 불씨를 던지는 짓과 같다. 곧 잦아들 수도 있던 위기가 거짓 해명으로 새로운 사태로 악화될 수도 있다.

8) 근거 없는 주장에 일일이 대응하지 마라

위기 이슈가 발발하면, 온라인 공간은 소문과 억측이 판을 치게 된다. 조직의 해명이 늦고 정보 공개가 미루어질수록, 소문과 억측의 수는 기하급수적으로 팽창한다. 그 가운데 특히 말도 안 되는 악성 루머나 주장을 접하게 되면, 당장 반박하고 싶은 유혹이 일어난다. 하지만 그런 근거 없는 주장에 휘둘리게 되면, 그 주장에 '조직의 부인(否認)'이라는 새로운 근거가 실릴 수도 있다. 근거 없는 주장이 오히려 생명력을 얻게 될 수도 있다.

9) 법적 대응을 준비하되 함부로 앞세우지 마라

이 책의 서두에서 한국형 미디어 위기에서 법적 대응이 얼마나 무기력한 수단인지에 대해서는 전술한 바가 있다. 이는 어디까지나 매스미디어에 대한 설명이었고, 사실 개인이 주로 운영하는 소셜미디어에서 법적 대응은 강력한 응징의 효력을 발휘할 수 있다. 하지만 '법적 대응'부터 운운하는 조직치고 소셜퍼블릭의 호감을 사는 곳은 드물다. 어떤 경우에도 소셜퍼블릭을 존중하고 예우한다는 낮은 자세를 유지하는 것이 필요하다. 근거 없는 악성 루머를 떠드는 세력에 대해서는 화면 캡처 등 대비를 해두면 된다. 몇 차례 주의를 줬는데도 불구하고 악행을 멈추지 않을 경우, 또 다른 소셜퍼블릭마저 그들을 혐오할 만한 정서적 공감대가 형성된 뒤라면, 비로소 법적 대응이라는 칼을 빼들어도 상관없다.

5 유사언론 위기 대응

(1) 유사언론이란?

'유사(類似)언론'은, 문자 그대로 언론의 임무를 수행하는 듯이 보이지만 언론이라고 부르기에는 문제가 있는 보도매체를 가리키는 말이다. 언론의 모습만 갖췄을 뿐이지, 제대로 된 언론이라고 부르기에는 심각한 결함이 있는 보도매체를 뜻한다. '사이비(似而非)언론'과 비슷하면서도, 약간 다른 뉘앙스를 지닌 표현이다.

이런 반문도 가능하다. 언론의 역할과 임무를 제대로 수행하는 언론사는 과연 어느 회사인가. 결함이 있다고 유사언론이라고 규정하면, 한국에서 유사언론의 오명에서 완벽하게 자유로운 언론사가 있을 수 있는가. 유사언론이라는 어휘 자체가, 너무 주관적인 표현이 아닌가라고 말이다.

사실 맞는 말이다. 대한민국의 그 어떤 언론사도 제호나 발행처에 유사언론이라고 표기한 곳은 없으며, 내가 진정한 유사언론이라고 '커밍아웃' 하는 회사도 없다. 유사언론이란, 언론의 탈을 썼지만 언론답지 못한 행위를 일삼는 보도매체를 가리키는 주관적 표현일 따름이다. 언론답지 못한 짓을 하면, 회사 규모와 상관없이 어느 매체나 유사언론이 될 수도 있는 셈이다.

하지만 일반 대중이 널리 알려진 '제도권' 신문사나 방송사, 잡지사를 유사언론이라고 부르지는 않는다. 유사언론이라고 부르는 매체들은 대개 어느 정도 정해져 있다. 주로 가판 위주의 영업을 하는 타블로이드 매체나 인터넷 전용 매체들 가운데 유사언론이라고 불리는 매체가 많다. 그 이유는 해당 매체들이 기업, 단체 등에 관련된 기사거리를 가지고 그들과 거래를 시도하기 때문이다. 기사를 싣지 않는 대가로 처음부터 금전적인 보상을 요구한다.

사실 한국 언론계에서는 규모 차이가 있을 뿐, 기사를 싣지 않는 대가로 기업으로부터 거액의 광고나 협찬을 유치하는 상행위가 비일비재하게 이루어진다. 홍보업계에서는 누구나 알고 있는 공공연한 비밀이다. 한국 언론의 후진성이 그대로 드러나는 대목이다. 언론사도 매출이 있어야 회사를 운영하고 기자들 월급도 줄 수 있다. 헌데 워낙 언론사가 늘어나 경쟁이 치열해지다 보니 기업, 기관, 단체들의 자발적인 광고나 협찬만으로는 회사를 운영할 수 없다. 이 때문에 언론의 본령에 어긋나는 짓임을 뻔히 알면서도 공공연하게 거래행위가 벌어진다.

이런 상황이다 보니 영세한 규모로 운영되는 인터넷, 타블로이드 등의 매체들은 자신들의 상행위에 별로 죄의식을 갖고 있지 않다. 우리는 '잔챙이'일 뿐, 한국의 언론사치고 거래행위 안 하는 곳이 어디 있느냐는 식이다. 그래서 늘 현금과 맞바꿀 만한 악성 기사거리를 찾아내기에 바쁘다. 발행 부수나 영향력이 워낙 미미해서, 거래를 하지 않으면 매출이 거의 발생하지 않기 때문에 거의 필사적으로 기업을 협박할 기사거리를 찾는다.

한국 언론계에 거래 관행이 있다 해도, 정상적인 언론사라면 기자들이 물어온 특종거리를 함부로 사장시키지는 못한다. 간혹 상거래를 한다 해도 상당히 제한적으로 이루어지며, 요청하는 측에서 섣불리 거래를 시도하려다가는 괘씸죄로 문제만 더 커지기도 한다.

유사언론은 다르다. 기사거리를 찾아내면 기사는 쓰지 않고 현금과 맞바꿀 수 있는 곳이라면 기업이든 어디든 협박부터 시작한다. 때로는 아예 기사부터 써서 올려놓아 홍보책임자를 부랴부랴 달려오게 한 다음 거래를 시작하는 경우도 있다. 이런 매체들을 정상적인 언론사라고 부를 수 있겠는가. 그래서 '유사언론'이라는 표현이 등장할 수밖에 없다.

(2) 유사언론 현황

① 타블로이드 신문

유사언론 가운데 가장 왕성한 활동을 벌이는 매체는 가판 위주의 영업을 전개하는 타블로이드 신문들이다. 타블로이드 신문들을 모두 유사언론이라고 부를 수는 없다. 앞서 정의한 바와 같이, 유사언론이란 언론의 본령에서 이탈한 보도매체의 행위에 의해서 규정되는 것이지, 태어날 때부터 유사언론은 아니다.

타블로이드 신문은 가판 위주로 영업하기 때문에, 한국뿐 아니라 서양에서도 이른바 '옐로 저널리즘(yellow journalism)'의 대표적 매체로 분류된다. 독자의 시선을 쉽게 끌어당겨야 하기 때문에 제목과 내용이 매우 선정적이다.

한국의 중앙언론계에서 활동하는 종합시사 타블로이드 신문은 20개 안팎으로 분류된다. 정치 경제 사회 문화 등의 시사 전반을 모두 다루는 타블로이드 매체들이다. 그 가운데 많은 발행부수와 주요 언론사 못지않은 영향력을 자랑하는 매체가 〈일요신문〉이다. 1990년대 한창 많이 발행될 때는 부수가 매주 30만 부에 달했다. 워낙 독보적인 위치를 점하다 보니, 타블로이드 세계는 크게 〈일요신문〉과 비(非)〈일요신문〉으로 양분된다는 우스갯소리가 나돌 정도이다. 업계에서 자평하는 소리이다.

〈일요신문〉 외에는 5~6개 매체가 비교적 업력도 길고 어느 정도 취재편집 인력을 갖춘 매체들로 분류된다. 나머지 매체들은 현저하게 규모가 작고 영세하다. 취재기자 수도 몇 명 되지 않으며, 심지어 거의 없는 경우도 있다. 존립 목적 자체를 의심케 하는 매체들이라고밖에 말할 수 없다. 인터넷신문의 약진으로 근자에는 〈일요신문〉도 판매 부수가 격감해서 위상이 과거 같지 않은 현실이다.

② 인터넷신문

인터넷 발전과 함께 우후죽순처럼 인터넷신문들이 대폭 증가했다. 그 중에는 〈오마이뉴스〉〈프레시안〉〈뉴데일리〉〈데일리안〉 등과 같이 큰 영향력을 발휘하는 중앙언론계의 인터넷 언론사들이 있지만, 전혀 존재감이 없는 매체들도 많다.

2014년 1월말 통계를 기준으로, 문화체육관광부에 등록된 인터넷신문은 2천796종에 달한다. 현행법상 취재기자 2명을 포함해 전체 기사의 30% 이상을 자체 생산하면 인터넷 신문사로 등록이 된다.

2022년 언론중재위원회 발표에 따르면, 2021년 명예훼손 등 언론사에 대한 민사판결 188건 중 56.8%인 147건이 인터넷 언론에 대해 제기됐다. 147건 가운데 90건이 순수 인터넷신문이다(나머지는 신문사나 방송사 등의 인터넷사이트). 언론 매체를 통틀어 인터넷신문의 횡포가 가장 심하다는 반증이기도 하며, 다른 한편으로는 그만큼 인터넷신문사의 수가 많다는 사실도 알려준다.

극소수 인력으로 운영되는 상당수 인터넷 언론은 하이에나처럼 기업의 약점만 찾아내거나, 인터넷에 잠시 떴다가 삭제되는 문제의 기사만 찾아내는 데 골몰한다. 정상적인 취재 활동을 전혀 하지 않고, 다른 언론사가 작성했다가 협상 끝에 삭제한 악성기사를 찾아내는 데만 온종일 시간을 보낸다.

한 석간 일간지가 시중은행을 계열사로 둔 금융그룹 회장의 500만 원 횡령 혐의를 기사화해 온라인에 올렸다가 2시간 만에 삭제한 일이 있다(4장 사례 참조). 이런 악성기사만 찾아내는 인터넷신문들 중 4개사가 문제의 기사를 잽싸게 캡처해 두었다가 해당 시중은행을 협박해 제각기 5천만 원씩 챙겼다는 소문이 홍보맨들 사이에서 파다했다.

(3) 유사언론의 생태계

① 유력 포털과의 검색 제휴 여부

유사언론의 꿈은 특종뉴스가 아니다. 영세한 회사가 어쩌다 특종뉴스 한번 잡았다고, 뱀이 용 되지 못한다는 것을 잘 안다. 유사언론의 꿈은 자기네가 생산하는 기사가 네이버(Naver) 같은 최대 포털과 검색 제휴를 체결하는 일이다. 주요 언론사들이 열거되는 뉴스스탠드에 포함되는 선 더 이득한 꿈이다. 하지만 포털에서 특정 기업 뉴스를 검색할 때 주요 언론사들 뉴스와 함께 자사 뉴스가 나란히 검색되기만 해도, 유사언론에게는 천군만마와 같은 협상력이 생긴다. 아무리 기업의 약점을 공략하는 기사를 쓴다 해도, 미미한 검색 비율이나 가판 부수만으로는 파장을 일으키기 힘들다. 인터넷 포털에서 바로 검색 확인이 가능해야 훨씬 큰 영향력을 갖게 된다. 이 때문에 유사언론은 포털과 뉴스 검색 제휴가 돼 있느냐 여부에 따라 회사 레벨과 파워가 달라진다.

② 블로그나 SNS를 통한 2차 전파

인터넷 포털과 검색 제휴가 체결돼 있지 않은 유사언론은 블로그나 SNS 같은 인터넷 소셜미디어를 활용해 자사 뉴스를 2차 전파한다. 어떻게든 악성기사의 대상 기업을 공개적으로 괴롭혀야 협상 제안이 들어오기 때문이다. 어이 없지만 실제로 발생하는 일이다.

③ 가장 선호하는 정보는 '최고경영자 신상'

유사언론은 매체력이 떨어지기 때문에, 웬만한 특종거리가 아니면 기업을 긴장시키기 힘들다. 하지만 기업의 최고경영자, 특히 오너경영자와 관련된 이슈라면 이야기가 달라진다. 최고경영자 관련한 정보일 경우에, 기업 홍보부서는 초비상이 걸린다. 이런 생리를 잘 알기 때문에 유사언론은 늘 기업 최고경영자들에 관한 정보를 캐고 다닌다. 정보전문가들 모임에 직접 참여하거나 밀접하게 연결돼 있어, '찌라시'에도 올라가지 않는 고급 정보를 구하기도 한다.

(4) 유사언론 위기관리

① 협박

유사언론은 기삿감을 찾아내면 기업 홍보실에 전화를 걸어 "어느 언론사 광고국인데, 우리 편집국에서 이런 사실을 알고 있는데 기사화할 것 같다. 바로 기사가 나가면 당황해 할 것 같아 미리 알려 준다"라고 애드벌룬부터 띄운다. 굳이 그런 식으로 우회적으로 작업하지 않고 기자가 전화해서 취재 관련 문의만 해도 홍보실 입장에서는 움직이지 않을 수 없게 된다. 취재기자를 어느 정도 보유한 유사언론은, 그래도 격식을 갖춰 기자가 전화를 거는 편이다.

② **협상**

해당 보도매체를 방문해 직접 협상에 들어가면 구체적인 액수가 거론된다. 이런 때엔 대개 유사언론 측에서 먼저 금액을 제시한다. 이 때 그들이 부르는 금액을 바로 수용하는 것은 매우 어리석은 짓이다. 대개 홍보맨이 깎을 것을 감안해 더 많이 부르기 때문이다. 나도 여러 차례 경험해 봤지만, 최초 제시한 액수를 안 깎아 주는 유사언론을 본 적이 없다.

③ **연쇄적 협박**

문제는 그 다음부터이다. 유사언론에 한번 걸리면, 마치 윤간(輪姦)하는 악당들처럼 다른 유사언론들로부터도 순차적으로 연락이 온다. 이런 매체들은 돈 되는 정보를 서로 품앗이라도 하듯 차례차례 공유하기 때문이다. 이때 이들이 요구하는 대가는 대개 최초 유사언론과의 협상 때 타결했던 금액과 비슷한 수준이다. 그래서 최초 협상 때 협찬 금액을 어떻게든 낮춰 두어야 한다.

④ 종결

이와 같은 집단 가해 행위는 뉴스 시효가 다 해야, 시쳇말로 '약발이 떨어져야' 끝난다고 보면 된다. 또는 이미 한 바퀴 쭉 돌아서, 유사언론에서도 영향력이 현저히 떨어지는 매체까지 이르러야 막을 내린다.

(5) 유사 언론인에 대한 편견과 진실

다음은 내가 직접 겪은 유사언론 경험을 바탕으로, 주로 세간에서 생각하는 바와 다소 차이가 있는 점들을 정리한 내용이다.

① 유사언론 종사자는 학력이 낮다?

유사언론 종사자 중에는 의외로 고학력 명문대 출신도 많다. '언론고시'라 일컬어지는 신문 방송 등 주요 언론사 입사시험을 전전하지만 결국 낙방한 뒤 기자직에 대한 미련을 못 버리고 흘러들어온 인물들이 많다. 광고 분야에 종사하다가 개인적 인연으로 이적해 온 경우도 있는데, 전체적으로 학력 수준이 낮은 편은 아니다.

② 유사언론 종사자는 피도 눈물도 없는 냉혈한?

기업이 부정이나 비리를 저질러야만 유사언론의 먹잇감이 되는 것은 아니다. 공개되면 곤란한 개별 정보도 많은데, 이런 상황을 악용하는 유사언론 종사자를 상대하면 처음에는 인간처럼 보이지 않는다. 하지만 막상 더 상대하다 보면, 주요 제도권 언론인들과 별 차이를 못 느끼게 된다. 소속 매체의 영향력이 약해서인지 오히려 더 겸손하고, 조금만 마음을 열고 대하면 더 협조적으로 변하는 인물들도 많다.

③ '기자정신'이라고는 찾아볼 수 없다?

꼭 그렇지 않다. 주요 언론사 기자들에 비해 기자정신이 별로 뒤지지 않는 기자들도 있다. 종합시사 매체들은 주로 경제부 기자들이 먹여 살린다. 이들은 주로 기업들의 약점을 캐내 광고나 협찬을 받아내는 데 주력한다. 하지만 정치, 사회, 연예 등의 분야에선 제대로 취재해서 특종기사를 써내는 기자들도 있다.

(6) 유사언론 위기, 분석과 대응

① 초기 대응이 가장 중요하다

회사의 약점을 잡고 연락해 온 유사언론과는 처음에 잘 협상해야 한다. 첫 협상에서 타결된 금액이 그 다음 유사언론과 협상할 때도 기준이 된다. 따라서 최대한 깎고 또 깎아야 한다. 유사언론 내부에 인맥이 있을 경우에는 협상 금액을 낮추는 데 도움을 받을 수도 있다.

② 최대한 시간 끌면서 피해를 최소화해야

- 최초 유사언론은 물론 그 다음 연락해 오는 유사언론들도 계속 시간을 끌며 상대해야 한다. 유사언론은 자기와의 딜(deal)이 끝나지 않은 상태에서 다른 유사언론에게 정보를 넘기지 않는다. 따라서 최대한 시간을 끌며 협상해서, 다음 유사언론으로 넘어갈 시간을 벌어야 한다. 시간을 끄는 방법은, 최고경영자가 자리를 계속 비워서 결재를 받을 수 없다든가, 요구에 응할 테지만 이보다 더 급한 내부 사정으로 며칠만 말미를 달라든가 하는 식으로 다양하다. 어차피 먹잇감이 된 뉴스가 있기 때문에, 유사언론은 협조 의사만 확인하면 대상 기업을 너무 채근하지는 않는다.
- 시간을 끌어야 하는 가장 큰 이유는 '뉴스의 시효' 때문이다. 기업의 약점이 반드시 사회적 물의를 빚을 부정과 비리는 아니다. 개별적으로는 심각한 문제가 아닌데도, 한창 사회적 핫이슈와 연관돼 있어 기업 입장에서는 피해가야 할 사안도 있다. 가령 기업의 '갑질'을 예로 들어 보자. 평소 같으면 크게 취급할 수준이 아니지만 갑질이 핫이슈라서 매스컴이 유사한 사례를 찾으려고 혈안이 돼 있다면, 수류탄만한 사건도 핵폭탄처럼 크게 과장될 위험성이 있다. 하지만 사회적 핫이슈가 잠잠해지면, 수류탄은 본래의 수류탄으로 되돌아간다. 소나기를 피하고 나면 유사언론이 쥔 꽃놀이패의 약발도 떨어진다.
- 이밖에도 시간을 오래 끌면서 유사언론과 상대하다 보면, 나중에 뛰어든 후발 유사언론들은 따돌리기가 용이해진다. '해당 사안은 이미

해결된 지 오래'라든가 '언제 얘기를 지금 와서 하느냐'는 식으로 되받아치면 된다. 뒷북을 친 유사언론은, 자기가 넘겨받은 정보의 신선도를 탓하며 스스로 물러나기도 한다. 내부 관계자가 아니면 확인하기 힘든 정보들도 많기 때문에, 회사 측의 반박을 확인할 길 없는 유사언론은 법적 분쟁이 두려워 철 지난 뉴스를 함부로 밀어붙이기 힘들어진다.

③ 유사언론에도 인맥을 구축해 두라

- 유사언론과 신경전을 벌이고 나면 정신적으로 매우 피곤해진다. 유사언론 종사자들이 기자는커녕 인간으로 보이지도 않아 다시는 만나고 싶지 않다. 하지만 이때 만났던 인물과 따로 시간을 내서 식사라도 한 번씩 해둘 필요가 있다. 첫 만남에서야 기사를 쓰네 마네, 금액이 많다 적다를 놓고 씨름하느라 양측 모두 유쾌한 기억이 남아 있을 리 없다. 그렇지만 사석에서 다시 만나면, 우리가 언제 그랬느냐는 듯이 우호적인 분위기에서 서로 인사를 나눌 수 있다. 이런 시간을 한두 번 보내고 나면, 유사언론 종사자는 어지간해선 내 조직을 건드리지 않는다. 오히려 이런 정보가 있는데 조심하라고 연락을 주는 이도 있다. 유사언론 종사자가 내 편이 되는 셈이다. 아주 적은 액수라도 가끔 자발적으로 협찬해 주면 그 관계는 더 공고해진다. 국내 굴지의 대기업들은 이런 생리를 알기 때문에, 어느 정도 영향

력 있는 유사언론들은 아예 적당한 협찬을 통해 관리한다.
- 인맥을 구축해 두면 유리한 점이 또 있다. 여러 유사언론들의 편집국과 광고국은 대개 인맥으로 서로 긴밀히 연결돼 있다. 근무자들의 매체 이동이 잦기 때문이다. 이들은 외견상 뉴스를 놓고 경쟁하는 관계처럼 보이지만, 사실은 공생관계에 가깝다. A매체의 경제부장이 B매체의 편집국장으로 자리를 옮기고, A매체의 편집국장이 B매체의 경제부장으로 자리를 옮기기도 한다. 이런 탓에 유사언론계의 핵심 간부 몇 명만 알아 둬도, 이들이 이동해 갈 때마다 해당 매체와 우호적인 관계를 맺어둘 수 있다.

(유사언론에서는 편집국장 직함이 광고국장 직함으로 바뀌기도 하는데, 이는 일반 언론사에서도 종종 시행하는 인사이다. 하지만 일반 언론사에서 원래 광고국 출신인 광고국장이 편집국장으로 이동하는 경우는 거의 없는데, 유사언론에서는 이런 인사도 시행된다.)

6 루머와 위기관리

(1) 루머의 발생 환경

'루머(rumor)'는 우리말의 '소문'과 비슷한, 명확한 근거 없이 떠도는 이

야기를 뜻한다. 언제부터 시작됐는지 알 수 없을 정도로, 루머는 인류와 함께 존재해 왔다. 루머는 나중에 사실로 드러나는 경우도 있지만, 최초 발설자의 의도와 다르게 입에서 입으로 전해지는 과정에서 확대 왜곡되는 경우가 허다하다. 또는 최초 발설자가 처음부터 악의적 목적을 갖고 허위사실을 유포하는 경우도 많다.

루머의 토양은 산업화, 도시화, 핵가족화라는 현대사회의 코드와 잘 맞아떨어진다. 디지털 혁명과 함께 인터넷이 등장하면서, 루머의 확산력과 파괴력은 예전과는 비교할 수 없을 정도로 급속히 커졌다. 특히 한국은 루머가 발생하기에 좋은 토양을 지녔다. 한국은 단일민족 국가인데다, 오랜 농경사회와 공동체사회의 전통을 지니고 있다. 좁게는 연예인 사생활부터, 넓게는 정부와 기업의 속사정에 이르기까지 남의 비밀에 유독 더 관심이 많다.

또 한국은 선진국 대열에 진입한 경제 위상에 비해 정치적 사회적으로는 권위주의적 잔재가 여전히 남아있어서 의사소통이 원활하지 못한 편이다. 한정호 교수(연세대·신문방송학)는 "공개적인 논의가 발달하지 않은 나라에서 루머는 쉽게 발생한다. 남의 생각을 잘 알 수 없는 상황에서 루머성 정보에 보다 더 귀를 기울이게 되는 것은 당연한 현상이다"라고 지적했다.

다만 한교수 지적과는 달리, 현재 한국의 대중적 소통환경은 인터넷의 발달로 매우 개방적으로 변모하고 있다. 그럼에도 루머가 수그러들기는 커녕 오히려 더 기승을 부리는 이유는, 무엇보다 루머가 지닌 익명성에 기인한 바 크다. 이는 루머가 발설자의 정체를 드러내지 않고 정적이나 경쟁자에게 타격을 가하는 수단으로 악용돼 왔기 때문이다.

(2) 루머의 온상 '찌라시'

지난 2014년 하반기를 장식한 핫이슈 중 하나가 박근혜 대통령의 전 비서였던 정윤회씨의 국정개입 여부였다. 청와대 민정수석실의 내부 보고서가 유출되면서 불거진 이 사건은, 문제의 보고서가 '찌라시'를 정리해서 올린 내용인지, 아니면 정확히 조사한 사실인지를 놓고 일대 공방전이 벌어졌다. 정씨측은 자신과 관련한 보고서가 찌라시를 그대로 옮겼을 뿐 사실무근한 내용이라고 주장했고, 대통령 친동생 박지만씨를 비롯한 반대 측에서는 정씨의 국정 개입이 사실이라고 주장했다.

이 사건을 계기로 루머의 온상으로 지적돼 온 증권가 사설정보지, 속칭 '찌라시'의 실체가 대중적 관심사로 급부상했다. 찌라시에 올라가는 정보들은 대기업 정보담당직원, 검찰·경찰·국정원 등의 전·현직 요원, 국회의원 보좌관, 기자 등 정보 비즈니스에 종사하는 직업인들이 서로 교류하며 주고받는 내용들을 토대로 작성된다. 연예인, 재벌2세 등 유명인의 사생활부터 정부, 기업 관련 비공개 정보 등 가치가 있다고 판단되는 모든 정보가 대상이 된다.

문제는 불순한 목적을 갖고 찌라시를 마타도어(Matador; 흑색선전) 수단으로 활용하는 인간들이 많다는 데 있다. 매스컴을 통해 공개적으로 알리기 곤란한 정보를 일부러 흘리는 회사나 개인도 있다. 이런 작업은 찌라시 제작자에 선이 닿거나, 정보 미팅에 참석하는 인물과 친분이 있으면 얼마든지 가능한 일이다. 찌라시가 확인된 정보를 싣는 게 아니다 보니 그릇된 정보도 얼마든지 게재되기 때문이다. 악의적 목적으로, 또는 재미삼아 허위사실을 유포한다지만 그 폐해는 종종 심각한 결과로 이어지기도 한다. 악성 루머는 톱탤런트였던 고 최진실씨 사건처럼 개인을 극단적 사망으로 몰고 가기도 하고, 기업의 경우에는 영업 활동에 큰 지장을 초래하기도 한다.

(3) 익명성의 가면 뒤에서 경쟁자 음해

루머의 역사는 음해의 역사이기도 하다. 셰익스피어의 비극 〈오델로〉에 등장하는 이아고는 원하던 부관 자리가 다른 이에게 넘어가자 상관인 오델로 장군을 파멸시킬 계략을 꾸미는데, 그 수단으로 오델로의 부인을 음해한다. 빛나는 무공을 세운 전쟁 영웅 오델로도 부인이 자기 부하와 사통하고 있다는 의심을 다스리지 못해 결국 파멸의 길로 치닫게 된다.

루머는 전쟁에서 매우 효율적인 전술로 활용되기도 한다. 인류 역사상 최대 영토의 대제국을 건설했던 칭기즈칸이 공성전을 벌일 때 즐겨 구사했던 전술이 바로 루머 전파였다. 그는 성(城)을 무력으로 침공하기 전에, 성 내 거주민들에게 무시무시한 소문을 퍼뜨려 공포심부터 조장했다. 끝까지 저항하는 성은 점령하고 난 뒤 상상을 초월할 정도로 고통스럽게 주민들을 학살한다는 소문이었다. 반면 순순히 투항하는 성은 주민들을 해치지 않을 뿐더러 예전보다 더 평화롭게 살 수 있도록 생존권을 보장한다는 내용도 포함된다. 소문 덕분에 성내 여론이 극도로 분열되기 일쑤여서, 칭기즈칸 휘하의 몽고 기마병들은 피 한 방울 흘리지 않고 숱한 성을 점령했다.

(4) 솔로몬저축은행이 겪은 루머 사례

이런 전투적 효율성 때문에 루머는 악의적 목적을 지닌 자가 조작해서 전파하는 경우가 많다. 솔로몬은 원래 열정적인 최고경영자(CEO) 때문에 루머가 끊이지 않던 회사였다. CEO는 회사 업무뿐 아니라 각계각층에서 워낙 마당발이어서, 그를 시기하거나 모함하는 사람이 적지 않았다. 그래서인지 그의 이름은 찌라시에 자주 오르내렸다. 나는 그의 직할 부서장으로 근무했기 때문에, 대부분 내용이 사실이 아님을 바로 알 수 있었다.

'아니 땐 굴뚝에 연기 날까'라는 속담이 있다. 이 말은 대개 조금이라도 근거가 있으니까 소문이 나지, 아예 사실무근한 '생짜배기 거짓말'이 소문나겠는가라는 뜻으로 쓰인다. 하지만 실제로 겪어보니, 찌라시에는 전혀 사실무근한 거짓말들이 판을 치고 있다는 사실을 알게 됐다. 그래서 루머에 관한 한 나는 앞서의 속담을 이렇게도 해석한다. "누군가 불을 지펴야 굴뚝에서 연기가 난다."

불순한 목적을 지닌 경쟁자가 루머를 어떻게 악용하는지, 또는 엄청난 루머가 얼마나 어처구니없는 경로를 통해 유포되기도 하는지, 내가 솔로몬금융그룹 홍보책임자로서 직접 겪은 사례를 일부 공개한다.

① "분식회계를 위장하려 끊임없이 M&A"

노무현 대통령이 집권하던 2006년 가을 어느 날이었다. 청와대에 재직하던 지인으로부터 내게 전화가 한통 걸려 왔다. 한 기관에서 올라온 정보보고서에 솔로몬저축은행과 관련한 악성 정보가 포함돼 있다는 것이었다. 솔로몬이 1천억 원이 넘는 회사 손실을 숨기려고 분식회계를 했으며, 이를 위장하려고 지방 저축은행들을 무리하게 인수하고 있다는 내용이 주요 골자였다.

처음엔 어이가 없어서 헛웃음부터 나왔다. 시나리오를 쓰려면 그럴 듯하게 써야 하는데, 도무지 앞뒤가 맞지 않았다. 상장사인 솔로몬 회계감사는 국내 굴지의 정상급 회계법인이 수행하고 있었는데, 이들이 무슨 이유로 그런 분식회계를 해주겠는가. 군사독재 시절이라면 몰라도 세상이 바뀐 지 오래다. 또 기업들을 인수해 분식회계를 위장한다는데, 기업을 인수하면 분식회계가 위장된다는 근거는 대체 어느 회계이론에서 나온 것인지 한심하기 그지없었다.

어떻든 간에 최고 권부에 제출된 보고서가 아닌가. 당연히 해당 사실을 CEO에게 직접 보고했다. CEO는 자기 인맥을 통해 보고서 내용을 확인하고 보고자가 누군지, 어떤 경로로 수집된 내용인지를 역추적했다. 그 결과, 문제의 보고서를 작성한 공직자와 함께 그가 정보를 수집한 경로도 확인할 수 있었다. 해당 정보는 같은 저축은행 업계 경영자의 입에서 흘러나왔다.

더 어이가 없는 건 사실무근한 정보를 기록한 문제의 정보보고서 때문에 청와대가 금융감독원에 솔로몬을 특별 조사할 것을 지시했다는 사실이다. 금감원에서 파견된 특별조사반은 무려 2개월에 걸쳐 솔로몬의 회계 및 영업 장부를 철저히 조사했다. 1차 조사를 통해 어떤 위법 사실도 나오지 않자, 한 차례 더 조사를 연장할 정도였다. 해당 조사실에 불려 다니느라 업무에 바쁜 임직원들만 이중으로 고생해야 했다.

당시 솔로몬 빌딩에 상주하던 조사관들은 현장을 철수하면서 "솔로몬 입장에서는 무척 억울할 거 같다. 우리가 조사했지만 아무런 문제도 나오지 않았다는 사실을 언론에 흘려도 문제 삼지 않겠다"라는 위로의 말을 남겼다. 이 말을 내게 전해주는 저축은행장의 말을 듣고 나는 다시금 어이가 없었다. 루머는 일반 대중이 알고 있을 때라야 해명할 가치라도 있는 법이다. 아무도 모르던, 청와대 정보보고서에 적힌 루머를 해명하려고 언론플레이를 하라는 말인가.

② "유동성 위기로 한 달 뒤에 영업정지"

글로벌 금융위기가 한창이던 2008년 가을, 솔로몬저축은행은 루머 하나 때문에 전례 없이 소란스러웠다. 근래 보기 드문 악성 루머였기 때문이다. 내용인즉 이러했다. "OO은행과 솔로몬저축은행, 두 개 금융회사가 현재 유동성 위기에 처해 있다. 두 회사가 모두 무너지면 큰 혼란이 야기되므로, 청와대가 대책이 마련될 때까지만 겨우 연명시키고 있다. 청와대가 한국은행을 통해 비밀리에 유동성을 지원해 겨우 영업정지를 모면하고 있지만, 한 달 뒤엔 두 회사 모두 파국을 피하기 어려울 듯하다."

글로벌 금융위기 사태로 국내 굴지의 대형 시중은행인 OO은행이 외화 유동성에 문제가 발생해 고전 중이라는 말은 나도 들은 적이 있었다. 하지만 외화 거래도 하지 않는 솔로몬이 왜? 솔로몬금융그룹 계열 증권회사였던 솔로몬투자증권에서는, 증권가에서 해당 루머의 확산 속도가 너무 빨라 사태가 좀 심각하다고 보고했다. 증권사도 영업 활동에서 일부 피해를 보고 있지만, 무엇보다 루머가 일반인에까지 확산되면 모기업인 저축은행에서 자칫 뱅크런과 같은 최악의 사태가 발생할 수도 있지 않겠느냐는 우려였다.

솔로몬 내부에서 루머 때문에 처음이자 마지막으로 전체 임원회의가 열렸다. 증권회사는 물론 저축은행 영업부에서도 해당 루머가 예사롭지 않다고 보고했다. 최근 들어 부쩍 회사에 문제가 없느냐는 질문을 자주 받는다는 것이다. 뭔가 적극적인 대책을 세워야 하는 거 아닌가, 유동성 위기 루머는 사실이 아니라는 해명을 언론에 내보내야 하는 거 아닌가 등의 논의가 이루어졌다.

홍보책임자인 나는 일단 관망할 것을 주장했다. 지금 상황이 비록 위협적이긴 하지만 어디까지나 사실이 아니고 루머일 뿐인데, 적극 대응하는 것은 자칫 기업 이미지 측면에서 득보다 실이 더 클 수 있기 때문이었다. '긁어 부스럼'이라는 말도 있지 않은가. 또 저축은행 창구의 예금 인출 동향에 전혀 특기할만한 변화가 없음을 지적했다.

무엇보다 해당 루머의 약점은, 루머 내용 중에 '한 달 뒤'라는 시한이 포함돼 있다는 점이었다. 루머가 발생한 지 **최소 열흘**은 더 지난 시점이었는데, 한 달이라면 루머의 유효기간이 얼마 남지 않은 상황 아닌가. 그런 상황에서 대중의 동요가 전혀 없다는 것은, 아직 루머의 신빙성에 큰 무게가 실리지 않았다는 뜻이다. 조금만 더 **기다리면** 이 루머는 자동적으로 효력이 소멸될 가능성이 크다고 주장했다.

결국 홍보책임자인 내 의견이 채택됐다. 좀 더 사태 추이를 지켜보고 판단하자는 쪽으로 결론이 났다. 그 대신에 사내 커뮤니케이션을 적극적으로 실시했다. 그룹 계열사 전체를 대상으로 한 내부 공지를 통해, 항간에 사실무근한 유동성 위기설이 유포되고 있는데 유동성이 충분하니 일체 동요하지 말라고 했다. 또 고객이나 거래처에서 문의가 들어오거든 적극 해명해 달라고 당부했다.

루머는 우려보다 더 빨리 시들었다. 당시 저축은행 업계 대표들이 개최한 출입기자 간담회에서, 한 일간지 기자가 솔로몬 CEO의 해명을 기사화하는 바람에 자동 해명이 되어버렸다. 유동성 문제만 다룬 기사는 아니었지만, 기사는 솔로몬이 유동성을 3천억 원 이상 보유하고 있다는 점을 부제목에서 인용했다. 어쨌든 해당 루머는 눈에 띄게 약발이 떨어지더니 결국 잠잠해졌다.

정작 하고 싶은 이야기는 이제부터다. 루머가 잠잠해지고 나서, 나는 모

경제일간지 금융부장과 점심식사를 하며 문제의 유동성 루머 해프닝을 그에게 들려줬다. 그랬더니 그 데스크를 따라 나온 정치부 차장이 뜻밖에도 "그 루머의 진원지가 나인 것 같다"라고 고백하는 것이 아닌가.

청와대 출입기자였던 그 정치부 차장이 내게 말해준 자초지종은 이러했다. "내가 얼마 전에 경제수석실에 들렀다가 모 비서관과 최근 경제동향에 관해 환담했다. 이런저런 이야기를 나누다가, 글로벌 금융위기로 국내 금융업계도 위기감이 감돌고 있다는 내용으로 화제를 옮겼을 때였다. 문제의 시중은행 이야기가 거론됐다. 그 비서관이 문득 저축은행 중에도 유동성 문제가 있는 회사가 2개 있어서 어떻게 조치해야 할지 고민 중이라고 말했다. 한 달 안에는 결론을 내야 한다는 말과 함께. 저축은행 이름을 물어봤더니 그가 대답하지 않았다. 그래서 혹시 솔로몬이 그 2개에 들어가지 않느냐고 물어봤다. 그 비서관이 그 건 확인해 줄 수 없다고 대답했다. 그래서 내가 회사에 위 내용을 보고했는데, 며칠 뒤에 보니까 내가 보고한 내용이 찌라시에 사실처럼 과장돼 증권가에 쫙 퍼져 있더라."

어이가 없었다. 루머의 진원지를 만나기란 쉬운 일이 아닌데, 이렇듯 최초 발설자가 내게 스스로 정체를 밝혀 알게 됐다. 물론 그의 입장에서야 회사에서 정보 보고사항으로 올렸을 뿐이지, 악의를 갖고 시중에 허위사실을 유포한 게 아니었다. 하필 사내 정보 DB를 열람하는 내부 관계자에 의해 문제의 정보가 더 왜곡된 형태로 외부로 흘러나갔을 뿐이다.

루머의 진원지인 그 정치부 기자가 청와대 비서관에게 하필 솔로몬을 콕 집어서 물어보게 된 경위도 우스웠다. 생각나는 저축은행 이름이 솔로몬 밖에 없었다는 것이다. 마침 솔로몬이 자기가 근무하는 신문사 인근에 있어서 자주 간판을 보는 데다, TV CF를 통해 자주 회사 브랜드를 보고들어서 생각이 났다는 답변이었다.

(유동성에 문제가 있어 청와대 비서관이 처리 방안을 놓고 고민했던 저축은행들은, 그 해 가을에 다른 대형 저축은행들에 의해 인수되었다. 부실 저축은행을 기존 저축은행들에게 인수시키는 건 금융 감독당국이 즐겨 사용하던 문제 해결 방식이다. 감독당국은 기존 저축은행의 자발적 인수라고 말하지만, 업계에서 그 말을 믿는 이를 본 적이 없다.)

③ "지방 저축은행 인수, 정권의 특혜"

지난 2011년 초 대형 저축은행들의 영업정지 사태가 발발하면서, 해당 업계가 연일 언론의 질타를 받던 무렵이다. 솔로몬 계열 증권사에서 연락이 왔다. 찌라시에 솔로몬저축은행 관련 정보가 게재됐는데, 내용이 아주 지저분하다는 보고였다. 내용이 추잡해서인지, 증권가에서 SNS를 통해 빠르게 유포되고 있다는 보고였다. 솔로몬이 노무현 정권의 특혜로 자금력도 없이 지방 저축은행들을 무리하게 인수하며 외형 성장을 계속했다는 내용이다.

(무리하게 인수한 건 사실이었다. 솔로몬 최고경영자는 회사의 존폐가 사실상 결정됐을 무렵인 영업정지 조치 5일 전에 도하 경제일간지들과 연속으로 인터뷰를 했다. 정부와 금융당국의 강권으로 파산되었거나 파산 위기에 몰린 지방 저축은행들을 무리하게 인수하는 바람에 솔로몬의 경영부실이 심화됐다는 주장이었다. 분명히 소생시킬 자신이 있으니 기회를 달라고 말했지만, 그 역시 사태가 이미 돌이킬 수 없는 지경에 이르렀다는 사실을 모르는 바 아니었다. 지푸라기라도 잡는 심정이었다.)

어쨌든 어불성설의 소설을 정보라고 올린 찌라시의 표지를 유심히 살펴봤다. 표지 제목을 보니 낯이 익었다. 종종 본 기억이 있는 A뉴스였다. 증권가에서 꽤 널리 유통되는 찌라시였다. 보통 찌라시에 올린 정보는 확인된 내용이 아니기 때문에, 구설에 오른 기업들도 웬만하면 무시하고 지나간다. 찌라시 정보는 대개 출처를 확인하기 힘들다는 문제도 큰 이유이다.

그런데 A뉴스 제하를 보니, 정기간행물로 등록돼 있었다. 항간에선 찌라시로 불리지만, 일종의 보도매체인 셈이었다. 수소문 끝에 확인해 보니, 의외로 고작 1인이 관리하는 간행물이었다. 증권가에 매일 유포되는 정보지 중 하나가 1인에 의해 관리되는 간행물이라는 사실이 한심했다. 책임자를 추궁하니 정보 내용에 대해선 아무것도 모르고 있었다. 시국이 시국인 만큼 이런 허위사실을 유포한 죄를 용납할 수 없다고 말했더니, 간행물 책임자는 바짝 긴장했다. 다음날 A뉴스는 표지 제목 밑에 큼지막한 사과문과 함께 어제 게재한 솔로몬 관련 정보는 사실무근한 내용이라고 '대서특필'했다. 아마 다른 피해자들도 이런 식으로 대처한다면, 적어도 정기간행물로 등록된 찌라시는 설 곳을 잃을 터이다.

(5) 루머 대처법

루머에 대처하는 방법은 크게 두 가지로 나뉜다.

① 무시하라

루머는 기본적으로 사실로 확인되지 않은 정보이다. 사람들은 루머를 듣고 바로 사실이라고 믿지 않는다. 매스컴이 보도하는 뉴스와 찌라시에 적힌 정보의 파급력이 다를 수밖에 없는 이유이다. 사실이 아닌 악성 정보는 일정 기간이 경과하면 무기력하게 소멸되기 일쑤이다. 루머가 발생할 때마다 신경을 곤두세우고 미리 대책을 세우느라 골몰할 필요가 없다.

② 대책반을 가동하라

문제는 루머 때문에 사내 분위기가 흉흉해지고, 영업 활동에도 지장을 초래할 때이다. 이런 때는 CEO의 최종 판단 아래 즉시 대책반을 가동해야 한다. 대책반에서는 루머의 실상을 정확히 파악한 뒤 그에 상응하는 조치를 취해야 한다.

1) 해명자료 배포

해명 자료를 만들어 사내 공지는 물론 주주, 거래처, 상급기관 등 루머를 접할 만한 이해관계자들에게 우편이나 이메일로 알린다.

2) 기사 통한 간접 해명

루머 전파 범위가 광범할 경우엔 해명자료를 기사화하거나, 인터뷰 등을 통해 자연스럽게 알려지도록 조치한다.

3) 찌라시 역이용

매스컴을 통해 공개적으로 해명하기 곤란할 경우에는, 찌라시를 통해 정확한 사실을 역으로 유포한다. 결자해지(結者解之) 원리이다.

4) 정정문 게재

앞서 '솔로몬 루머 사례 3'에서 밝혔듯이, 루머 경로가 확인 가능한 찌라시일 경우에는 사과를 받아내고 정정 사실을 게재토록 조치한다.

III. 한국형 미디어 위기관리 실천지침

한국형 매스미디어
위기 및 해결 방안

한국형
위기관리
커뮤니케이션

IV

한국형 미디어
위기의 양상과
해결

한국형 미디어 위기의 양상과 해결

1 한국형 미디어 위기의 다양한 양상

(1) 기업 길들이기: '최고경영자 때리기'

언론홍보 일선에서 활동하는 홍보맨들에게 가장 난감한 악성보도의 종류를 물으면, 조직 수장의 명예를 훼손하는 기사가 아마 거의 첫손가락에 꼽힐 터이다. 조직 수장이란, 기업으로 치자면 최고경영자인 대표이사 또는 CEO이다. 정부 부처, 기관, 단체 등으로 치자면 장관, 기관장, 단체장 등이다.

정부나 공공기관, 공기업 등은 국민의 혈세로 돌아가는 조직이니 사실상 오너가 국민이나 다름없다. 따라서 해당 조직에 문제가 발생하면, 해당 조직의 책임자는 흔히 언론의 화살을 맞게 된다. 굳이 언론사가 해당 조직이나 그 최고책임자와 특별한 유감이 없더라도 공공의 목적을 위해, 국민의 알 권리를 위해 보도의 책무를 다하게 된다.

하지만 일반 기업의 경우에는 상당히 큰 차이가 있다. 기업에서 생산하는 제품이나 서비스에 문제가 발생했다고 해서, 언론이 바로 그 기업의 최고경영자를 비판하거나 비난하지는 않는다. 해당 최고경영자가 일반 국민의 구설에 오를 만한 돌발적인, 또는 돌출적인 언행만 범하지 않는다면 그렇다. 따라서 특정 언론사가 특정 기업의 최고경영자를 콕 집어서 비판적인 악성보도를 낼 때는 반드시 그만한 이유가 있다. 표면적 이유야 국민의 알 권리를 위해서이겠지만, 실제로는 보복성 기사인 경우가 대부분이다.

최고경영자를 흠집 내려는 악성보도가 나올 때에, 홍보팀에서는 이미 그 이유를 알고 있는 경우가 일반적이다. 악성보도가 터지기 이전에 언론사와 해당 기업 사이에는 대개 어떤 형태로든 갈등이 야기되기 때문이다. 그와 같은 갈등을 빨리 수습하지 않으면, 언론사는 마치 전가의 보도처럼 필봉을 휘둘러 기업에 앙갚음을 하게 된다.

사례 1: 경쟁매체 단독인터뷰에 대한 보복

지난 2010년 봄, 국내 굴지의 재벌총수인 K회장이 종합일간지인 C일보와 단독 인터뷰를 했다. 재벌총수가 특정 언론사만 상대로 단독인터뷰를 갖는 일은 드물어서, 해당 보도는 바로 세간의 화제가 됐다. 문제는 그 다음에 일어났다. 경제일간지 M신문에서 갑자기 K회장의 그룹 경영방식에 직격탄을 날리는 기사를 대대적으로 보도했다. 가장 친기업적인 성향을 보이는 경제일간지가 광고주인 대기업 회장을 향해 칼끝을 겨눈, 매우 이례적인 사건이었다.

사건의 전말은 이러했다. M신문은 평소 수차례 K회장에게 인터뷰 요청을 했으나 번번이 거절당했다. C일보에 K회장의 단독 인터뷰가 게재되기 불과 얼마 전에도 M신문은 인터뷰 요청을 거절당한 상태였다. 그런데 C일보에 큼지막한 인터뷰 기사가 게재되자 M신문 편집국 간부들은 눈이 뒤집혔다.

M신문의 오너 J회장은 K회장과 고교 동창이고, 그 때문에 평소 두 회사의 관계 역시 아주 우호적이었다. 그런데 K회장이 C일보에만 이해할 수 없는 편애(?)를 보이자, M신문의 내부 여론이 들끓었다. 편집국에서는 해당 재벌을 '조져야 한다'는 강경파와 '득보다 실이 크다'는 온건파가 대립했다. 결국 강경파가 득세했고, 대대적인 보복성 기사가 나갔다.

사태는 으레 그렇듯이 해당 대기업 관계자들이 신문사 편집국에 몰려가서 통사정을 하고 협상을 벌인 끝에 가까스로 수습됐다. 하지만 이미 신문 지면을 통해 악성보도가 모두 유포된 상황이어서 '소 잃고 외양간 고친' 격이 됐다. 보복성 기사가 나가던 당시에 해외출장 중이던 M신문의 J

회장이 자기 동창을 조진 편집국 간부들에게 불같이 화를 냈다고 전해졌지만, 그 소문을 믿는 사람들은 드물었다. 사람들은 흔히 이런 경우를 '짜고 치는 고스톱'에 비유한다.

리뷰: "특정 매체에 독점 인터뷰를 허용할 땐, 경쟁 매체부터 다독여라"

K회장을 보필하는 그룹홍보 관계자들이 방심한 것은 M신문이 경제일간지였기 때문이다. 단독인터뷰를 허용한 종합일간지 C일보는 상대적으로 경쟁 관계가 아니라고 오판했다. 물론 모든 언론사는 뉴스를 위해 취재 경쟁을 벌인다. 하지만 이는 주로 대형 이슈가 터져서 전 언론이 함께 취재 경쟁을 벌일 때의 이야기다. 일상적으로는 같은 종류의 경쟁매체, 가령 조선·중앙·동아·한국·한겨레 등처럼 같은 종합일간지끼리, 매일경제·한국경제·서울경제 등처럼 같은 경제일간지끼리, KBS·MBC·SBS처럼 같은 지상파방송사끼리 더 민감한 취재경쟁 구도를 형성한다.

하지만 그룹홍보 책임자는 해당 인터뷰가 C일보에 게재됐지만, 실제 인터뷰 기사는 C일보 계열의 온라인 경제지를 통해 작성됐다는 사실을 간과했다. 이 경제지와 인터뷰한 기사를 전재한다는 사실은 C일보에도 적시돼 있었다. 미묘한 차이가 있지만, K회장은 어쨌든 오해받기 쉬운 경쟁매체와 인터뷰한 셈이다.

만일 C일보가 직접 인터뷰했다고 하더라도, 그룹홍보 책임자는 M신문이 수차례 K회장 인터뷰를 요청했던 사실을 감안했어야 한다. M신문의 편집국 간부들이 마치 뒤통수를 얻어맞는 듯한 느낌이 들지 않도록 사전 양해를 구해야 했다. 당시 그룹홍보 책임자가 M신문을 배려하는 세심한 행보를 보였다면, 주요 경제일간지에서 그룹 총수가 두들겨 맞는 사태까진 가지 않았다.

사례 2: 패였던 감정의 골, 보복의 꼬투리를 잡다

2007년 봄의 일이다. 어느 날 오전, 온라인에 특이한 기사가 한 건 올라왔다. 국내 굴지의 시중은행을 거느린 A금융그룹 회장이 횡령 혐의로 검찰 조사를 받고 있다는 B 석간 경제일간지의 단독 보도였다. 문제는 횡령 규모였는데, 조사 대상 금액이 겨우 500만 원이었다. 자산 규모가 수백 조 원에 달하는 금융그룹의 회장에게는 시쳇말로 '껌값'도 안 되는 수준 아닌가.

당일 오전에 문제의 기사를 확인한 타사 홍보맨들은 옆자리 동료들과 한바탕 웃음판을 벌였을 터이다. 또 홍보맨이라면 그 기사가 굳이 특정 신문의 온라인 사이트에만 게재된 사실을 놓고, A금융그룹과 B일간지 사이에 뭔가 갈등이 있나보다 추측했을 터이다.

당연한 수순이지만, 온라인에 해당 기사가 뜨자 A금융그룹 홍보실장과 산하 시중은행 홍보팀장은 물론 부행장 등 주요 임원들이 B일간지 편집국으로 총출동했다. 이 정도 '인해전술'의 성의를 보이면, 편집국 간부들도 웬만하면 적당한 선에서 양보해 주는 경우가 많다. 기사를 '내려주거나'(삭제하거나), 최소한 익명 처리로 당사자가 누군지 해당 기업이 어느 회사인지 식별이 불가능하게 조치해 준다.

그러나 B일간지 편집국은 요지부동이었다. B일간지 편집국 간부들은 A금융그룹에 대해 심기가 몹시 불편한 상태였다. 뭐든 하나만 걸려보라고 단단히 벼르던 차에 꼬투리가 잡힌 셈이다. 횡령 혐의 대상자가 일반 간부나 임원 정도였다면, 횡령 액수를 감안할 때 A금융그룹 측도 난리법석을 피울 이유가 없었다. 하지만 대상이 최고경영자라면 이야기가 달라진다. 그것도 도덕성을 생명처럼 여겨야 할 금융그룹의 총수이다.

결국 이 사태는 A금융그룹 회장이 직접 B일간지의 편집국장에게 전화를 걸어 통사정을 해서 겨우 해결됐다. 협찬과 같은 재정적인 성의 표시도 뒤따랐겠지만, 회장 입장에서 이만저만 체면을 구긴 게 아니다. 문제의 기사는 2시간 남짓 온라인 공간에 머물다 영원히 사라져 버렸다. 하지만 그런 기사만 찾아 헤매는 하이에나 같은 유사언론 매체들에게 농락당하는 2차 피해를 입어야 했다(3장 유사언론 대응 참고).

리뷰: "언론사와 갈등이 생기면 최대한 빨리 풀어라"

상기한 사건은 일단 A금융그룹 홍보실에 1차 책임이 있다. B일간지가 그만한 일로 전쟁 수준의 소동을 벌였다면, 이미 A금융그룹과 갈등의 골이 상당히 깊게 패여 있었음이 분명하다. 언론사와의 갈등은 언제든 악성보도로 이어진다는 것이 홍보 일선에서는 상식이다. 당시 A금융그룹과 B일간지 사이의 갈등 원인이 무엇인지는 잘 알려지지 않았지만, 홍보실에서 이 사실을 몰랐을 가능성은 낮다. 갈등 사실을 알고도 미리 해결하지 못했다면 문제이지만, 그 정도 갈등이 존재하는 데도 사전에 눈치 채지 못했다면 이 역시 문제이다.

언론사와 갈등이 생기면, 무조건 빨리 풀어야 한다. 갈등 해소는 빠르면 빠를수록 좋다. 갈등이 생겼는데도 차일피일 미루다가는 '호미로 막을 일을 가래로 막는' 사태가 벌어진다. 사태가 터지고 수습해봐야 '사후약방문(死後藥方文)' 격이다. 수모는 수모대로 당하고, 고생은 고생대로 하고, 비용은 비용대로 쓰면서 문제를 해결하는 '상처뿐인 영광'이다.

(2) 언론은 약자 편: '갑의 횡포' 시리즈

① 갑질 응징의 서막

2013년은 한국 기업사에 특기할 만한 사건이 연속으로 일어난 해였다. 이른바 '갑의 횡포'라는 이름으로, 대기업이나 중견기업들이 연일 고발되고 여론의 도마에 올랐다. 갑의 횡포란 '갑을관계'라고 일컬어지는 한국적 불평등 거래관계에서 을에 대한 갑의 권한 남용이 횡포 수준인 경우를 가리킨다.

발단은 P그룹 계열사의 한 임원이 여객기 승무원들을 괴롭히면서 시작되었다. 기내식 대신 라면을 끓여 달라 요구한 문제의 임원이 자기 입맛에 안 맞는다며 계속 라면을 다시 끓여줄 것을 요구하다가, 급기야는 욕설과 난동을 부렸다. 이 사건을 필두로 대리점 주인에게 본사 재고를 떠넘기려다 여의치 않자 아버지뻘 연장자인 점주에게 쌍욕을 서슴지 않은 남양유업 영업팀장의 횡포, 제과회사인 프라임베이커리 회장이 발레파킹 문제로 시비가 생기자 호텔 직원에게 욕설과 폭행을 가했던 사건 등이 연속으로 매스컴을 뜨겁게 달구었다. 그밖에도 CU, 아모레퍼시픽, 국순당 등 각 분야에서 한국을 대표할 만한 유명 기업들이 너나없이 '갑의 횡포' 사례로 집중 조명을 받았다.

해당 사건이 벌어질 때마다 약자 편을 두둔하게 마련인 대중의 정서는 분노로 달아올랐고, 미디어의 집중 보도가 불을 붙였다. 이는 곧 갑으로 지목된 기업들에 대한 불매운동으로 이어졌고, 해당 기업들은 영업에서 큰 타격을 입었다. 이런 상황에서 사람들은 언론이 사회적 횡포를 고발하는 순기능을 수행한다고 믿어 의심치 않는다. 물론 그런 순기능이 있음을 부인할 사람은 없다.

하지만 신의 분노를 가라앉히려면, 제단에 올려야 할 희생양이 더 필요할 때도 있다. 한번 제물의 피를 보고 흥분한 대중은 제2, 제3의 희생양을 찾게 된다. 과연 언론에 회자된 기업들만 횡포를 부린 갑의 집단에 속할까. 갑의 횡포를 보도하는 언론사 자신들 역시 갑의 횡포라는 주제에서 초연할 수 있을까.

리뷰: "빨리 잘못을 인정하고 적극 사과하라"

한국사회에서 갑의 횡포는 어제 오늘의 일이 아니다. 고래로 우리 민족은 중원의 지배자들에게 조공을 바치며 단일민족의 명맥을 이어왔다. 국가적으로도 갑을과 같은 불평등관계에서 자유롭지 못했으며, 내부적으로도 오랜 계급사회를 유지하며 횡포와 수탈의 역사를 경험해 왔다. 우리 사회 전체가 갑을과 같은 지배와 복종의 불평등 관계에서 자유롭던 적이 없었고, '갑의 횡포'라는 이슈는 2013년 이후에도 여전히 살아있다.

문제는 이런 쓰나미 같은 이슈가 터지면 당하는 기업만 억울해 한다는 점이다. 왜? 우리만 그런 게 아닌데 재수 없게 '시범 케이스'로 걸렸다고 한탄하게 된다. 언론도 처음에는 의협심, 정의감에서 사건을 취재하고 보도한다. 하지만 시간이 흐르고 취재경쟁이 치열해지다 보면 주객이 전도되기도 한다. 해당 이슈가 보도될 때마다 열독률과 시청률이 치솟으면, 그 다음부터 마치 먹잇감을 찾는 하이에나처럼 '특종'에 대한 탐욕이 앞서는 경우가 다반사이다. 이런 분위기에선 특종에 눈먼 기자들에 의해 작은 문제도 침소봉대되기 일쑤이다.

소나기는 피하고 보라는 말처럼, 이런 특종 경쟁 쓰나미에서는 무조건 피하고 보는 게 상책이다. 만에 하나라도 비슷한 문제가 발생할 조짐이라도 보이면, 최초로 사실을 인지한 매체를 직접 설득해 보도를 막아야 한다. 하지만 최초로 취재를 시작한 매체가 선정적 보도를 일삼는 유사언론일 경우에는 대응 방식이 좀 달라야 한다(3장 유사언론 대응 참조).

최초 보도를 막을 수 없을 땐, 위기관리 기본원칙에 입각해서 신속하고 과감하게 대응 조치해야 한다. 사실을 부인하거나 책임을 모면하려고 시간을 끌다가 본격적인 시비의 당사자가 되면, 결국 피해가 눈덩이처럼 불어난 뒤 소 잃고 외양간 고치는 우를 범하게 된다. 언론이 물고 뜯을 시간과 내용을 제공하지 않으려면, 신속하고 과감한 결단을 내려서 일찌감치 뉴스의 가치를 떨어트려야 한다.

② '갑의 횡포' 시리즈의 진화: 재벌 오너일가 폭격

지난 2014년 11월5일 발생한 '갑질' 사건 하나가 한국은 물론 전 세계 매스컴을 뜨겁게 달구었다. 대한항공 창업주 조중훈씨의 손녀이자 조양호 회장의 장녀인 조현아씨가 일으킨, 일명 '땅콩 회항' 사건이다. 당시 대한항공 부사장이었던 조씨는 미국 뉴욕시의 케네디공항에서 한국을 향해 막 출발한 자사 여객기를 다시 공항으로 되돌리도록 지시했다. 기내 사무장을 여객기에서 강제 하선시키기 위해서였다.

발단은 조씨가 탑승하고 있던 여객기 1등석 서비스가 매뉴얼대로 진행되고 있지 않다는 불만에서 비롯됐다. 승객의 의향을 물어본 뒤 견과류를 접시에 담아 제공해야 하는데, 승무원이 이를 봉지째 갖다 준 데서 비롯됐다. 여러 가지 문제가 발생했다. 정당한 사유 없이 여객기를 회항시키는 바람에 관련법과 규정을 준수하지 않은 사실, 결과적으로 많은 국내외 승객들에게 불편을 초래한 사실이 국제적 비난을 초래했다. 무엇보다 이 사건이 더 큰 화제가 된 이유는, 승객인 조씨가 서비스를 책임지고 있는 사무장에게 폭언과 함께 기장의 권한인 하선 명령을 직접 내린 '갑질'에 있었다.

이 사건은 무려 2개월 이상 한국 언론을 뜨겁게 달구었고, 장소와 대상이 국내 범위를 넘어선 사건이었기 때문에 세계적으로도 큰 화제를 불러일으켰다. 그 과정에서 당사자인 조현아씨 본인은 물론이고 그의 일가, 그의 회사 이미지가 모두 만신창이가 되었다. 조씨가 대한항공 부사장직은 물론 계열사 대표이사직을 모두 내놓고 공개사죄를 했지만, 성난 여론은 별로 수그러들지 않고 계속 조씨와 그의 일가를 비난했다.

보도 과정에서 매스컴은 조씨가 일으킨 회항 사건만 문제 삼은 것이 아니라, 그의 과거 행적까지 샅샅이 들춰내며 재벌가 후계자들의 도덕성 문제를 질타했다. 또 일부 언론들은 조씨 동생들의 과거 언행까지 찾아내어, 거의 집안사람 전체를 '싸가지 없는' 인물들로 초토화시켰다.

리뷰: "다 잃지 않으려다 더 잃게 된다"

조씨가 물의를 빚은 사실은 비난받아 마땅했지만, 매스컴의 집중포화는 해당 과오의 수준을 넘어선 듯 보였다. 2013년부터 다수의 기업들이 '갑의 횡포' 사례로 여론의 질타를 받아왔지만, 대한항공 경우는 매스컴이 해당 인물과 아울러 재벌집단의 도덕성 전체를 싸잡아 공격하면서 새로운 양상으로 전개됐다. 모든 현상에는 그럴만한 이유와 동기가 있다.

대한항공의 '땅콩 회항' 사건은 갈수록 심화되는 한국사회의 '부익부 빈익빈' 현상, 국민적 존경을 받지 못하는 한국 재벌가에 대한 범국민적 분노가 매스컴의 상업성과 화학적으로 결합해 대폭발한 사례라 분석된다.

인터넷과 SNS의 발달로 소셜미디어의 영향력이 커지면서, 해당 사건에서는 '뉴스가 뉴스를 부르는' 악순환이 계속됐다. 막강한 재력과 광고주로서의 영향력을 바탕으로 사회적 비난을 조절하는 능력을 보여 온 재벌가도 이제 더 이상 언론의 커튼 뒤에서 안주할 수 없음을 보여주었다.

또 이 사건은 미숙하고 구태의연한 미디어 위기의 초기 대응이 사태를 얼마나 악화시킬 수 있는지도 여실히 보여줬다. 대한항공의 초기 대응은 신속하지도 과감하지도 못했고, 정직하지도 소통적이지도 않았다. 사태가 언론에 보도되며 눈덩이처럼 커져가고 있을 때야 겨우 수습에 나섰고, 그나마 자기변명에 급급함으로써 지켜보던 국민의 분노를 더 키웠다. 정직한 사과와 책임지는 자세보다는 애매한 은폐와 책임전가에 주력했으며, 대중을 향한 소통적인 자세보다는 회사 측의 일방적인 방안 제시에 치우쳤다. 어리석고 미숙한 초기 대응으로 사태를 눈덩이처럼 키워서 연속적인 위기를 자초한, 미디어 위기관리의 대실패 사례로 남게 됐다.

③ '갑의 횡포' 시리즈의 절정: 미투(Me Too) 열풍

2018년 1월 서지현 검사의 검찰청 내부 성추문에서 시작해 한국 사회를 송두리째 뒤흔들었던, 갑질과 관련된 미디어 위기의 가장 대표적 사례이다. 가장 대표적인 사건 연루자가 정치계에서는 여당의 유력 대선주자였던 안희정 충남도지사, 연극계에선 극단 연희단거리패의 단장이자 연출가였던 이윤택, 영화계에선 화려한 국제영화제 수상 경력을 자랑하던 감독 김기덕, 연기자로는 조재현 조민기 오달수 등이었다.

미투 열풍의 진원지는 미국이었지만, 전 세계적으로 미투 열풍이 가장 거세게 불어 닥친 나라가 바로 대한민국이었다. 워낙 전례 없던 사건이다 보니, 권력형 갑질의 가해자로 지목된 인물들이 적절한 대응책을 찾지 못하고 허둥댔다. 결국 사태만 잔뜩 키워 파국으로 치닫고 나서야 끝나곤 했다. 사건 초기에 이들의 공통점은 변명과 해명에 더 수력하면서 사태를 키웠다는 사실이다. 이 책에서 강조한 신속한 사과와 과감한 보상 등의 기본 원칙만 지켰더라도 사태를 좀 더 조기에 진화할 수 있었는데 그러지 않았다.

미투 열풍이 잠시 주춤해지자 2020년 오거돈 부산시장, 박원순 서울시장 등 유력한 정치인들이 잇따라 다시 성추문에 휘말리면서 미투 열풍이 되살아났다. 특히 박시장은 스스로 목숨을 끊는 가장 비극적인 결말을 선택해 충격을 던지기도 했다. 미투 열풍은 그 외에도 군 내부의 권력형 성희롱에 이르기까지 일일이 열거하기 힘들 정도로 이어졌고, 한국사회에서 자행되던 남성들의 권력형 갑질을 되돌아보게 하는 계기를 마련했다.

비록 일부 몰지각한 여성들에 의해 원하는 목적을 이루려는 무고죄로 악용되기도 하지만, 그래도 미투 열풍이 그동안 남성들이 별 죄책감 없이 자행하던 성적 착취의 부조리한 관행을 개선하는 데 크게 기여한 것만은 인정해야 한다.

리뷰: "큰 파도가 밀려올 때는 오래 생각하지 말라"

바닷가에서 놀다가 밀려오는 쓰나미나 해일을 발견했을 때는 무조건 뭍으로 뛰어서 최대한 높고 안전한 곳으로 올라가야 한다. 쓰나미나 해일을 발견하고도 머뭇거리는 시간이 길수록 생존의 확률은 반비례해서 떨어진다. 미투 사건이 벌어졌을 때, 일부 당사자들은 자신이 억울하다는 생각에 사로잡히기도 했다. 강간이 아니라 상간 혹은 화간이라는 아전인수식 생각에서 벗어나기가 쉽지 않았기 때문이다. 하지만 이런 '투 머치 씽킹(Too Much Thinking)'이 화를 더 자초하는 올가미가 된다는 사실을 알아야 한다.

실례로 내가 알던 한 대중문화 종사자도 미투 가해자로 지목돼 갑자기 지상파뉴스에까지 실명이 거론되기도 했다. 내게 조언을 구하려고 전화했을 때, 이 당사자는 갈피를 못 잡고 있었다. 주변 지인들의 조언이 제각각 달랐기 때문이다. '무조건 대응하지 말고 가만히 버텨라' '어디 잠수 탔다가 조용해지면 돌아와라' '적극적으로 반박해라' 등등 미디어 생리를 잘 모르는 비전문가들이 저마다 살리는 약인지 죽이는 약인지 구분하지 못하고 처방을 내놓았다. 내가 교통정리를 해준 대로 그 당사자는 실천했고, 적어도 그의 미투 사태는 이틀도 안 돼 바로 끝났다.

내가 제시한 방안은 '△미투 피해자에게 연락해서 먼저 사과해라. 전화를 받지 않으면 일단 진심으로 사과하는 메시지라도 남겨두라 △피해자에게 사과를 했거나 시도한 사실과 함께 무조건 진심을 담은 사과문을 발표하고, 이 내용을 언론에 보도자료로 배포하라 △죄를 뉘우치는 뜻에서 현재 맡고 있는 모든 직위에서 물러난다는 선언과 평생 속죄하는 심정으로 살겠다는 내용을 보도자료에 포함해라' 정도로 정리된다.

이 정도 조치하면 미투 피해자가 더 반발하기가 쉽지 않다. 또 가해자로 지목된 인물이 이 정도 조치를 했는데도 피해자가 여전히 반발한다면, 언론에서도 계속 피해자 편을 들어주기가 어렵다. 결과적으로 언론은 가해자를 계속 공격할만한 기사 거리를 찾기가 힘들어진다. 가해자로 지목된 당사자라고 변명하고픈 말이 전혀 없었겠는가. 하지만 바닷가에서 밀어닥치는 쓰나미는 자기가 덮칠 피해자가 착한 인물인지 악한 인물인지, 당연한 피해인지 억울한 피해인지 구분하지 않는다.

(3) "아님 말구"식 한국 언론: 방송 오보 한방에 무너진 성장기업

지난 2007년의 어느 가을날이었다. 아내가 갑자기 비누·화장품 등을 반품한다고 부산을 떨었다. TV 홈쇼핑채널을 통해 구입한 참토원 사의 제품이었다. 천연황토를 원료로 만든 제품들이어서 당시 엄청나게 각광 받던 제품이었다. 비누는 나도 상당 기간 애용했다. 비누와 비누거품의 촉감이 모두 부드럽고 자연스러웠다. 게다가 사용 후에 피부를 만져보면 실제로 황토 마사지를 한 것처럼 매끈한 느낌이 드는, 아주 만족스러운 제품이었다.

아내에게 반품 이유가 뭐냐고 물었다. 답변인즉, 해당 회사의 제품에서 모두 중금속이 검출됐다는 사실을 KBS 탐사프로그램이 집중 보도했다는 것이다. 그 사실을 듣자 나부터 몸서리가 쳐졌다. 제품에 대한 호감이 삽시간에 사라졌다. 얼마 지나지 않아 신문, 라디오 등 다른 매체들도 해당 회사 제품의 문제점을 일제히 보도하고 있었다.

예상했던 대로 참토원 제품들은 반품과 판매 중단 등으로 매출이 뚝 끊겼다. 제품 판매를 위해 TV 홈쇼핑채널에 자주 등장하던 중년의 인기 탤런트 김영애씨도 더 이상 관련 채널에서 볼 수 없었다. 김씨는 해당 제품을 제조한 회사의 사장 부인이었다. 회사는 결국 망했고 그 여파인지 탤런트 김씨는 사장인 남편과 이혼했다.

정작 놀라운 사실은 그 다음이었다. 참토원이 KBS를 상대로 제기한 소송 과정에서 해당 제품은 인체에 해롭지 않다는 사실이 밝혀졌다. 방송에서 문제시한 쇳가루나 중금속은 천연황토에 포함된 고유한 자성체일 뿐이며, 인체에는 해롭지 않다는 것이다. 충격적인 반전이었다. 그러나 제품 판로는 이미 다 끊겼고 회사는 망해가고 있었다.

당시 제조사였던 참토원은 매출이 물경 1700억 원에 달했던 회사였다. 당시 추세라면 국내에서의 추가 매출은 물론이고 해외시장 진출도 충분히 기대할 수 있었다. 이런 유망한 성장기업이 방송프로그램의 오보 한 방으로 너무도 허무하게, 속절없이 무너져버렸다.

당시 기업 홍보실장으로 근무하던 나는 새삼 매스컴의 위력에 대해 몸서리를 쳤다. 대학원생 시절에 본 영화 〈달빛사냥꾼〉이 떠올랐다. 언론의 보도 한 줄이 얼마나 무서운 결과를 야기할 수 있는지가 새삼스럽게 다가왔다. 그러면서 한편으론 의문과 아쉬움이 들었다. 그렇게 잘 나가던 회사가, 실제로 문제없는 제품을 생산하던 회사가 왜 제대로 된 해명 한 번 못 해보고 쓰러져 버렸는지! 왜 일방적으로 당하기만 했는지!

이 사건은 기업인들에게 왜 언론에 대한 이해가 필요한지를 잘 말해준다. 일종의 반면교사인 셈이다. 참토원 대표는 제품 개발과 판매에만 몰두할 것이 아니라 '평판 관리(reputation management)'에 좀 더 일찍 눈을 떴어야 한다. 매스컴에 의해 발생할 수 있는 평판 위기, 즉 미디어 위기에 대비해 두었더라면, 해당 사건은 미연에 방지하거나 혹은 사건이 발생했더라도 피해를 최소화할 수 있었다.

리뷰 1: "넋 놓고 있다가 코 베인다. 터지기 전에 막아라"

그렇다면 참토원은 어떻게 대처해야 했을까. 먼저 언론 취재를 검찰 수사와 비교해 보자. 검찰이 직접 수사에 착수하는 경우는 크게 두 가지이다. 자체적으로 문제를 인지해서 수사하는 경우, 또는 외부로부터 제보를 받아 사실 확인 과정을 거친 뒤 수사하는 경우이다. 언론사가 취재에 착수하는 경우도 이와 비슷하다. 언론사 내부 정보망을 통해 사실을 파악한 후 취재를 시작하는 경우가 검찰의 인지 수사와 비슷하다. 이에 비해 외부로부터 제보를 받아 취재를 시작하는 경우는 검찰의 제보 수사와 비슷하다.

참토원 사건은 후자의 경우였다. 비전문가 집단인 방송사가 참토원 제품의 문제점을 자체 인지해서 취재를 시작했을 리가 있겠는가. 검찰에 음해성 투서가 다수 들어오듯이, 언론사에도 비슷한 목적의 허위 제보가 종종 날아든다. 특히 업계 경쟁업체끼리 전문성으로 포장한 허위 정보를 제공하는 경우가 많다.

참토원의 첫 번째 실수는, 방송사가 참토원에 최초로 사실 확인을 요청하는 취재를 시작했을 때 적극 대응하지 못한 데 있다. 참토원은 사안의 심각성을 깨닫고 해당 취재진에 명확한 반증을 제시하며 충분히 해명함은 물론, 동시에 방송사의 인적 네트워크를 통해 해당 기획의 문제점을 호소하며 방송 자체가 나가지 않도록 목숨을 걸고 막았어야 한다. 이도 저도 통하지 않을 땐, 최후의 수단으로 보도의 부당성을 제기하며 법원에 방영금지가처분 신청 같은 조치라도 시도했어야 한다.

리뷰 2: "오보 언론사에 대한 응징은 경쟁 언론사에게 맡겨라"

참토원의 두 번째 실수는, 설령 방송이 됐다 하더라도 민첩하고 적절한 대응으로 피해를 최소화했어야 했다는 점이다. 최대한 신속하게 반론보도 자료를 내는 것은 물론, 해당 방송사와 경쟁관계에 있는 타 방송사나 주요 신문사를 총동원해 해당 방송사가 무리하게 편파 방송을 했다는 사실을 알렸어야 한다. 기자회견을 자청해서, 자사가 주장하는 사실들이 지면과 전파를 통해 확산되도록 했어야 한다. 자사가 사실(fact)의 시비관계에서 유리할 경우, 이런 맞불 전략에서 수세에 몰리는 쪽은 사실을 왜곡 과장해 무리수를 둔 언론사일 수밖에 없다.

참토원이 신속하고 과감하게 움직였다면, 회사는 오히려 위기를 기회로 전환시키며 해당 사건을 전화위복의 계기로 삼았을지도 모른다. 해당 제품에 대한 안전성이 확인되는 순간, 일시적인 의심은 더욱 더 공고한 믿음으로 반전될 수도 있다. 문제의 탐사방송이 제품 인지도만 엄청나게 더 끌어올린 광고 역할에 그쳤을 수도 있다.

하지만 그 같은 노력들이 거의 보이지 않았다. 참토원이 해당 방송사만 상대로 정정 및 사과 보도를 요청하며 우왕좌왕하는 사이에, 소비자들의 신뢰는 바닥을 모르고 추락했다. 참토원 대표가 한국 언론에 대해 좀 더 깊은 이해를 갖고 있었다면, 굳이 사내에 홍보 부서나 홍보전문가가 없었더라도 사태가 극단으로 치닫진 않을 수도 있었다는 아쉬움을 남겼던 사건이다.

(4) 미디어 위기의 단골메뉴 '표절' : 같은 위기, 다른 결과

2013년 봄, 유명 스타였던 두 여성이 '석사논문 표절' 혐의로 언론의 스포트라이트를 받았다. 한 사람은 인기 스타강사로 이름을 날리던 김미경 씨, 다른 한 사람은 자타공인 한국의 정상급 배우인 김혜수씨였다. 두 스타는 같은 내용의 혐의로 언론의 화살 세례를 받았지만, 그로 인해 야기된 결과는 극과 극이었다.

김미경씨는 엄청난 비난을 받으며 방송사들로부터 쏟아지던 출연 러브

콜이 모두 끊겼다. 이후 김씨는 1년 가까이 동면에 들어가야 했다. 이듬해 종편채널 JTBC를 통해 조심스럽게 복귀를 타진했지만, 이미 식어버린 대중적 인기는 다시 살아나지 못했다.

반면 김혜수씨는 김미경씨와 달리 오히려 찬사를 받았고, 곧이어 방영된 본인 주연의 TV 미니시리즈 드라마에서도 큰 호평을 받았다. 그의 대중적 인기는 조금도 타격을 받지 않았고, 그는 무슨 문제가 있었느냐는 듯 여전히 스크린과 TV를 오가며 예전처럼 당당히 활동했다.

리뷰: "애매한 사과는 사과가 아니다. 분명히 사과하라"

이 두 인물의 사건이 같은 내용이면서 그렇듯 상이한 결과를 야기한 것은 전적으로 대응 방식 차이에서 비롯됐다. 김미경씨는 지나치게 신중을 기한 나머지 대응 시간을 질질 끌었고, 인기를 잃기 싫은 듯 해명도 애매하게 내놓았다. 그에 비해 김혜수씨는 거의 전광석화 같은 신속한 결단으로 언론이 흠집 낼 시간 자체를 주지 않았고, 해명과 사과도 대중이 예상하던 수준을 훌쩍 뛰어넘어 언론의 말문을 아예 막아버렸다.

김미경씨의 초기 반응은 "입장을 정리중이다"라는 것이었다. 그가 입장을 정리하는 동안, 언론은 연일 벌떼처럼 김씨의 명예를 할퀴고 있었다. 한참 뒤에 발표된 입장은 "실수는 인정하지만 마치 논문 전체가 표절인 것처럼 지적하는 것은 억울하다"는 식의 내용이었다. 대중의 시각으로 볼 때 사과인지 변명인지, 인정인지 부인인지 모를 애매한 내용이었다. 언론의 비난 공세는 수그러들지 않았다. 한 달이 넘는 시간이 그런 식으로 흘러가는 동안, 김씨의 명예와 인기는 바닥으로 곤두박질했다.

김혜수씨는 초기 반응이랄 것이 없었다. 혐의가 보도된 지 불과 이틀 뒤에 열린 새 드라마 발표회장에서 "이유 불문하고 잘못을 인정하며, 학위를 반납하겠다"라고 선언해버렸다. 그 선언에 부속된 해명을 들어보면, 김씨 역시 억울한 대목이 없지 않았다. 하지만 김미경씨의 경우와 크게 달랐던 것은 "어쨌든 내 잘못이다"라면서 남 탓을 하지 않았던 점, 그리고 아예 학위 반납이라는 거의 '자폭성' 결단을 내린 점이다. 예상을 뛰어넘는 신속하고 과감한 결정에 언론과 네티즌들은 오히려 김씨에게 동정표와 함께 찬사를 던졌다.

두 사건은 모두 비슷한 시기에 발발한 비슷한 내용의 위기였다. 하지만 결과는 전혀 달랐다. 두 사건은 매스컴에 의한 평판위기에서 대응 시간과 대응 방식이 얼마나 중요한지를 여실히 보여준 대조적 사건이다.

2 직접 수행한 위기관리 사례 집중 탐구

(1) 솔로몬저축은행 사례들의 공개 배경

① 솔로몬 홍보와 미디어 위기관리

본 장에서는 내가 솔로몬저축은행 홍보실장으로서 겪었던 미디어 위기의 실제 사례들을 공개한다. 이런 사건들을 지면에 공개할 날이 올 것이라 생각하지 못했다. 주로 기억에 의존해서 작성했으나, 하나같이 팽팽한 긴장감 속에서 극복했던 사례들이라 10년 전 사건도 어제 일처럼 또렷하다.

많은 사례들이 있으나 모두 기술할 수는 없다. 햇수로 8년간 미디어 위기를 관리하면서 살았다. 마지막 1년 반은 거의 매일 쏟아지는 부정적인 언론 보도들과 싸워야 했다. 폭동이 일어나면 방화 약탈 침범 등 기존에 상상할 수 없던 무질서가 거리를 휩쓸듯이, 핫이슈를 만나 속보 경쟁에 돌입하면 매스컴도 평상시와는 달라진다.

기사의 생명은 일단 '사실 확인'이다. 그 다음이 확인된 사실을 근거로 시비곡직을 '공정하게' 기술하는 일이다. 하지만 핫이슈가 발생해 경쟁에 들어가면, 기자들이 기사의 생명과 같은 두 요소를 팽개치고 속보 경쟁에만 몰두하는 모습을 수없이 봤다. 아니 직접 겪었다. 영향력이 막대한,

이른바 메이저 언론사들도 예외가 아니었다. 그 와중에도 한 통의 확인 전화를 잊지 않았던 기자들의 얼굴 역시 스쳐지나간다. 그런 기자들이 한국 언론계의 희망이라고 생각한다.

모든 회사들이 그렇겠지만, 금융회사는 고객의 신뢰를 특히 더 중시하는 업종이다. 필요한 기사를 많이 노출하는 퍼블리시티보다, 부정적 기사를 억제하는 위기관리가 훨씬 더 중요하다. 솔로몬은 금융회사일 뿐 아니라, 대주주가 등기임원으로 자기 이름을 올리고 직접 책임경영을 하던 회사였다. 부정적인 기사에 대한 민감도가 엄청났다. 회사명과 대주주의 이름이 거의 같은 레벨로 다뤄졌다고 봐도 과언이 아니다.

② 미디어 대응논리와 위기관리의 시사점

미디어 위기관리 사례는 위기의 개요와 경과를 적은 다음, 당시의 취재기자와 데스크 등 언론인을 상대로 펼쳤던 대응논리를 적었다. 언론을 상대할 때는 뚜렷한 대응논리가 있어야 한다. 평소 안면과 친분이 있는 언론인이라고 해서 악성 기사와 관련한 삭제, 수정 등의 부탁을 무조건 들어 주지는 않는다. 직업적 양심도 문제이지만, 언론사 편집국에는 지켜보는 눈이 한둘이 아니다. 언론 대응논리를 달리 표현하면 언론인이 수긍할 수 있는 명분이다. 명분이 불분명한 행위를 하게 되면, 언론인 자신들 역시 구설에 휘말릴 수밖에 없다.

마지막으로 시사점을 밝혔다. 미디어 위기관리 사례를 통해 우리가 짚고 넘어가야 할 교훈이 무엇인지를 지적했다. '한번 실수는 병가지상사'라지만, 전장에서 같은 실수를 반복하는 것은 죽음을 의미한다. 비즈니스 전선에서도 마찬가지이다. 같은 위기가 반복되지 않도록 위기를 통해 배운 교훈은 반드시 명심해야 한다.

이 장에서 밝히는 솔로몬의 미디어 위기 사례들은 하나같이 내가 직접 겪은 실제 사건들이다. 제3자로서 기술한 타사의 위기 사례들에 비하면 구체성이나 해결과정 등에서 아무래도 더 생생할 수밖에 없다. 더 자세하게 기술할 수도 있으나, 핵심 위주로 정리하고 넘어가는 편이 나을 것 같아 대폭 요약했다.

(2) 솔로몬저축은행의 미디어 위기 사례

① 피인수 저축은행 노동조합의 언론플레이

개요:

2005년 솔로몬저축은행에 인수된 부산 한마음저축은행의 노동조합원들이 전원 고용승계를 요구하며 8개월간 집요하게 영업방해와 언론플레이를 일삼았다. 한마음저축은행은 이미 파산 선고를 받은 기업이며 인수는 P&A(자산부채이전) 방식으로 이루어졌기 때문에 전원 고용승계는 부당한 요구였다.

경과:

1. 부산 한마음저축은행 노조원들은 현지 일간지, 시민단체 전문지, 민주노총과 연계된 노동전문 일간지 등 친노조 성향을 보이는 언론매체를 상대로 지속적으로 언론플레이를 펼쳤다. 근거도 박약한 솔로몬의 특혜 인수를 주장하며, 인수 당사자를 생채기내기에 바빴다.

2. 현지 일간지인 〈부산일보〉는 한마음저축은행이 부산솔로몬저축은행으로 간판을 바꿔 달고 영업을 재개하던 무렵, 연이어 날이 선 보도를 내보냈다. 기존 피해 고객들을 배려하지 않는다는 식의 적대적 기사들이었다. 나는 입사하자마자 현지로 급파돼 〈부산일보〉에 근무하던 지인을 통해 담당기자와 접촉했다. 담당기자가 영업 재개를 준비하던 부산솔로몬을 취재하던 과정에서 의사소통이나 자료 협조가 원활치 않았음을 알게 됐다. 정식으로 사과하고 추후 그런 문제가 재발되지 않도록 조치할 것을 약속했다. 감정이 풀린 담당기자도 노조원들의 요구가 무리한 것은 알고 있었기 때문에 더 이상 부정적 기사를 내보내지 않았다.

3. 경실련 기관지였던 〈시민의 신문〉의 부산 주재기자 역시 악의적 기사를, 노조원들의 주장을 거의 그대로 반영하는 기사를 내보내고 있었다. 해당 기자는 전직 기자였던 나의 적극적 설득에 예상보다 쉽게 취재 방향을 선회했다. 이 매체 역시 더 이상 부정적인 기사는 나오지 않았다.

4. 민주노총과 연계된 일간지 M매체가 가장 골칫덩어리였다. 수시로 한마음저축은행 노조원들의 주장을 거의 여과 없이, 일방적으로 보도하고 있었다. 해당 매체를 방문해 편집장 등과 대화를 시도했으나, 이들은 홍보책임자인 내게도 적대적인 자세를 드러냈다. 홍보책임자를 오너 경영자의 하수인쯤으로 치부했다. 대화가 제대로 이루어질 리 없었다. 악의적 기사가 종종 나와도 매체 자체가 워낙 노조 편향성이 크다 보니 별다른 영향력은 없었다. 솔로몬이 노동계에 계속 안 좋은 이미지로 각인될까 우려돼 그대로 놔두기도 불편했지만 일단은 지켜보고 있었다.

5. 그러던 중 M매체가 사고를 쳤다. 심상정 국회의원실에서 입수했다는 국감자료를 인용하며, 솔로몬이 한마음저축은행 인수계약을 체결할 때 이면계약서를 작성하는 이중계약으로 부당한 특혜를 받았다는 기사를 냈다. 해당 의원실에 그 문제의 이면계약서를 입수하고 M매체에 제공한 사실이 있는지 확인해 보니 전혀 사실무근이었다. 실상은 M매체가 노조원들의 제보를 받아 일방적으로 보도한 기사였다. 인수계약 자체가 P&A(자산부채이전) 방식이어서 계약서가 이중으로 나뉘어 작성됐을 뿐인데, 이를 이면계약으로 오해한 노조원들의 착각을 그대로 기사화했다.

6. M매체는 2개 사실을 허위 보도하는 큰 실수를 저질렀다. 아무리 친노동계 정치인이라고 하지만 덜컥 현직 국회의원의 이름을 팔아서 보도한 점. 또 복수계약과 이면계약을 혼동할 정도로 상식이 부족한 노

조원들의 주장만 듣고 최소한의 확인 과정 없이 일방적인 보도를 내보낸 점이다. 취재 및 기사 작성의 기본적 훈련이 돼 있지 않던 담당기자의 자승자박이었다. 솔로몬 내부에서는 민형사 소송 이야기가 나왔다. 하지만 나는 실리만 취하고 관대하게 처분할 것을 주장했다.

7. 내 주장이 받아들여졌다. 나는 해당 매체를 다시 방문해 사과문 및 정정보도문 게재를 요구했고, 명예훼손죄의 시효기간을 상기시키며 앞으로 어떤 악의적 기사도 쓰지 말 것을 당부했다. M매체 대표와 편집국장은 자신들이 무슨 잘못을 범했는지 깨닫고 있었기에 군소리 없이 사과문 및 정정보도문을 크게 게재했다. 그리고 다시는 솔로몬 관련 기사를 쓰지 않았다.

언론 대응논리:

언론은 합리적 근거를 앞세우기보다 단순히 불쌍하다는 이유로 사회적 약자의 편을 들 때가 많다. 한마음저축은행 노조의 언론플레이가 그런 경우에 해당됐다. 한마음은 파산기업이라서 법적으로는 전혀 노조원을 고용 승계해야 할 의무가 없었다. 하지만 어차피 업무 경력자가 필요하기에 솔로몬은 전임 노조원의 70% 이상을 다시 채용하겠다는 계획을 세웠고, 회사 방침을 받아들인 노조원들은 모두 채용했다. 문제는 자신들이 채용에서 배제될 것을 알고 있던 강성 노조 지도자들의 무리한 요구였다. 이들은 자신들을 추종하는 노조원들을 볼모로 이권을 추구하는 데만 집중했다. 채용이 여의치 않더라도 보상금이라도 두둑이 받아내겠다는 전략이었다. 그 때문에 채용이 가능했던 노조원 중 상당수가 결국 같은 처지로 전락하고 말았다. 나는 현지 언론인들에게 한마음 노조의 문제점을 강력하게 지적했다. 명분도 실익도 상실한 채 영업 방해로 일관하는 노조의 투쟁은 지역경제를 위해서도 도움이 되지 않는다는 사실을 상기시켰다.

시사점:

1 정상적인 상식을 가진 기자라면, 합리적 설명과 근거만 제시해도 충분히 설득이 가능하다. 기본적인 의사소통만으로도 부당한 문제는 잘 일어나지 않는다. 그런데 이 기본적인 사항들이 쉬워 보이지만 잘 이루어지지 않는 경우가 많다. 예컨대 기자가 국민의 알 권리를 위해 취재한다는 사실을 망각한 채, 그를 일반회사의 영업사원처럼 상대하는 일이다. 바쁠 때 자료를 요청하고 질문을 해오면 귀찮은 것이 당연하지만, 특히 요청 당사자가 기자일 때는 절대로 성가신 티를 내서는 안 된다. 기자 입장에서는 '기자에게도 불친절한 집단이 고객은 얼마나 우습게 여길까'라고 생각한다. 책의 서두에서도 밝혔듯이 기자의 뇌리에는 '갑' 의식이 잠재돼 있는데, 이는 우월의식뿐 아니라 자신이 국민을 대변하는 직업인이라는 의식이기도 하다. 그러니 이들을 불필요하게 자극해선 안 된다. 갑의 자존심을 건드리는 것이야말로 가장 큰 금기사항이다.

2. 〈부산일보〉와 〈시민의 신문〉은 상식이 통하는 매체였기 때문에, 적

절한 의사소통으로 금세 문제가 해결됐다. 하지만 M매체는 당파성이 워낙 강해서, 상대방 의견이나 주장을 들으려는 기본자세조차 결여돼 있었다. 이런 매체에 게재되는 뉴스는 사실상 뉴스가 아니라 주장이나 구호에 불과한 경우도 많다. 뉴스는 정확한 사실과 공정한 자세로 보도돼야 공신력을 얻는다. 일방적인 주장이나 구호는 동조하는 무리들을 벗어나면 쉽게 고립된다. M매체 같은 언론사는 이런 점을 명심해야 한다. 허술한 보도는 자충수를 두게 되는 경우가 많은데, 피해자 입장에서는 기다렸다가 그런 매체의 악수(惡手)를 활용할 필요가 있다.

② **PF대출 통장 위조혐의 사건**

개요:

2002년 저축은행 업계의 PF(Project Financing)대출 개시 초기에 솔로몬저축은행에서 거액의 대출을 받았다가 사업에 실패한 부동산사업 시행자가, 대출 관리 과정에서 솔로몬이 범한 실수를 2005년 KBS에 제보해 9시뉴스에 보도될 뻔했던 사건이다.

경과:

1. PF대출이라는 신상품은 거래 초기에 리스크가 워낙 큰 대출로 여겨져서 솔로몬이 선취한 이자와 수수료 규모가 상당히 컸다. 신상품이어서 평균적인 이자나 수수료 기준이 전혀 없었고, 대출 조건은 말 그

대로 금융회사에서 '부르는 게 값'인 상황이었다. 대출 받아 아파트든 상가든 건물만 지어 놓으면 이를 분양해서 투자금의 몇 배를 이득으로 취할 수 있기 때문에, 당시 부동산사업 시행자들은 대출을 받으려 혈안이 돼 있었다.

2. 언론 제보자인 문제의 부동산사업 시행자는, 2002년 대출을 받으려 강남의 노른자위 땅을 담보로 내걸었다가 원리금을 못 갚는 바람에 해당 토지를 압류당한 인물이었다. 결국 솔로몬은 해당 토지를 공매해 미수 상태였던 원리금을 해결했는데, 그 과정에서 대출받은 시행자가 원한을 품게 됐다.

3. 시행자는 2005년 자신의 통장관리에 문제가 있음을 발견하고 이를 언론사에 제보하겠다며 솔로몬 경영진을 협박했다. 직원 실수로 통장에 대출자의 명의와 어긋나는 인감이 찍혀 있었고, 원리금 정리 등에서 착오 기재가 있었다. 실질적으로 이 때문에 대출자가 피해를 입은 사실은 없었으나, 금융회사가 대출 관리를 그처럼 허술하게 했다는 점에서 문제를 삼을 소지가 있었다.

4. 거액을 보상해 달라는 요구를 들어주지 않자, 대출자는 결국 한 인터넷신문에 해당 사실을 제보했다. 인터넷신문은 해당 사실을 갖고 솔로몬과 흥정하려 들었다. 솔로몬은 이 문제로 이미 내부 태스크포스팀(TFT)을 결성했는데, 인맥을 통해 해당 인터넷신문의 대표를 설득해 일단 보도 없이 무사히 넘어갔다.

5. 인터넷신문을 통한 보도에 실패하자 대출자는 결국 관련 사실을

KBS에 제보했다. KBS 기자는 매우 적극적으로 해당 사실을 취재했다. 수일간의 우여곡절 끝에 결국 9시뉴스에 보도되기 직전 상황까지 몰렸는데, 방송을 몇 시간 남겨두고 극적으로 보도 리스트에서 삭제할 수 있었다.

언론 대응논리:

1. 솔로몬이 비록 고객과의 거래 기록을 소홀히 취급한 점은 잘못했으나, 실질적인 피해가 발생하지 않았고 해당 과오가 이미 수년이나 지났다는 사실을 호소했다. 기록 관리가 부실했던 점은 충분히 사과하고 적절한 보상을 하려 했으나, 고객이 어불성설 수준의 무리한 보상을 요구하며 협박을 가했던 점도 강조했다.

2. KBS 기자는 아이템에 매력을 느꼈는지 끝까지 보도 계획을 밀어붙였는데, 보도국 간부들의 판단은 달랐다. 처음엔 기자의 보고를 듣고 뉴스 편성을 계획했다가, 내부 인맥을 통해 간부들을 개별 접촉해서 설득에 성공한 케이스였다. 만일 제보자가 해당 사실로 인해 실질적인 피해를 입었다면 아마도 편성에서 빼기가 불가능했을 터이다.

시사점:

1. 본 건은 수년 간 괄목할 성장가도를 달리던 솔로몬의 기업 이미지에 큰 타격을 입힐 수도 있는 이슈였다. 9시뉴스의 상징성도 크지만, 계속 점포를 확장하던 솔로몬의 공신력에 타격을 가해 실질적인 고객

및 매출 감소로 이어질 수도 있던 사안이었다. 시중은행처럼 큰 덩치를 지닌 금융기관이야 맷집이 좋겠지만, 당시 솔로몬은 이제 막 세간의 주목을 받기 시작하던 제2 금융권 회사여서 꽤 큰 피해를 입을 수도 있었다.

2. 상당한 미디어 위기 상황이었지만, 솔로몬 CEO는 정확한 판단으로 TFT를 주도하고 그 자신 또한 사태 수습을 위해 적극 나섰다. 인맥 범위가 넓어서 고비 때마다 주요 인맥에 선을 댈 수 있었다. 미디어 위기 상황에서는 이처럼 CEO를 포함해서 주요 임직원들이 모두 적극적으로 나서서 초기 대응을 잘 하는 게 중요하다. 소 잃고 외양간 고치는 낭패를 겪지 않으려면, 미디어 위기 시 너나 없이 초기 대응에 주력해야 한다.

③ 증권사 인수를 위한 PEF LP 모집 시의 이면계약

개요:

2007년 솔로몬저축은행은 저축은행 업계 최초로 종합증권사를 인수했다. GP(General Partner)인 솔로몬이 LP(Limited Partner)인 기관투자가 및 일반기업들로부터 투자를 유치하는 과정에서, 일부 LP들에게 원금 및 확정수익률 등을 보장하는 이면계약을 체결했다. 관행적으로 행해지던 투자 유치 방식이었지만, 금융감독 규정에는 위반되는 계약이었다. 이면계약 사실이 소문나는 바람에 관심을 갖는 언론사들이 종종 있었으나 모두 차단했고, 훗날 솔로몬저축은행이 영업정지로 문을 닫고 나서야 알려졌다.

경과:

1. 당시 금융권에서 PEF(Private Equity Fund; 사모투자펀드)를 결성할 때, GP가 LP들에게 원금과 확정이자율을 보장하는 방식의 투자 유치를 관행적으로 해왔다. 외국계 종합증권사인 KGI증권 인수를 위한 입찰 경쟁에서 우선인수협상 대상자로 선정된 솔로몬 역시 그 같은 방식으로 투자 유치를 추진하고 있었다.

2. 그런데 방해 공작이 발생했다. 경쟁 입찰에서 밀린 한 대기업 계열 금융회사가 솔로몬의 마케팅 방식을 한 경제일간지에 제보했다. 제보 받은 경제일간지의 팀장을 만났다. 사정 설명을 하니, 그는 기사화하지 않겠다고 약속했다.

3. 그러나 그 팀장은 약속을 지키지 않았다. 가판도 없는 해당 일간지가 월요일자 신문에서 동 사실을 기습적으로 보도했다. 알고 보니 그 팀장은 기자 신분이지만 제보 받은 회사의 홍보팀에서 근무한 경력이 있었다. 솔로몬의 LP 모집은 일대난관에 부딪혔다. 솔로몬은 할 수 없이 그 보도 이후에 투자 유치한 LP들에 대해서는 이면계약으로 자금을 모집해야 했다.

4. 문제는 위 사실이 잊힐 만하면 한 번씩 기자들 귀에 들어갔다는 점이다. 기자들 역시 소문만 듣고 해당 사실을 기사화하기는 힘들었으나, 언론 속성상 치고 나갈 수 있는 여지도 충분히 있었다. 상당히 구

체적인 내용까지 확보한 기자도 있었다.

5. 결국 해당 사실은 5년이 지나고 나서야 공개됐다.

언론 대응논리:

1. 기자들이 해당 사실을 문의할 때마다 나는 이를 강력히 부인했다. 해당 사실은 솔로몬이 영업정지로 내몰리기 전까지는 최고경영자와 담당 임원 외에는 아무도 모르는 극비사항이었다. 의심은 좀 들었으나 당사자들마저 부인해서, 나 자신도 확인할 길이 없었다. 사내 임직원이라고 모든 사실을 공유하는 것은 아니다. 나중에서야 물어보니 이런 사실은 '모르는 게 약'이라는 대답이 돌아왔다.

2. 취재기자들이 관련 내용을 문의할 때마다, 나는 강력 부인하면서 동시에 2007년도의 억울했던 상황을 환기시켰다. 거의 사문화된 감독규정을 경쟁사의 언론플레이로 특정 매체가 부각하는 바람에, 솔로몬은 인수 경쟁에서 성공하고도 투자유치 과정에서 엄청난 후유증을 치러야 했다.

3. 나 자신도 이면계약 사실을 믿지는 않았으나, 설혹 소문이나 제보가 사실이더라도 이런 사실이 보도돼서 무슨 실익이 있겠느냐고 기자들에게 문제를 제기하곤 했다. 인수한 증권사는 경영을 잘해서 불황 중에도 매년 큰 폭의 영업이익을 내고 있었다. 피해자가 발생한 것도 아니고, 업계에서 관행적으로 실시되어온 거래방식이 아니냐고 했다. 기자들도 대부분 공감하는 눈치였다. 누구를 위해 종을 울릴 것인가.

무조건 사실 보도만이 능사는 아니다. 해당 내용이 장기간 보도되지 않았던 데는 그만한 이유가 있었다.

시사점:

1. 이 사안은 만일 기자들이 취재해서 확인 보도했다면, 솔로몬이 보유했던 종합증권사 경영권 자체가 흔들릴 수도 있는 문제였다. 증권사 인수 과정 자체를 문제 삼는 근본적인 이슈가 제기될 수 있었다. 또 이 면계약이 무효화될 경우 해당 투자금은 반환해야 하고, 그 공백을 채워줄 자본금을 보강해야 하는 문제 등 여러 이슈가 걸려 있었다.

2. 비록 오랜 기간 내 나름의 논리 전개와 설득으로 관련 보도를 막기는 했으나, 어쨌든 사문화된 규정도 규정이므로 훗날 사실이 밝혀진 뒤에도 뒷맛이 개운하진 않았던 사례다. 하지만 사실을 제대로 알았다 한들 홍보책임자로서 어떤 선택을 할 수 있었겠는가. 문의하는 기자들이 대개 출입기자나 안면 있는 기자들이었기 때문에, 그나마 내 대응 논리에 호응해 줘서 협조를 이끌어낼 수 있었다.

④ **해킹 피해와 고객 DB 유출 사건**

개요:

2008년 솔로몬저축은행을 비롯한 금융회사들의 고객 DB가 해킹당해, 이를 경찰청 사이버수사대가 발표한 사건이다. 경찰청 기자회견에서 솔로몬 실명이 공개되면서, 기간통신사인 연합뉴스가 이를 그대로 실명 보도했다. 사안의 성격상 거의 전 언론의 사회면을 장식할 수밖에 없던 사건이었다.

경과:

1. 경찰청 사이버수사대가 솔로몬을 포함한 금융회사들의 해킹 피해를 조사하고 있는데, 조만간 기자회견을 열어 관련 사실을 언론에 공표할 가능성이 높다는 정보를 해당 부서로부터 입수했다.
2. 사이버수사대에 양해를 구해서 피의 사실이 확정되기 선에는 관련 기업들의 이름을 익명 발표해 줄 것을 부탁했다. 사이버수사대에서 참작하겠다는 연락을 받아냈다.
3. 해당 기자회견에서 사이버수사대가 처음엔 관련 사실을 익명으로 발표했으나, 한 기자가 해킹당한 금융회사들 중에 저축은행 업계 1위인 '솔로몬'도 포함됐느냐고 묻자 발표자가 시인해 버렸다.
4. 국가기간통신사인 연합뉴스에서 해당 사실을 실명으로 보도했다.
5. 홍보실에서 사내 대책회의를 신속 개최했다. 전 언론에서 보도할 수밖에 없는 사안인데, 연합뉴스가 실명 보도했으니 일반 언론사들도 당연히 실명 보도할 것이라는 점을 알렸다. 주요 일간지 위주로 일단 실명 보도부터 막기로 결정했다.
6. CEO는 전 일간지의 편집국장에게, 홍보실장인 나는 전 일간지의 경제부장, 금융부장, 일부 편집국장에게 익명 보도를 부탁하는 전화를

돌렸다.

7. 전 일간지의 협조로, 해당 사실은 모두 보도됐으나 단 한 매체도 솔로몬의 실명을 보도하지 않았다. 기자 출신인 나로서도 믿기 힘든 성과였다.

언론 대응논리:

1. 일간지 편집국 간부들에게 해당 사안이 실명 보도되기에는 너무 억울한 입장임을 하소연했다. 정보 유출량도 많지 않았고, 무엇보다 고객 정보가 직접적으로 유출되지 않았음을 강조했다. 고객 이름은 나갔지만, 고객 신상정보는 대부분 차단돼 있었다. 주민등록번호는 별표 처리되어 있었고, 비밀번호 같은 중요 정보들은 아예 노출되지도 않았다. 그 몇 달 전에 시중은행에서 발생한 유출 사건 당시에 비하면 노출 규모도 작고 직접 피해도 없음을 강력하게 제시했다.

2. 타 언론사들에도 모두 동일한 부탁을 하고 있는데, 모두 호응해 주기로 약속했다는 점을 강조했다. 다른 매체가 실명 보도하는데 자사 매체만 익명 보도하면, 특히 자존심이 강한 종합일간지 같은 매체들은 설득하기가 더 힘들어지기 때문이다.

시사점:

1. 경쟁 통신사들이 많이 생긴 뒤에도 연합뉴스의 영향력은 막강하지만, 2008년 당시만 해도 연합뉴스가 실명 보도한 주요 뉴스를 전 일간

지가 익명 처리한다는 것은 매우 보기 드문 사례에 속했다. 이런 일이 가능할 수 있었던 힘은 평소 솔로몬의 언론인 관계관리가 그만큼 원만했기 때문이다. 언론 대응논리도 중요하지만 평소 전 일간지의 경제부장, 편집국장과 직접 안면을 터놓지 않았더라면 그처럼 완벽한 협조를 이끌어내기란 불가능했다.

2. 나는 홍보실장으로서 당연히 언론인들과 우호적인 관계를 맺고 있었지만, CEO 역시 평소 언론사 주요간부들을 챙겼던 점이 큰 도움이 됐다. CEO의 지원 없이 홍보실장 혼자서 모든 일간지에서 실명을 제거하기란 거의 불가능하다. 나는 CEO에게 신문사 편집국장들에게 일일이 전화해 줄 것을 요청했고, CEO가 흔쾌히 직접 나서서 전화를 돌렸다. 나는 모든 데스크를 설득했고, 알고 지내던 편집국장들은 내가 직접 연락해 부탁했다.

3. 보통 CEO와 편집국장의 오찬 자리에는 내가 항상 배석했다. CEO와 언론사 간부의 인사 자리에는 항상 우리 측은 CEO와 나, 상대방은 주로 경제부장(경제일간지는 대개 금융부장)과 편집국장이었다. 그래서 편집국장도 거의 다 안면이 있었다. 하지만 언론인은 프로토콜을 중시한다. 겨우 안면 정도 있는 편집국장이라면, 홍보실장 수준에서 직접 전화하는 것은 별로 바람직하지 않다. 그래서 평소 편집국장 정도는 CEO가 직접 인사하고 인연을 맺어둘 필요가 있다.

⑤ PF대출 부실화 문제 보도

개요:

국내 저축은행 업계의 'PF(Project Financing)대출' 부실 문제는 2008년부터 4년 넘게 국내 언론에 의해 지속 보도됐다. 그때마다 업계 선두이자 PF대출 비중이 매우 높던 솔로몬은 매스컴의 집중 표적이 되었다. 업계 종합보도, 또는 동사 단독보도 형태로 PF대출 부실 이슈가 매스컴의 도마에 오를 때마다 나는 다양한 전략과 협상으로 기사를 희석시키는 방어 활동을 펼쳤다. 기사 자체를 막은 경우도 많았다.

경과:

1. 실적발표 기사(증권부):

솔로몬은 상장사였기 때문에 반기실적 보고서와 연간실적 보고서가 제출될 때마다 '솔로몬, 적자 지속' '솔로몬, 적자폭 확대' 같은 식의 기사 노출이 불가피했다. 이런 기사는 주로 경제일간지의 증권부와 금융부, 두 부서에서 작성된다. 증권부 기자들은 다수의 상장사 실적을 대개 묶어서 작성하므로, 신문의 증권면에서는 제목, 부제목 등 눈에 잘 띄는 위치에 회사명이 노출되지 않도록 신경 썼다. 혹시라도 그런 식의 노출이 될 경우, 증권부 데스크에게 연락해서 제목 수정을 부탁했다. 나는 그룹 홍보를 총괄했기 때문에, 금융부뿐 아니라 증권부까지 소속 언론인들을 모두 상대하고 관리했다.

2. 실적발표 기사(금융부):

문제는 금융부였다. 금융부에선 저축은행 업계 출입기자들이 실적분석 기사를 쓰게 되는데, 업계 선두기업의 실적은 주요 관심대상이 될 수밖에 없었다. 기자들이 기사 리드에서 솔로몬을 언급하게 되면, 본사 데스크와 편집부로 기사가 넘어가면서 제목이나 부제목에서 회사명을 배제하기가 곤란해진다. 실적이 발표될 때마다, 출입기자들에게 일일이 연락해서 기사 리드에서는 실적이 양호한 기업들부터 언급해 달라고 부탁했다.

3. 일반 기획기사:

PF대출 부실 문제가 저축은행 업계의 뇌관으로 떠오르고 있다는 섬을 많은 언론인들이 주목하고 있었다. 2002년 카드대란 사태 때도 저축은행 업계가 큰 타격을 입고 상당수 회사들이 파산했는데, 부실 PF대출의 파괴력은 그와 비교할 수 없을 정도로 클 것으로 전망됐다. 많은 매체와 기자들이 이 문제를 다루었고, 그때마다 솔로몬은 집중 표적이 될 수밖에 없었다. 글로벌 금융위기가 발발한 2008년부터 저축은행 사태가 끝난 2012년까지, PF대출 이슈는 늘 나를 괴롭혔다. 잊을 만하면 누군가 취재를 시작했고 기사가 나왔다. 하지만 PF대출 이슈가 크게 부각되는 기사에서 솔로몬이 집중 언급된 적은 거의 한 차례도 없었다. 기사 취재가 시작되면 바로 기자와 데스크에 대한 설득과 부탁을 통해, 또는 이미 기사가 노출된 경우에는 즉각적인 사후조치를 통해 기사 삭제나 내용 순화 등의 조치를 취했다. 이런 일이 수없이 반복되다 보니, 출입기자들도 거의 불가사의한 수준이라고 쑤군댔다. 내

명성도 올라갈 수밖에 없었다. 이런 일이 가능했던 건 평소 솔로몬의 언론인 관계관리가 그만큼 원만했기 때문이다. 회사가 경영난이라서 광고나 협찬 등의 협조가 원활치 못했을 때도, 언론인들은 상당히 솔로몬에 우호적이었다. 주변 조직에서 언론사와 풀어야 할 문제가 있을 때 솔로몬에 도움의 손길을 내밀곤 했다. 심지어 금융 감독기관이 언론사와 소통 문제로 곤욕을 치를 때, 최고책임자가 솔로몬 CEO에게 직접 SOS를 청하던 경우도 있었다.

언론 대응논리:

1. PF대출의 역사를 제대로 이해하면 저축은행들의 과욕만을 탓할 수 없음을 알게 된다. IMF사태 이전에, 은행 계열 저축은행들은 은행의 부실여신을 떠맡았다가 급격한 동반부실로 무너졌다. 저축은행들은 IMF사태라는 큰 강을 건너며 체력도 제대로 보강하기 전에 카드대란 사태를 맞았다. 카드회사들이 카드 발행을 남발하다가 급격히 부실화되자, 카드 이자 돌려막기 대출로 '반짝' 성업 중이던 저축은행들이 또 된서리를 맞았다. 이렇듯 체력이 고갈된 상황에서 부동산시장의 활황에 힘입어 PF대출이라는 신종 대출상품이 등장했다. 초기에는 바로 이 PF대출이 저축은행 경영정상화의 일등공신이 됐다. 그러자 금융감독원은 저축은행들의 PF대출을 오히려 장려하는 정책을 폈고, PF대출로 승승장구하던 솔로몬도 당국의 권유에 따라 부실 저축은행들을 잇따라 인수하게 된다. 이것이 바로 저축은행들이 지방은행 수준으

로 대형화한 과정이다. 하지만 5년간 활황세였던 부동산 경기가 급랭하면서, PF대출이라는 약은 오히려 독으로 변해 저축은행들의 발목을 잡았다.

2. 나는 기자들에게 PF대출이 단순히 고수익만 추구하려는 탐욕의 결과만은 아니었던 점, 솔로몬이 원대한 목표를 향해 성장하는 과정에서 그동안 부실 극복과 고용 창출 등 사회에 기여했던 성과들을 부각했다. 현재 큰 장애물을 만났는데 잘 극복할 수 있도록 언론이 도와줘야 한다고 호소했다. '스티그마(stigma) 효과'처럼 계속 부정적 기사만 나오게 되면 살아날 회사마저도 빈사 상태로 내몰릴 수 있다는 점을 상기시켰다.

시사점:

1. 기자들은 '홍보맨의 인간적 호소'와 '국민의 알 권리라는 대의명분'의 중간지점에서 늘 갈등할 수밖에 없다. 홍보맨이 기자와 평소 인간관계가 좋으면 호소력이 커지지만, 여기에만 의존해 기자를 설득한다면 기자는 직업적 양심 때문에 고민하게 된다. 따라서 기자가 납득할 명분을 제대로 제공해야 홍보맨도 원하는 바를 얻을 수 있다. 손바닥으로 하늘이 가려지겠는가. 회사가 합당한 명분을 제시할 수 없을 정도로 방만한 경영을 한다거나 추악한 치부를 갖고 있다면, 홍보맨이 아무리 용을 쓴들 소용없다. 언론인을 거의 매수하지 않는 한 자신이 원하는 바를 이룰 수 없다.

2. 언론사에 따라서는 거래가 불가피한 경우도 있었다. 모 신문사가

설립한 자본시장 전문 미디어가 솔로몬의 PF 문제를 집중 취재해 시리즈로 다루려 한다는 계획을 알게 됐다. 책임자를 만나 회사가 어렵다며 아무리 설명해도 말로는 소용이 없었다. 수천만 원을 내고 해당 매체의 유료 ID를 5개나 구입하고서야 겨우 시리즈 기사를 막을 수 있었다. 1년 뒤에는 솔로몬의 경영난을 감안해서 ID 할당량을 3개로 줄여줬다. 이런 문제는 대부분의 기업들이 언론사와 겪고 있는, 한국적 상황에서는 피해 갈 수 없는 현실이다. 해당 매체의 편집국 간부들도 인간적으로는 미안해한다. 배울 만큼 배운 이들이지만, 언론사도 회사이기 때문에 생존 논리 앞에서는 그들 역시 무기력해질 수밖에 없다.

⑥ MBC 9시 뉴스 보도 '솔로몬의 대출이자 이중취득' 사건

개요:

2011년 솔로몬저축은행이 차세대 전산시스템을 새로 구축하는 과정에서, DB 오류가 발생해 일부 신용대출 고객이 이중으로 대출이자를 지급하는 문제가 발생했다. 한 고객이 이를 발견해 솔로몬 본사에 항의하며 즉각적인 보상과 위로금을 요구했으나, 처리가 지연되자 바로 MBC에 동 사실을 제보해 9시 메인뉴스에서 보도된 사건이다.

경과:

1. MBC 취재기자가 신용대출을 관장하는 솔로몬 본사 소비자금융팀

에 전화를 걸어 취재를 개시했다.

2. 소비자금융팀이 직속 임원에 보고하면서 동시에 홍보실장에게도 이 사실을 알렸다.

3. 소비자금융본부장과 홍보실장이 동시에 CEO에 동 사실을 보고했다.

4. 내부 상의 끝에 해당 내용의 보도 자체를 막도록 노력하되, 여의치 않을 경우엔 보도 내용이나 편성 순서를 약화시키는 '물타기' 작전으로 선회할 것을 결정했다.

5. 홍보실과 CEO의 인맥 네트워크를 총동원해, 9시뉴스 헤드라인 또는 초반부에 배치할 예정이던 동 보도의 편성순서를 뉴스 후반부(일기예보 직전)로 늦추는 데 성공했다.

6. 9시뉴스 말미에 이 보도를 접한 출입기자들의 문의가 홍보실에 쇄도했으나, 모두 효과적으로 방어했다. MBC의 단독보도를 타 언론사는 거의 받지 않았다. (타 언론사들이 많이 받아서 보도해야 특종 보도로 인정받는데, 그렇지 못한 경우임)

언론 대응논리:

1. 보도 사실이 정말 큰 문제가 있었다면, MBC에서 왜 뉴스 후반부에 편성했겠는가. 기자의 의욕 과잉으로 사실보다 과장된 보도였다는 사실을 부각했다. (실제로 MBC 기자가 팩트를 한두 가지 부풀리는 거의 고의에 가까운 실수를 했는데, 연락 온 기자들에게는 그 점을 집중 성토했다.)

2. 차세대 전산시스템 구축은 수백억 원 예산과 2년 이상의 기간이 소요되는 큰 작업이다. 작업하다가 거액의 자금만 날리고 구축에 실패하는 회사들도 적지 않다. 우리는 성공했는데, 다만 그 과정에서 작은 에러가 발생했을 따름이다. 피해 고객도 소수에 불과하고, 긴급 연락해서 다 보상 조치했다. 악의적 의도가 있던 것도 아닌데 고객이 불평한다고 이런 소소한 문제까지 일일이 다 보도하면 회사만 죽어나는 것 아닌가.

시사점:

1. 지상파방송 취재기자들은 거의 다 회사의 노동조합원이다. 일단 확실한 팩트를 장악하면, 보도 자체를 막는 것은 불가능에 가깝다. 광고나 협찬 등의 타협책도 거의 먹히지 않는다. 직속상사인 데스크나 보도국장 등을 잘 알아도, 취재기자가 수긍하지 않는 한 보도 자체를 막을 수는 없다. 이런 경우에 무리하게 보도를 막으려는 전략으로만 밀어붙이면 시간만 낭비할 뿐이다.

2. 대안은 빨리 차선책을 택하는 일이다. 신문도 지면의 위치에 따라 기사의 밸류가 달라지듯이, 방송도 어느 시간대에 뉴스가 나가는지에 따라 영향력에서 큰 차이가 발생한다. 편성은 데스크와 보도국장의 고유 권한이다. 따라서 데스크나 보도국장을 직접 알면 바로 차선책을 부탁할 수 있다. 직접 모를 땐 그들에게 대신 민원을 넣을 수 있는 인맥을 최대한 빨리 찾아야 한다. 취재기자 인맥보다는 데스크 인맥을 찾으라는 뜻이다. 취재기자 인맥은 별로 소용없다. 기자 인맥을 몇 명

이나 동원했지만, 기자의 보도 내용은 더 강경해지기만 했다. 하지만 보도국 시니어 인맥을 통해서 편성 순서는 조율이 가능했다.

3. 모든 언론사가 마찬가지이겠지만, 방송 취재기자들의 공명심은 대단하다. 해당 내용을 방송한 MBC 기자도 의욕이 앞서다보니 사실 전달 과정에서 실수를 범했다. 하지만 MBC 측에 정정이나 사과 보도를 요청하지는 않았다. 이런 내용이 다시 거론돼 봐야 회사에 실익이 없을 뿐더러, 기자와의 관계도 악화될 뿐이다. 야심차게 보도했는데 반향이 거의 없어서 그 자체로 취재기자도 크게 실망했을 터이다.

4. 이 사건을 리뷰하면서 위기관리 측면에서 빠트릴 수 없는 사실이 하나 있다. 바로 내부 보고 문제이다. 이 사건은 피해자가 처음 언론사 제보를 운운할 때, 담당부서에서 빨리 상사에 보고하고 홍보실에도 해당 사실을 알렸어야 했다. 하지만 담당부서였던 전산실 직원들은 사태가 커지길 원하지 않았고, 어떻게든 자기 선에서 해결하려고 시간을 끌다 오히려 사태를 키워버렸다. 이런 현상은 일반 기업 어디서나 흔히 벌어지는데, 피해자가 언론을 들먹이는 순간 즉시 홍보부서에 해당 사실을 알리도록 직원들을 교육시켜야 한다.

⑦ 부실 금융업계의 과다 접대비 논란

개요:

2011년 초 업계 2위 부산저축은행 영업이 정지되면서 발발한 저축은행 사태 이후, 부실 저축은행들의 방만 경영 논란 및 보도가 끊이지 않았다. 이런 상황에서 〈OO닷컴〉이 저축은행들이 수년간 사용한 접대비 통계를 공개하며 특히 부실 저축은행들의 도덕성을 질타하는 자료를 냈다. 주로 방송뉴스에서 이 문제를 일제히 보도하면서 여론이 매우 악화될 수도 있는 상황이었다.

경과:

1. 오전에 지상파방송 및 케이블TV 등의 뉴스채널을 중심으로 일제히 관련 사실이 보도됐는데, 특히 최대 저축은행인 솔로몬의 실명이 직접 거론됐다. 저축은행에 대한 사회의 시선이 곱지 않은 상황에서 저축은행들의 방만한 경영이 크게 질타를 당할 수 있는 보도였다.

2. 〈OO닷컴〉의 보도자료를 즉시 입수해서 내용 분석에 들어갔는데 실소를 금할 수 없었다. 〈OO닷컴〉이 문제 삼은 저축은행들의 접대비 규모는 대개 세제 혜택까지 받을 법정 한도치 수준에 불과했다. 거론된 저축은행들 가운데는 회사 규모에 비해 다소 접대비 지출이 큰 곳도 있었으나, 업계의 소형 저축은행에 불과했다.

3. 방송이 계속 반복 보도되고 있어서 일단 해당 방송사에 모두 전화를 걸어 〈OO닷컴〉 보도자료의 문제점을 지적한 뒤, 관련 보도를 중단하거나 최소한 회사 실명을 삭제해 줄 것을 요청했다. Y매체 같은 경우엔 이미 2회 이상 뉴스가 전파를 탔으나, 점심부터는 즉시 관련 회사들 이름이 익명 처리됐고, 저녁부터는 보도가 중단됐다.

4. 급한 대로 오전에는 석간신문들까지 모두 전화 연락해 관련 기사가 나오지 않도록 사전조치에 들어갔다. 기자와 데스크, 모두 연락할 시간이 없어서 일단 데스크부터 상대했다. 기자들은 홍보실 직원들이 따로 연락했다. 급할 때는 '게이트키퍼(gate keeper)'인 데스크만 제대로 상황을 인지해도 신속하게 관련된 조치가 가능하다.

5. 방송과 석간신문을 막은 뒤에는, 전 조간 일간지의 기자와 데스크에게 전화를 걸어 〈OO닷컴〉의 보도자료가 얼마나 무리한 내용인지 알리며 보도 자제를 요청했는데 모두 수용됐다.

언론 대응논리:

1. 〈OO닷컴〉의 언론플레이에 언론사가 속수무책으로 당하고 있음을 부각했다. 〈OO닷컴〉이 문제 삼은 접대비는, 그들이 주장하는 것처럼 과도한 수준이 아님을 강조했다. 〈OO닷컴〉에 직접 전화해 항의하니, 그들 역시 인정한 사실이다. 접대비를 지출하지 않는다면 영업을 포기한다는 뜻인데, 회사가 어렵다고 영업도 하지 말라는 말이냐. 접대비가 과도해야 문제인데, 자료에 적시된 접대비 규모는 대부분 세제 혜택 가능한 법정 한도치 수준이었다.

2. 또 접대비 내용을 분석해 보면, 대부분 거래처의 경조사에 보낸 화환 등과 같이 꼭 필요한 지출들이 주종이었다. 접대비라는 말에 내포된 어감처럼 향응이 주된 내용이 아님을 강조했다. 대출 영업을 하는 금융회사는 대개 갑의 입장이기 때문에 접대비를 크게 지출하는 업종

이 아니라는 점도 환기시켰다.

시사점:

1. 특정 타깃이 핫이슈로 떠오르면, 언론은 하이에나 같은 속성을 드러낸다. 평소 같으면 제대로 확인하고 보도할 내용을, 속보 경쟁에서 뒤지지 않으려고 별다른 확인 없이 일단 보도하고 볼 때가 많다. 바로 이런 '아님 말구' 식의 보도 성향은 한국 언론의 후진성을 그대로 드러낸다.

2. 당시 저축은행들은 사소한 사건만 있어도 집중 보도되는 핫이슈의 한복판에 서 있었다. 당해본 이들은 알겠지만, 일단 이런 소용돌이에 휘말리면 계속 '설상가상'의 악순환이 계속된다. 매스컴의 관심사를 이용해서 자신의 지명도를 높이려는 국회의원, 사설연구소 등의 무리한 언론플레이가 극성을 부린다.

3. 이런 이슈는 홍보책임자가 정신만 차리고 있으면 비교적 손쉽게 진압될 수 있다. 또 홍보맨들이 유념해야 할 점은, 이런 문제가 발생하면 언론사에 미리 연락해서 후속보도를 원천봉쇄 해야 한다는 점이다. 당시 상대했던 데스크들은 나중에 내게 "비록 자사 이름이 노출되긴 하지만 타사들 이름과 함께 나가는데, 이렇게 미리 전화해서 보도 자체를 막으려는 홍보책임자는 흔치 않다"라고 말했다. 일단 기사가 나간 뒤의 사후 조치는 사전 조치보다 몇 배나 더 힘들다는 사실을 유념해야 한다.

⑧ 살생부에 오른 저축은행 명단 보도

개요:

2011년 8월 금융감독원은 경영상태가 부실한 6개 저축은행을 적기시정조치 유예 대상으로 지정했다고 밝혔다. 달리 표현하면 해당 저축은행들을 영업정지 후보로 지정했다는 의미이며, 이른바 '살생부' 명단에 올렸다는 뜻이기도 하다. 6개 저축은행은 금감원과 경영개선 약정을 체결했는데, 이를 약속된 기한에 제대로 이행하지 못하면 모두 파산 위험에 몰리게 됐다. 6개 저축은행이 어딘가를 두고 취재기자들이 큰 관심을 가졌고, 6개 명단에 포함된 걸로 확인된 솔로몬·한국 등 주요 저축은행들을 기사화하려는 시도가 계속됐다.

경과:

1. 2011년 1월 서울의 삼화저축은행이 영업정지 당하면서, 자산 규모 1조원을 상회하는 대형 저축은행 가운데 수도권에서 처음으로 파산될 회사가 발생했다. 곧이어 2월 부산저축은행 사태가 발발했다. 부산저축은행은 계열 저축은행을 포함하면 자산 규모가 가장 큰 저축은행 그룹이었는데, 갑자기 영업정지 조치를 당하면서 예금 및 후순위채권 매입 피해자가 속출했다.

2. 하루아침에 생계자금을 날린 피해자들이 울부짖으면서 매스컴은 연일 부산저축은행 사태를 집중 보도하기 시작했다. 부산저축은행 계열 저축은행들 역시 연이어 무너졌다. 모기업이 영업정지 당하자 불안

감에 휩싸인 예금자 및 투자자들이 계열 저축은행들로 몰려들어 뱅크런 사태가 발생했기 때문이다. 감독당국의 미숙한 조치로 도미노처럼 연쇄적으로 영업정지 사태가 벌어졌다. 한 달 동안 영업정지 사태가 줄을 이으면서 혼란은 극에 달했고, 이때부터 매스컴은 해당 회사뿐 아니라 저축은행 관련 이슈라면 무엇이든 쏟아내기 시작했다.

3. 2005년부터 저축은행 업계에서 단일 자산규모로 부동의 1위를 지켜온 솔로몬저축은행도 쓰나미처럼 밀려오는 뉴스의 중심부로 쓸려 들어가기 시작했다. 온갖 이슈가 줄을 이었다. 전직 금감원 간부 및 고위관료들이 즐비했던 저축은행 업계의 사외이사들도 언론의 비판 목록에 포함됐다. 신문 방송이 앞 다퉈 사외이사 이슈를 보도했다. 거수기 노릇만 하느라고 저축은행 부실을 방치했다는 비판이었다. 이런 이슈에서도 솔로몬은 업계 1위답게 주요 사례로 보도되었다. 사실 사외이사 이슈는 저축은행뿐 아니라 은행·증권 등 금융권 전반, 나아가 한국의 기업 전반에 해당되는 문제였다. 신선한 뉴스가 아닌데도 '저축은행'이란 단어만 들어가도 뉴스거리가 되기엔 충분한 상황이었다.

4. 국회, 시민단체 등 국민의 권리를 대변하는 각종 단체들이 저축은행 관련 이슈를 쏟아냈다. 상당수 국회의원들은 보좌진이 급하게 수집 정리한 자료를 제대로 이해하지 못한 상태에서 떠들어댔다. 저축은행 이름만 팔면 언론이 즉시 이슈를 제기한 국회의원 이름을 활자화해 주었기 때문이다. 국회의원실에 연락해 보좌진을 통해 오류나

실수를 바로잡고, 또 이를 근거로 언론에 연락해 기사를 정정하는 작업을 숱하게 반복했다.

5. 한편 금융감독원은 추가적인 영업정지 대상이 될 만한 부실 저축은행들을 솎아내려는 조치에 들어갔다. 일단 저축은행 관리감독을 담당하던 기존 직원들부터 전원 교체했다. 전임 직원들 상당수는 이미 구속되거나 검찰에 불려 다니는 신세였다. 새로 관리감독을 맡게 된 감독원 직원들은 살기가 등등했다. 이들은 같은 해 7월, 1차 적기시정조치 대상 저축은행들을 선정 발표했다. 제일·토마토 등 주요 대형 저축은행들이 포함돼 역시 큰 사회적 파장을 일으켰다. 솔로몬은 이 발표 명단에서 제외됐다.

6. 문제는 그 다음이었다. 금감원은 갑자기 추가 조사를 더 실시한다고 밝혔다. 8월 중순경, 금감원은 6개 저축은행을 적기시정조치 유예 대상으로 선정했다고 밝혔다. 일단 6개월 유예기간을 주고, 그 안에 경영개선 약정을 성실히 수행하면 회생을 보장하겠다는 내용이었다. 이 발표를 하는 기자회견장에서, 금융위원회 고위간부가 큰 실수를 저질렀다. 기자들의 유도성 질문에 넘어가 6개 회사 중 두 대형 저축은행(솔로몬, 한국)이 포함됐음을 사실상 시인해 버렸다.

7. 일요일이어서 집에서 대기하던 나는 기자회견장에 있던 한 종합일간지 기자의 전화를 받았다. 금융위 간부의 실수로 솔로몬과 한국이 살생부 명단에 포함됐음이 알려졌다고 했다. 그 기자는 "저축은행 업계를 대표하는 1, 2위 회사가 모두 들어갔으니 기자들이 이를 기사화

하지 않을 리 없다"며 자신도 기사화 여부를 고민 중이라고 말했다.

8. 일단 전화를 준 기자에게는 기사화하지 말아 달라고 부탁한 뒤 인터넷을 지켜보고 있었다. 아니나 다를까. 금세 유력 경제일간지 온라인 판에서 실명이 언급된 관련 기사가 떴다. 즉시 데스크에게 전화를 걸어 실명 삭제를 요청했다. 이름이 거론되면 어떤 사태가 야기될 수 있는지 잘 알지 않느냐며 사정했다. 데스크는 "그 대신 다른 매체에 기사가 나면 책임지라"고 얘기하면서 일단 해당 기사에서 이름을 삭제해 주었다 늘 그랬지만, 솔로몬과 함께 기사화되면 다른 저축은행들은 거의 팔짱만 끼고 기다렸다. 솔로몬 측에서 항상 알아서 삭제나 익명 처리를 했기 때문에 늘 반사이익을 봤다. 이때도 마찬가지였다. 4~5개 언론사에서 비슷한 기사가 올라왔고, 모두 내가 전화 연락해서 일일이 삭제 조치했다. 이윽고 가판 신문 뜰 시간이 돼서 신경을 곤두세웠는데, 금융위와 금감원에서 출입기자들에게 신신당부해서인지 가판에서는 의외로 실명 언급이 거의 없었다.

9. 발표 시점인 8월 중순을 기점으로 해서, 최종 영업정지 조치를 당한 이듬해 5월까지 솔로몬 홍보실은 계속 지뢰밭을 걸어야 했다. 6개 회사 이름은 금감원에서도 내부 단속을 철저히 해서, 기자들도 늘 6개 중에서 1~2개 회사 정도는 이름을 마저 다 확인하지 못했다. 기자들뿐 아니라 저축은행 업계에서도 남은 그 1~2개 회사가 어딘지 궁금해 했다. 해당 회사에는 목숨이 걸린 일이지만, 아마 6개사 명단을 모두 확보했다면 어떤 매체든 특종이라며 보도할 수도 있는 상황이

었다. 하지만 솔로몬·한국 등 확인된 회사들 이름만이라도 거론하며 기사화하려는 시도가 누차 반복됐다. 기사화하지 않는 조건으로 대가를 요구하는 유사언론 매체도 한둘이 아니었다. 특히 타블로이드 매체들이 그런 경향을 보였다. 평소 이 분야에도 인맥 관리를 해 두었고, 또 이들의 생리를 파악해 둔 터라 별 무리 없이 대처했다(3장 유사언론 대응 참조).

10. 2012년 들어서면서 6개 저축은행의 영업정지가 초읽기에 몰리자, 한 경제뉴스 전문 케이블방송사가 집요하게 솔로몬을 비롯한 주요 대형 저축은행들의 문제점을 심층 보도하려고 들었다. 보도를 막으려 했으나, 해당 언론사는 그 대가로 얼토당토않은 거액의 협찬을 요구했다. 광고 협찬 건으로 언론사들과 숱하게 밀고 당기는 협상을 해 봤지만, 그때처럼 어이가 없던 적도 드물다. 회사가 경영난으로 존폐 기로에 섰다는 보도를 하겠다는 자들이, 수억 원의 협찬을 요구하는 것이 상식적인 일인가. 요구를 들어주지 못해 보도 자체를 막을 수는 없었다. 다만 회사명을 익명 처리하는 등 수위를 많이 약화시켰고, 시청률이 워낙 낮다보니 뉴스 자체도 별 파장을 일으키지 못했다. 나중에 들어보니 해당 언론사는 이런 식의 협박과 협찬 요구를 계속 병행해 기업들 사이에서 악명이 무척 높아져 있었다.

언론 대응논리:
1. 부산저축은행 사태가 발발한 이후 금융감독원에서 새로 저축은

행 감독 임무를 맡은 직원들의 입장은 명료했다. 확실히 생존을 장담할 정도의 경영상태가 아니면, 모두 영업정지 후보로 삼겠다는 것이었다. 생존이 애매한 회사를 살려 주었다가 훗날 그 회사가 파산하게 되면, 그 관리감독 책임은 누가 지게 되는가. 기본적으로 저축은행을 살리려는 관점보다는 내가 먼저 살아야겠다는 입장부터 앞세웠다. 2011년 7월에 7개 저축은행에게 사망선고를 내렸음에도, 바로 재조사를 실시해 8월에 6개 저축은행을 추가로 사지로 몰아넣은 이면에는 그 같은 생존 논리가 숨어 있었다. 수개월 간 날이 선 조사 끝에 '생존 가능'으로 결론 낸 회사를 1개월 만에 '사망 위험'으로 재진단한 이유를 쉽게 납득할 수 있겠는가. 이런 설명에는 대부분 기자들도 공감을 표했다.

2. 솔로몬은 금감원이 부실 기준으로 제시했던 수치만 놓고 보면 한계기업이 아니었다. 가장 중요한 기준이었던 BIS비율도 9%가 넘었다. 자회사인 증권사와의 연결 재무제표 덕분이긴 했으나, 어쨌든 규정을 충족했다. 자산을 재평가해서 가치를 대폭 떨어뜨린 다음 부채가 자산을 초과한다는 논리만 만들어내지 않았다면, 결과적으로 솔로몬은 생존이 가능한 회사였다. 내부 시뮬레이션 실시 결과, 2008년 글로벌 금융위기 같은 대형 위기상황만 재발되지 않는다면 2년 안에 경영 정상화가 가능했다.

3. 이런 상황을 자세히 설명하고 악성보도가 나올 때마다 언론인들의 이해와 협조를 구했다. 이런 큰 회사를 하나 만들려면 얼마나 많은 임

직원들의 땀과 열정이 필요한지를 역설했다(결과론이지만 당시 파산 선고된 대형 저축은행들의 상당수는 일본계 자본들이 접수했다). 평소 어떤 경영인 못지않게 열정적으로 일했던 솔로몬 CEO를 잘 알던 언론인들은, 대부분 솔로몬의 회생을 빌어주며 늘 협조적이었다.

시사점:

1. 8개월 동안 솔로몬이 살생부 명단에 오른 사실을 밝히는 기사가 거의 뜨지 않았던 이유는 평소 언론사, 언론인과의 관계가 그만큼 돈독했기 때문이다. 한 경제뉴스 케이블방송에서 솔로몬을 포함한 살생부 명단을 보도해서 즉시 데스크에게 연락해서 삭제 조치했을 때의 일이다. 데스크는 미리 배려해 주지 못해 미안하다고 오히려 내게 사과했다. 나중에는 보도한 기자도 미안했다고 내게 전화했다. 오래 전부터 경제 전문매체는 물론 종합일간지를 포함한 주요 시사매체들과 폭넓은 관계를 맺어온 것이 미디어 위기 시에 큰 힘이 되었다. 솔로몬이 만일 생존했다면 언론계 인맥은 회사 재도약에도 큰 디딤돌이 되었을 터이다.

2. 언론홍보에서 언론인 관계관리보다 더 중요한 일도 없다는 사실을 새삼 깨닫게 됐다. 특히 미디어 위기에 내몰릴 때, 언론사에 첩첩이 쌓인 인맥자산 만큼 든든한 우군이 또 어디 있겠는가. 해당 언론사에 A가 없어도 B, C가 유사시 계속 백업 인맥으로 등장해 준다. 대기업도 회사에 따라 홍보 마인드에 큰 차이가 있지만, 일정 규모 이상으

로 성장한 기업들은 일찌감치 언론인 인맥에 관심을 가질 필요가 있다. 현대사회는 미디어사회이다. 언제 어떻게 회사가 미디어를 통해 큰 기회를 맞이할지, 큰 위기를 초래할지 모른다. 미리 대비하는 자만이 기회는 당기고 위기는 밀어낼 수 있다.

> 맺음말

미디어 위기는 지금도 계속되고 있다

지난 2014년 하반기, 한 해가 막바지로 접어들던 무렵에 한국 미디어 위기의 역사에 크게 기록될 만한 사건이 벌어졌다. 바로 대한항공의 이른바 '땅콩 회항' 사건이다. 이 사건에 표출된 국민적 분노와 관심은 대한항공이라는 대기업 한 곳에 국한된 문제라고 보기에는 너무도 광범위하고 지속적이었다. 갈수록 심해져 가는 한국사회의 부익부빈익빈 현상, 국민적 존경과 지지를 받지 못하는 재벌기업들에 대한 대중적 반감 등이 상승효과를 일으킨 사건이다. 오너의 장녀인 대한항공 부사장이 오랜 기간 혹독하게 여론의 질타를 받다보니, 일부 여성단체들이 마녀사냥이라며 오히려 가해자 감싸기에 나설 정도로 언론의 관심은 지대했다.

지난 2018년엔 새해 벽두부터 미투 열풍이 불면서 미디어의 갑질 보도 역사에 거의 정점을 찍었다. 대한항공 땅콩회항 사건 이후에 권력형 갑질에 대한 고발과 보도가 간헐적으로 지속됐지만, 미투 열풍 당시엔 쓰나미가 무색할 정도로 피해자들의 고발과 가해자들의 몰락이 숱하게 반복되면서 신문 방송 등 대한민국 미디어에 바람 잘 날이 없었다. 피해자들은 한을 풀었고 사회 저명인사들이던 가해자들은 평생 쌓아올린 명성이 무너지는

맺음말

충격이 거듭됐다.

언론은 생리적으로 미담이나 활약보다는, 비리나 부패를 파헤치는 데에 더 민감하다. 미담이나 활약을 보도해서 특종상을 받는 경우는 매우 드물다. 기자들은 하루도, 한시도 쉬지 않고 사건과 사고, 비리와 부패를 찾아 돌아다닌다. 매스미디어는 국민의 관심을 자양분으로 성장하는 산업이며, 고발과 폭로가 존재의 이유이기도 하다.

나는, 우리는 괜찮을 것이라는 착각에서 빨리 벗어나야 한다. 매스미디어는 물론이고, 통신수단 혁명으로 소셜미디어 같은 새로운 뉴미디어들이 계속 생겨나고 있다. 미디어는 모두 감시의 눈이며, 조금만 방심하면 언제 어떤 미디어 위기에 휩싸이게 될지 모르는 세상이 됐다. 마치 공든 탑 무너지듯이, 현대인들은 미디어 위기로 오랜 세월 쌓아올린 자산이 일시에 초토화될지도 모를 리스크를 안고 살아간다.

금융그룹 홍보를 총괄하던 시절, 나는 최선을 다해 미디어 위기를 막았고 그로부터 조직을 지켜냈다. 고생한 보람도 없이 회사가 결국 문을 닫아, 당시에는 허망한 마음 그지없었다. 하지만 개인적으로는 최선을 다했기에 적어도 내가 수행한 업무에 대해서는 미련도 후회도 없다. 조직은 비록 무너졌지만 미디어 위기로부터 조직을 지켰다는 자부심까지 무너지진 않았다.

맺음말

미디어 위기는 지금도 계속되고 있다. 매일 어느 조직, 또 어느 누군가는 미디어의 스포트라이트를 받고 있다. 명성이든 재산이든, 피와 땀을 흘려 쌓아올린 내 자산이 미디어 위기로 인해 허무하게 무너지는 일만은 막아야 한다. 완전히 무너지지는 않더라도, 회복하기 힘들 정도로 큰 타격을 입는다면 기뻐할 수 있겠는가. 미디어 위기, 미리 대비하고 준비하자. 그 길만이 유일한 해법이다.

한국형 매스미디어
위기 및 해결 방안

한국형 위기관리 커뮤니케이션